-이것으로 충분 150개 포인트-

기술영어 쉬운 영어 표현법

(과학 기술 논문을 능숙하게 써 보자)

KB205253

-이것으로 충분 150개 포인트-

기술영어 쉬운 표현법

(과학 기술 논문을 능숙하게 써 보자)

윤 병성 역

 월드 사이언스

기술영어 쉬운 표현법
(과학기술 논문을 능숙하게 써 보자)
-이것으로 충분 150개 포인트-

2006년 6월 10일 인쇄
2006년 6월 20일 발행

역　자/윤병성
발행인/박선진
발행처/도서출판 월드사이언스

주소/서울특별시 동작구 사당5동 240-15
등록일자/1987년 12월 14일
등록번호/제 3-136 호
대표전화/(02) 581-5811~3
팩스/(02) 521-6418

E-mail/worldscience@hanmail.net
URL/http://www.worldscience.co.kr
http://월드사이언스.com

정가/15,000원
ISBN/89-5881-059-9

이 도서의 국립중앙도서관 출판시도서목록(CIP)은 e-CIP
홈페이지(http://www.nl.go.kr/cip.php)에서 이용하실 수
있습니다.(CIP제어번호: CIP2006001167)

머리말

기술의 진보가 눈부신 오늘날의 현대 사회에 있어서 기술 논문이나 자료, 매뉴얼 종류를 영어로 써야 하는 필요성은 점점 더 커지고 있다. 이러한 사회 뉴스가 있는데도 불구하고 사회인, 학생을 불문하고 기술영어를 배울 기회는 적은 것이 현재 실정은 아닐까? 독학을 한다고 해도 기술영문을 쓰는 능력을 기르는데 적절한 교과서는 아직 부족하다고 할 수 있다.

이 책은 공업기술 관계의 일에 종사하고 있는 사람들은 물론, 장래 실제 사회에 활약하고자 하는 학생들을 위한 것이다. 기술영문을 쓸 때에 자주 사용되는 표현과 영문을 만드는 방법을 한번에 학습할 수 있도록 하는 이른바 「일석이조」를 목표로 하고 있다.

이 책의 특색으로서 다음의 ①~⑥이 들어질 수 있다.

① 처음에 「표현」을 표로 하여 열거했다. 독자는 이것을 훑어보는 것으로, 지식의 정리가 가능하고, 또한 새로운 표현을 기억할 수가 있다.

② 예제는 가능한 한 응용이 가능하고, 자주 사용되는 국문을 만드는 것에 유의했다. 이들 국문은 실제로 최첨단의 기술논문에서 보여 지는 수준이다(영역도 마찬가지). 또 가능한 한 넓은 토픽(전자회로, 제어, 전자계통, 레이저, 초전도, 고체 장치, 광섬유, 통신, 신호처리 등)을 다루었으므로 변화가 풍부하다.

③ 전문용어를 부기했으므로 영역에 달라붙는데 쉽다.

④ 예제를 번역할 때의 주의점이나 포인트가 되는 부분을 <포인트>로 나타내었다.

⑤ <착안점>에서는 원문으로부터 영역으로 유도되는 과정을 상세하게 설명했다. 이것에 의해 독자는 기술 영문을 읽는 자신, 쓰는 기쁨을 실감할 수 있다.

⑥ 각 표현의 학습 뒤에 「CHECK TEST」를 설정하여 배운 표현을 점검할 수 있도록 했다.

이상과 같은 구조를 갖는 이 책은 기술영어의 초보자에게 최적이라고 확신하고 있다.

한편, 기술 영어의 중요성은 1992년에 「공업영어 능력 검정시험」이 문부성의 인정을 받은 것으로도 보이고 있다. 이 검정 시험의 수험자는 앞으로 증가해 갈 것으로 예상 된다. 이 책은 공업영어 검정 돌파를 목표로 하는 수험자에게도 도움이 되므로 꼭 곁에 두는 책으로서 애용해 주었으면 기쁘겠다.

마지막으로 필자를 격려하고 용기를 준 동료인 松下文子 씨에게 마음속으로부터 감사의 말씀을 드린다. 이 책의 탈고까지 이르게 된 것은 그녀의 덕택이라고 생각하고 있다. 아울러 출판을 할 수 있게 해주신 (주)工業調査會의 관계자 여러분께 감사의 뜻을 전하고 싶다.

1993년 6월

官野 晃

역자의 말

국제화 시대를 맞이하여 과학 기술 논문이나 자료, 매뉴얼 종류를 영어로 능숙하게 쓸 필요성이 점점 더 커지고 있으며, 이러한 능력은 비단 일본인뿐만 아니라, 우리나라 사람들에게도 필요하며, 항상 고민을 하고 있는 것이 현실입니다. 그러던 중 일본에서 출판되어 베스트셀러가 된 이 책을 접하게 되었고, 월드 사이언스의 도움으로 번역하게 되었습니다. 영어와 관련된 책이 그렇듯이 이 한권으로 모든 것이 해결되지는 않습니다. 그러나 과학 공업 기술 관계의 일에 종사하고 있는 사람들이나 앞으로 활약이 기대되는 학생들이 기술영어를 준비하는데 도움이 되리라 생각합니다.

끝으로 어려운 여건 속에서도 이 책이 나오게 도움을 주신 박 선진 사장님께 감사의 말씀을 드립니다.

2006년 초

역자 씀

목 차

One Point Advice

Expression

「목 적」의 표현

in order to   (~하기 위하여)
in order that   (~할 목적으로)
so as to   (~하도록)
for the purpose of   (~하기 위하여)
so that   (~하기 위하여)
The aim (purpose, objective, object, goal) of   (~의 목적은)

☞ in order to~쪽이 so as to~보다도 딱딱한 표현이다. 「목적」의 관념을 강조하기 위하여, 부정사 앞에 in order, so as를 붙인 모양이 되고 있다. aim, purpose, objective, object, goal에는 미묘한 차이가 있다. aim은 방향에 역점을 두고, 구체적인 목적. purpose는 달성으로의 강한 결의를 포함한 목적. objective는 달성 가능한 대상으로서의 목적. object는 노력이나 행위를 기울인 대상으로서의 목적. goal은 달성하기까지 시간이 걸리는, 노력을 필요로 하는 목적.

〈예제 1〉 연구한 센서가 갖는 이점을 독자가 충분히 이해할 수 있도록,
본 절에서는 광섬유 센서를 대략 살펴본다.

〈단어〉 광섬유 센서 → optical fiber sensor

〈포인트〉

· 「~하도록」은 in order to를 사용할 것. 문장의 주어와 부정사의 의미상
주어가 다른 것에 주의하자.
· 과거분사의 형용사적 용법을 생각해 내자.

〈착안점〉

「대략 살펴봄」에 상당하는 영어 단어는 overview나 survey가 있고, 또
「대략 살펴보다」라는 동사는 survey이다. 간단히 동사인 survey를 사용하
는 것도 평범하여 재미가 없으므로, 여기서는 overview를 주어로 하여 영문
을 구성하는 것을 생각해 보고 싶다.

그렇게 하면 「대략 살펴보다」는 「대략 살펴봄이 주어지다」로 바꾸어 보
는 편이 영역하기 쉽게 될 것이다. 즉 수동태로 되는 것이다. 이것에 미래를
나타내는 will을 사용하여 번역으로 하면 아래와 같이 된다.

An overview will be given.

이 영문에 「본 절에서는」과 「광섬유 센서」를 붙여 보자.

① An overview of optical fiber sensors will be given in this section.

다음에 「연구한 센서가 갖는 이점을 독자가 충분히 이해할 수 있도록」으
로 옮긴다. 「~하도록」은 in order to~를 이용하지만, 여기서 「연구한 센서
가 갖는 이점을 독자가 충분히 이해하다」는 것은 우리들 「독자」이다. 즉
이 문장의 주어와 to 부정사의 의미상 주어가 달라진다. 이 경우, 의미상의
주어는 in order 다음에 for ~로서 나타내면 좋다. "in order for~to…"의 모
양을 취하는 것이다.

「이해하다」라는 동사에는 understand, comprehend, appreciate, see 등이
있다.

본 예문의 경우, appreciate를 이용하는 것으로 한다. 그렇게 하면「충분히 이해할 수 있도록」은 to fully appreciate가 된다.

One Point Advice

● 「이해하다」

「이해하다」라는 동사에는 understand, comprehend, appre-ciate, see 등이 있다. 이것의 나누어 사용하는 방법을 알고 있는가? 간단히 설명해 보자.

understand… 「이해하다」라는 의미의 일반어. 지식의 명확함을 강조하고 있다.

comprehend… understand보다도 격식을 차린 말. 이해의 과정을 강조하고 있다.

appreciate… 진가를 바르게 이해·인식하고 있는 것.

see… 눈으로 보아 아는 것. 머리로 이해하는 것. 구어적인 말이다.

「연구한 센서가 갖는 이점」의 밑줄 친 부분은 분사의 형용사적 용법을 이용하면 좋다.

One Point Advice

● 분사의 형용사적 용법

분사에는 아래와 같은 모양을 갖는 현재분사와 과거분사의 2종류가 있다.

①현재분사… 동사의 원형 + ing
②과거분사… 동사의 원형 + ed

이들 분사는 명사의 전후에 붙어 형용사적 작용을 한다는 것은 알 것이다. 즉 아래와 같이 된다.

```
①현재분사… 「~하고 있다」(능동적인 의미)
②과거분사… 「~되다」(수동적인 의미)
```

「연구한 센서」는 「연구된 센서」라는 것이다. 따라서 과거분사를 사용하지 않으면 안 된다. 그렇게 하면, the studied sensor로 번역된다. 그러면, the advantages of the studied sensor로 된다. in order 이하를 다음에 보인다.

② in order for the readers to fully appreciate the advantages of the studied sensor

②를 ①에 연결하면 전체 번역이 완성된다.

【번역】 An overview of optical fiber sensors will be given in this section in order for the readers to fully appreciate the advantages of the studied sensor.

〈예제 2〉 신호검출 시스템에서는 잘못된 확률을 최소한도로 하도록 시스템을 설계하는 것이 바람직하다.

〈단어〉 신호검출 시스템 → signal detection system

〈포인트〉

· 「~하도록」에는 so as to를 사용할 것.
· 「~하는 것이 바람직하다」는 부정사의 it~to…구문을 사용해 보자.

〈착안점〉

「신호검출 시스템에서는」의 밑줄 친 부분은 「에 있어서」로 생각하면, 전치사 in을 사용하는 것이 적절한 것을 알았음에 틀림없다. 따라서,

In signal detection systems,

으로 번역하게 된다.

다음은「잘못된 확률을 최소한도로 하도록 시스템을 설계<u>하는 것</u>이 바람직하다」이지만, 밑줄 친 부분은 부정사의 명사적 용법으로 나타낼 수가 있다. 이 용법은 그 이름대로 명사와 같은 작용을 하는 것으로 주어로 할 수가 있다. 따라서「시스템을 설계하는 것이 바람직하다」를 영역하면,

    to design the system is desirable.

로 된다. 이것은 이거로 좋지만, 이것은 또한 형식주어를 앞에 내어,

  ① it is desirable to design the system.

으로도 할 수 있는 것을 생각했으면 한다. to 이하가 진주어 이다. 오히려 이 모양 쪽이 보통일 것이다.

남은 것은「잘못된 확률을 최소한도로 <u>하도록</u>」이지만, 밑줄 친 부분에는 so as to를 사용해 보자. 이것은「~하도록, ~하기 위하여」라는 의미를 갖는, 목적을 나타내는 부정사의 부사적 용법이다. 이어서 이 부정형은 so as not to (~하지 않도록)이다.「최소한도로 하다」는 동사인 minimize를 사용하면 좋다.

아래에 번역을 보인다.

  ② so as to minimize the probability of error

②를 마침표를 취한 ①다음에 두면 좋다.

【번역】　In signal detection systems, it is desirable to design the system so as to minimize the probability of error.

〈예제 3〉　정밀 비교측정기의 코일에 흐르는 전류는 검출기 D가 영을 지시하도록 설정한다.

〈단어〉　정밀 비교측정기 → comparator

〈포인트〉

・「~하도록」은 so that을 사용하여 표현할 것.

〈착안점〉

원문으로부터 수식 어구를 제거한 모양, 즉 "골격"은「전류는(를) 설정하
다」이다. 이 영역은 간단할 것이다. 「설정하다」는 타동사인 set를 사용하
면 좋다.「전류」를 주어로 하면「전류는 설정되다」로 되고, 당연히 수동태
로 하지 않으면 안 된다. 단, set는 불규칙동사로 set-set-set으로 원형·과거
형·과거분사형 모두 같은 모양으로 된다는 점에 주의했으면 한다. 그러면
영역해 보자.

The current is set.

이것에 "살"을 붙여, 즉 수식 어구를 붙여 간다. 우선 처음에는「정밀 비교
측정기의 코일에 흐르는 (전류)」이다. 「(전류)가 흐르다」는 보통 flow를 사
용하지만, 여기서는 반드시 flow가 필요하다는 것은 아니고 생략할 수 있다.
「정밀 비교측정기의 코일 속의(전류)」로 해석하여, (the current) in the
comparator windings로 하는 것이다. 이것으로 충분할 것이다.

남은 것은「검출기 D가 영을 지시하도록」이다. 「지시하다」에 indicate를
사용하여「검출기 D가 영을 지시하다」로 영역하면 아래와 같이 된다.

the detector D indicates zero.

이 앞에 목적을 나타내는 so that을 붙이면 좋다. 이것은 이거로 좋지만, so
that 절에는 may (might), will (would), can (could), should등을 사용하는 것
이 보통이다. 밑줄 친 부분을 may indicate로 바꾸어 써 보자. 이상을 요약한
것이 아래의 번역이 된다.

【번역】   The current in the comparator windings is set so that the detector D
          may indicate zero.

〈예제 4〉   본 논문의 목적은 전력 계통의 과도안정 조건을 신속히 평가
           하는데 사용할 수 있는 방법을 제시하는 것이다.

〈단어〉   전력계통 → electric power system
          과도안정 조건 → transient stability condition

〈포인트〉

· 「~의 목적은」에서는 objective를 사용할 것.
· "be + to 부정사"를 기억하고 있는가?

〈착안점〉

「본 논문의 목적은~을 제시하는 것이다」는 "be + to 부정사"를 사용하여 영역했으면 한다.

One Point Advice

● **be + to 부정사**

"be + to 부정사"는 아래와 같이 여러 가지 의미로 사용된다.
① 「~하는 것이 되고 있다」 (예정)
② 「하지 않으면 안 된다」 (의무·당연)
③ 「~할 수 있다」 (가능)
④ 「~할 운명이다」 (운명)

이 예제에서는 예정의 의미로 사용되는 것이다. 「목적」은 우선 objective로서 이상을 영역해 보자.

The objective of this paper is to present~.

이 「본 논문의 목적은~하는 것이다」라는 패턴은 기술영어에 자주 나오는 표현이므로 정신 차려 사용할 수 있게 되었으면 한다.

그러면, 여기서 무엇을 「제시하다」는 것인가 하면 「전력 계통의 과도안정 조건을 신속히 평가하는데 사용할 수 있는 방법」이다. 이 「방법」을 「제시하다」는 것이므로 present a method로 되는 것은 당연히 이해할 수 있을 것이다.

명사 method는 「전력 계통의 과도안정 조건을 신속히 평가하는데 사용할 있다」로 수식되고 있다고 생각된다. 여기에서 관계대명사 that으로의 등장을 바라게 된다. 관계대명사로 시작하는 절은 명사를 수식하는 형용사 절로 되기 때문입니다. 「평가하다」는 동사 evaluate를 사용하자.「사용할 수 있다」는 「사용되다」로 생각하지 않으면 안 된다. 즉 수동태로 되는 것이다. 이 때문에 「~을 평가하는데 사용할 수 있는 방법」은 아래와 같이 영역할 수 있다.

  a method that can be used to evaluate~

  이것에 「신속히」rapidly가 붙지만, 이것은 evaluate의 뒤에 두자. 평가되는 것은 「전력 계통의 과도안정 조건」이다. 이것은 the transient stability condition of an electric power system으로 번역될 것이다. 부정관사는 an으로 하는 것에 주의 했으면 한다. 이상을 요약해 보자.

【번역】   The objective of this paper is to present a method that can be used to evaluate rapidly the transient stability condition of an electric power system.

CHECK TEST 1

Fill in the blanks with the correct word.

(1) An overview of optical fiber sensors will be given in this section in order __ the readers to fully appreciate the advantages of the _____ sensor. (연구한 센서가 갖는 이점을 독자가 충분히 이해할 수 있도록 본 절에서는 광섬유 센서를 대략 살펴본다)

(2) In signal detection systems, _ is desirable to design the system so _ to minimize the probability of error. (신호검출 시스템에서는 잘못된 확률을 최소한도로 하도록 시스템을 설계하는 것이 바람직하다)

(3) The current in the comparator windings is set __ that the detector D ____ indicate zero. (정밀 비교측정기의 코일에 흐르는 전류는 검출기 D 가 영을 지시하도록 설정한다)

(4) The _____ of this paper is _ present a method that can be used to evaluate rapidly the transient stability condition of an electric power system. (본 논문의 목적은 전력 계통의 과도안정 조건을 신속히 평가하는데 사용할 수 있는 방법을 제시하는 것이다)

〈해답〉   (1) for, studied   (2) it, as   (3) so, may   (4) objective, to

Expression

「원인 · 이유」의 표현

because, since, as　(~이므로)
for　(왜냐하면~이므로)
because of　(~때문에)
on account of　(~때문에)
due to　(~때문에)
owing to　(~때문에)
by virtue of　(~에 의해, ~의 힘으로)
in view of　(~을 고려하여, ~때문에)

☞ 「이유」의 의미 강도는 because>since>as의 순서. for는 주절 다음에 놓여, 이유를 덧붙일 때 쓴다. 따라서 문장 앞에는 두지 않는다.

〈예제 1〉　이 원격조작기계의 모델은 비선형이므로, 선형 시스템을 다루는 방법으로는, 이 비선형 시스템의 답을 찾아내는 데는 직접 적용할 수 없다.

〈단어〉 원격조작기계 → manipulator

〈포인트〉

· 「～이므로」는 because, since, as 모두 사용할 수 있다. 문맥에 따라 정해지기도 하고, 주관적 판단으로 정하면 좋다.

〈착안점〉

이 우리말 예문은 조금 길기 때문에 2개로 나누어 생각한다. 처음을 ①, 나머지를 ②로 한다.

① 「이 원격조작기계의 모델은 비선형이므로,」

곧 알 수 있다고 생각합니다만, 「이 원격조작기계의 모델은 비선형이다」라는 완전한 문장에 이유를 의미하는 「이므로」가 결합한 것이다. because, since, as 이외는 뒤에 절, 즉 주어와 술어 동사를 포함한 동사는 두지 않으므로, 여기서는 이용할 수 없다. 또 for는 문장 앞에는 두지 않으므로 여기서는 빼 두자. 이 3개 중 어느 것을 선택할 까는 각자의 판단에 의한다. 일단, since를 사용해 보는 것으로 한다. 그러면 ①의 영역을 개시하자.

「이 원격조작기계의 모델은」은 쉬운데, the model of the manipulator is~로 좋다. 「비선형」은 nonlinear라는 단어를 사용한다. 이것은 형용사 이다. 따라서 부정관사를 이 앞에 놓아서는 안 된다. 이것은 기본 중의 기본이다. 물론 nonlinear system이라면 부정관사를 붙이지 않으면 안 된다.

① Since the model of the manipulator is nonlinear,

② 「선형 시스템을 다루는 방법은, 이 비선형 시스템의 답을 찾아내는 데는 직접 적용할 수 없다.」

「선형 시스템을 다루는 방법」은 관계대명사 that을 사용해 번역하면 아래와 같이 된다.

　　methods that deal with linear systems

관계대명사 이하는 형용사 절로 되고, 주어 methods를 수식하고 있다. 「다루다」는 deal with를 사용하지만, 선행사(methods)가 복수형이므로 deal에 s를 붙여서는 안 된다.

다음에 「이 비선형 시스템의 답을 찾아내는 데는 직접 적용할 수 없다」로 달라붙자. 「～을 찾아내는 데는」은 목적을 나타내는 것에 주의하지 않으면 안 된다. 그러면 목적을 나타내는 부정사의 부사적 용법을 이용하면 좋은 것을 알 수 있다. 즉 "to + 동사의 원형"의 형태로 된다. 「~의 답을 찾아내다」는 그대로 find the solution of~로 좋다. 아래와 같이 된다.

cannot be applied directly to find the solution of this nonlinear system.

② 전체를 요약해 보자.

② methods that deal with linear systems cannot be applied directly to find the solution of this nonlinear system.

①+②가 전체 번역이다.

【번역】   Since the model of the manipulator is nonlinear, methods that deal with linear systems cannot be applied directly to find the solution of this nonlinear system.

〈예제 2〉   이들 특성 때문에 중앙 필터는 음성처리, 컴퓨터 단층 촬영법, 유형인식, 통신 등 여러 가지 신호처리나 화상처리의 용도에 자주 사용 된다.

〈단어〉   중앙 필터 → median filter
음성(신호, 화상) 처리 → speech (signal, image) processing
컴퓨터 단층 촬영법 → computerized tomography
유형인식 → pattern recognition

〈포인트〉

· 「~때문에」에는 because of를 사용할 것.
· 「등」은 「예를 들면 ~와 같은」으로 해석하여 번역하고 싶다.

〈착안점〉

조금 긴 문장이지만, 아무것도 두려워할 필요는 없다. 우선 처음에 「이들 특성 때문에」로부터 해결하자.

이것에는 포인트에서 살펴본 바와 같이 because of를 사용하는 것으로 한다. 그렇게 하면,

Because of these properties,

로 영어로 번역될 것이다. 이것을 문장 앞에 놓으면 좋다.

그러면「중앙 필터는 여러 가지 신호처리나 화상처리의 용도에 자주 사용되다」의 영역을 시도해 보자. 물론「중앙 필터」를 주어로 하여 수동태로 번역하는 것이 된다. 영역은 아래와 같다.

① median filters are frequently used in various signal and image processing application.

「자주」는 frequently를 사용하지만, 물론 often이라도 좋다. 이러한 "빈도"를 나타내는 부사는 일반 동사의 경우는 그 앞에, be 동사의 경우는 그 뒤에 둔다는 것을 확인시켜 주고 싶다. 「용도」application은 기술영어에서 빈번히 나오는 명사이므로 기억해 두자.

이 영문에「음성처리, 컴퓨터 단층 촬영법, 유형인식, 통신 등」을 덧붙이는 것이므로「~등」은「예를 들면 ~와 같은」과 같은 의미이다. 명사 앞의 such as를 두어 처리하자. 전문용어에 주의해서 번역하면 아래와 같이 된다.

② such as speech processing, computerized tomography, pattern recognition and communication.

②를 마침표를 떼어 낸 ①뒤에 두면 전체 번역이 완성된다.

【번역】 Because of these properties, median filters are frequently used in various signal and image processing application, such as speech processing, computerized tomography, pattern recognition, and communication.

〈예제 3〉 ZrO-Y_2O_3와 $SrTiO_3$는 50k에 있어서 그 특성 때문에, 마이크로스트립 선로의 유전체로 선택되지 못했다.

〈단어〉 마이크로스트립 선로 → microstrip line
유전체 → dielectric

〈포인트〉

· 「~때문에」에는 on account of를 사용할 것.

〈착안점〉

원문을 ① 「ZrO-Y$_2$O$_3$와 SrTiO$_3$는 마이크로스트립 선로의 유전체로 선택되지 못했다」와 ② 「50k에 있어서 그 특성 때문에」의 둘로 나누어 생각하자.

①의 「~를 ···로(로서) 고르다」는 "choose~as···"로 표현할 수 있지만, 이것을 수동태, 즉 「~」부분을 앞으로 내면 ~be chosen as···라는 모양으로 된다.

원문은 「~는···로 선택되지 못했다」라는 것이므로 물론, 수동태로 그리고 과거형으로 번역하게 된다. 또 부정문이기 때문에 ~be not chosen as···와, not을 be 동사 뒤에 붙이지 않으면 안 된다. 또 주어는 「ZrO-Y$_2$O$_3$와 SrTiO$_3$」로 복수이므로 be 동사는 were로 된다. 이상을 요약하면,

ZrO-Y$_2$O$_3$ and SrTiO$_3$ were not chosen as···

로 된다. as 다음에는 「마이크로스트립 선로의 유전체」가 온다. 이것은 microstrip line dielectrics로 좋다. 즉 ①은 아래와 같이 된다.

① ZrO-Y$_2$O$_3$ and SrTiO$_3$ were not chosen as microstrip line dielectrics.

② 에 있어서 「~때문에」에는 on account of~를 사용하는 것으로 한다. 그렇게 하면 「그 특성」은 their properties로 된다. 「50k에 있어서」는 at 50 k로 좋다. 요약하자.

② on account of their properties at 50k

①+②가 본 예제의 영역이다.

【번역】   ZrO-Y$_2$O$_3$ and SrTiO$_3$ were not chosen as microstrip line dielectrics on account of their properties at 50k.

〈예제 4〉   이 회로에 의해, 누출 전류에 의한 직렬저항기 양끝의 전압강하를 전압표준 (0.1V)과 비교한다.

〈단어〉   전압강하 → voltage drop, 누출전류 → leakage current

전압표준 → voltage standard

〈포인트〉

· 주어는 무엇으로 할까?
· 「양끝의」는 전치사를 사용하여 표현.
· 「(누출 전류)에 의한」에는 due to나 owing to를 사용할 것.

〈착안점〉

본 예제의 주어는 물론 "사람"이라도 좋지만, 여기서는 「회로」를 주어로 가져가자. 즉 「이 회로가~를 비교하다」라는 구문으로 하는 것이다. 처음에 아래의 한글문장의 영역에 달라붙자.

「이 회로는 전압강하를 전압표준 (0.1 V)과 비교 한다」

「A와 B를 비교하다」"compare A with (to) B"라는 모양을 사용하면 좋다. 수동태의 경우, to 쪽이 선호되지만 여기서는 능동태이기도 하기 때문에 일단 with 쪽을 사용해 보자. 그러면 아래와 같이 영역될 것이다.

The circuit compares the voltage drop with a voltage standard (0.1 V).

위의 영문 속의 voltage drop (전압강하)는 「누출 전류에 의한 직렬저항기 양끝의」로 수식되고 있다. 밑줄 친 부분은 원인을 나타내고 있지만, 이것에는 due to ~나 owing to~를 이용하면 좋다. 「양끝의」는 포인트에서 설명한 바와 같이 전치사로 나타내고 싶은데 알 수 있을까? 답은 across이다. 일부러 한영사전을 찾아 both ends등을 사용하는 일은 없다. 그러면 즉시 번역해 보자.

(the voltage drop) across a series resistor due to the leakage current

또한, 「직렬」series의 반의어는 「병렬」parallel이다.

【번역】　The circuit compares the voltage drop across a series resistor due to the leakage current with a voltage standard (0.1 V).

〈예제 5〉　MMIC의 회로소자는 손실이 크다고 하는 성질이 있기 때문에, 수동소자만으로 우수한 마이크로파 협대역 필터를 만드는 것은 상당히 곤란하다.

〈단어〉　회로소자 → circuit element,　수동소자 → passive element 협대역 필터 → narrow-band filter

〈포인트〉

· 문장 앞에 owing to를 둘 것
· 「손실이 크다고 하는 성질」은 간결하게 번역하면 좋겠다.
· 「~하는 것은… 이다」 는 "it is …to~"라는 모양이 사용된다.

〈착안점〉

「MMIC의 회로소자는 손실이 크다고 하는 성질이 있기 <u>때문에</u>」의 밑줄친 부분은 <포인트>에서 언급한 바와 같이 owing to를 문장 앞에 두는 것으로 한다. due to 라도 좋지만 문장 앞에는 owing to쪽이 선호되기 때문이다.

그러면 「손실이 크다고 하는 성질」은 어떻게 처리하면 좋은가? 생각했으면 좋겠다. 「성질」의 의미를 갖는 영어단어는 몇 개 있지만 여기서는 「본래 가지고 있는 성질」로 생각하여 nature를 사용하는 것으로 한다. 그렇게 하면 high-loss-nature로 간단히 번역할 수가 있다. 조금 전 생각했으면 좋겠다고 「~라는」에 사로잡혀 고민하는 사람도 있을지도 모른다. 이것은 너무 생각하는 것으로 영어에 특유의 명사적 표현으로 간결하게 표현할 수 있다는 것을 알아주었으면 한다. 그러면 번역한 것을 아래에 나타내자.

① Owing to the high-loss-nature of MMIC circuit elements,

다음에 「<u>수동소자만으로 우수한 마이크로파 협대역 필터를 만드는 것은 상당히 곤란하다</u>」에 달라붙는 것으로 한다. 밑줄 친 부분에 대해서는 나중에 취급하는 것으로 한다.

「~하는 것은 상당히 곤란하다」이지만, 이처럼 「~하는 것은 …이다」라는 표현은 it is…to~가 사용되는 것을 생각해 냈으면 한다. 문법적으로 설명하면 it은 형식주어라고 하고, 뒤에 오는 to 부정사 이하를 받고 있다. 이 to 부정사 이하를 진주어 라고 한다. 만약「―가~하는 것은…이다」와 같이 to 부정사의 의미상의 주어가 더해지면 "it is … for — to~"의 형태로 된다. 이 예제에서는 의미상의 주어가 없다. 그래서「상당히 곤란한」very difficult를 is의 뒤에 두면 다음의 모양이 되는 것을 알 수 있다.

 it is very difficult to~

to에 이어지는 것은 동사의 원형이지만, 여기서는「~를 만들다」build이다. 만드는 것은 물론「우수한 마이크로파 협대역 필터」이지만, 이것은 a good microwave narrow-band filter로 번역하면 좋다. 여기서 한 번 요약해 보자.

② it is very difficult to build a good microwave narrow-band filter

 그러면 마지막에「수동소자만으로」가 남았다. 이것을「수동소자만을 사용하여」로 한국어를 보충하여 생각하면 좋다. 그리고「부대상황」을 나타내는 분사구문을 이용하자. 그러면 using~이라는 모양이 된다. 다음은「~만」only를 사용하는 것 뿐이다. 요약하면,

③ using passive elements only

로 된다.

 ①＋②＋③으로 전체 번역이 완성된다.

【번역】 Owing to the high-loss-nature of MMIC circuit elements, it is very difficult to build a good microwave narrow-band filter using passive elements only.

〈예제 6〉 정리(1.3)에 의해, 이 추정 값이 점근적으로 수렴만 하면 이 두 개의 방법은 같은 결과를 초래한다.

〈단어〉 정리 → theorem, 추정 값 → estimate

〈포인트〉

· 「~에 의해」에는 by virtue of를 사용할 것
· 「~만 하면」은 as long as로 표현할 수 있다는 것을 생각하자.

〈착안점〉

「정리(1.3)에 의해」에는 by virtue of를 이용하면,

By virtue of theorem (1.3),

로 번역할 수가 있다.

다음 「이 2개의 방법은 같은 결과를 초래하다」를 해결해 두는데, 밑줄 친 부분에는 어떠한 동사를 사용하면 좋을까? 곧 나올 수 있을까? 문장의 표면적 의미에 사로잡히는 일 없이 밑줄 친 부분을 「를 주다」로 대치하면 적당한 동사를 생각해 낼 수 있을 것이다. 말 대로 give이다. 그렇게 하면

these two methods give the same results.

라는 영문이 된다. 한국어에서는 「이」로 되고 있지만, 물론 「이들」의 these도 해석하지 않으면 안 된다.

「이 추정 값이 점근적으로 수렴만 하면」의 밑줄 친 부분은 포인트에서 지적한 바와 같이 as long as를 이용할 수 있다. 이것의 최초의 as를 so로 해도 좋다. 「수렴하다」는 converge라는 자동사를 사용한다. 그리고 「점근적으로」는 조사이다. 이것은 asymptotically 이다. 기억해 두자. 요약하면,

as long as the estimate converges asymptotically.

로 된다.

【번역】 By virtue of theorem (1.3), these two methods give the same results as long as the estimate converges asymptotically.

〈예제 7〉 이 직류 모터에 상술한 단점이 있다고 하는 것을 생각하면, 이들의 문제점이 없는 무엇인가 다른 타이프의 모터를 찾아내는 것이 바람직하다.

〈단어〉 직류 모터 → DC motor

〈포인트〉

· 「~을 생각하면」에는 in view of를 사용할 수가 있다. 이것을 문장 앞에 두면 좋다.

· type of에 계속되는 명사는 무관사의 단수형으로 하는 것에 주의할 것.

〈착안점〉

「이 직류 모터에 상술한 단점이 있다고 하는 것을 생각하면」을 아래와 같이 직역의 한국어로 바꾸어 써 보자.

「이 직류 모터 상술의 단점을 생각하면」

이와 같이 바꾸어 쓰면 영어의 구조가 보여 지는 기분이 들지 않을까?「～을 생각하면」에는 in view of를 이용할 수 있다. 이것을 문장 앞에 두면 좋은 것이다. 「상술의」는 above로 나타내는 것이 가능하지만, 이것은 형용사로,「단점」shortcoming의 직전에 붙여, 이 명사를 수식하게 된다. 이것으로 영역 할 수 있을 것이다.

In view of the above shortcoming of the DC motor,

다음은 「이들의 문제점이 없는 무엇인가 다른 타이프의 모터를 찾아내는 것이 바람직하다」로 옮기자.

여기서, 「～를 찾아내는 것」은 부정사의 명사적 용법으로 처리할 수 있지만, 이 부분을 앞에 가지고 가면 극단적으로 머리부분이 커져 버려, 문장의 균형이 붕괴되어 버리게 된다. 이러한 경우에는 "it～to…"의 형태로 할 필요가 있다. 이것을 사용하면「～를 찾아내는 것이 바람직하다」는,

it is desirable to find～

로 되게 된다.

「무엇인가 다른 것의」는 some other이다. 이것을 「타이프」type의 앞에 두면 좋다. 따라서 「무엇인가 다른 타이프의 모터」는,

some other type of motor

로 번역 할 수가 있다. 포인트에서 설명한 바와 같이 type of에 이어지는 명사는 보통은 무 관사 단수 형으로 되지 않으면 안 된다. a motor이나 motors로는 하지 않도록 주의했으면 한다.

「이들의 문제점이 없는」은 관계대명사 that을 사용하여 「무엇인가 다른 타입의 모터」에 연결되면 좋다. 또「문제점이 없는」은「문제점을 갖지 않는」으로 생각하여 동사 have를 사용하면 좋다. 정리하면,

(some of other type of motor) that does not have these problems.
로 된다.

【번역】   In view of the above shortcoming of the DC motor, it is desirable to find some other type of motor that does not have these problems.

CHECK TEST 2

Fill in the blanks with the correct word.

(1) _____ the model of the manipulator is nonlinear, methods ____ deal with linear systems cannot be applied directly to find the solution of this nonlinear system. (이 원격조작기계의 모델은 비선형이므로, 선형 시스템을 다루는 방법으로는, 이 비선형 시스템의 답을 찾아내는데 직접 적용할 수 없다)

(2) _____ of these properties, median filters are _____ used in various signal and image processing application, ____ as speech processing, computerized tomography, pattern recognition, and communication. (이들 특성 때문에 중앙 필터는 음성처리, 컴퓨터 단층 촬영법, 유형인식, 통신 등 여러 가지 신호처리니 회상처리의 용도에 자주 사용 된다)

(3) $ZrO-Y_2O_3$ and $SrTiO_3$ were not chosen _ microstrip line dielectrics on _____ of their properties at 50k. ($ZrO-Y_2O_3$와 $SrTiO_3$는 50k에 있어서 그 특성 때문에, 마이크로스트립 선로의 유전체로 선택되지 못했다)

(4) The circuit compares the voltage drop _____ a series resistor ____ to the leakage current ____ a voltage standard (0.1 V). (이 회로에 의해 누출 전류에 의한 직렬저항기 양끝의 전압강하를 전압표준 (0.1V)과 비교한다)

(5) _____ to the high-loss-nature of MMIC circuit elements, _ is very

difficult to build a good microwave narrow-band filter using passive elements only. (MMIC의 회로소자는 손실이 크다고 하는 성질이 있기 때문에 수동소자만으로 우수한 마이크로파 협대역 필터를 만드는 것은 상당히 곤란하다)

(6) By _____ of theorem (1.3), these two methods ____ the same results as _____as the estimate converges asymptotically. (정리(1.3)에 의해, 이 추정 값이 점근적으로 수렴만 하면 이 2개의 방법은 같은 결과를 초래 한다)

(7) In ____ of the above shortcoming of the DC motor, it is desirable to find some other type of _____ that does not have these problems. (이 직류 모터에 상술한 단점이 있다고 하는 것을 생각하면, 이들의 문제점이 없는 무엇인가 다른 타이프의 모터를 찾아내는 것이 바람직하다)

〈해답〉　(1) Since, that　(2) Because, frequently, such　(3) as, account
　　　　　(4) across, due, with　(5) Owing, it　(6) virtue, give, long
　　　　　(7) view, motor

Expression

「결 과」의 표현

> so   (그래서)
> hence   (그러므로, 따라서)
> therefore   (그러므로, 따라서)
> thus   (따라서)
> consequently   (따라서, 그 결과)
> result from   (~의 결과로서 일어나다)
> result in   (~라는 결과가 되다, ~로 끝나다)
> as a result [of]   ([~의] 결과로서)
> resulting (resultant)   (그 결과 생긴~)
> in consequence of   (~의 결과로서)
> consequent on (upon)   (~의 결과로서 일어나다)
> so that~   (그래서, 그 결과)
> so~that…   (상당히~하므로…)

☞ hence, therefore는 so, thus 보다 딱딱한 말. consequently는 필연적인 결과를 나타낸다.

〈예제 1〉   이 회전속도계는 속도 변동률을 고속으로 동시에 정확히 측정한다. 따라서 직류전동기의 구동장치의 폐쇄 루프 제어에 적합해 있다.

〈단어〉 회전속도계 → tachometer, 속도 변동률 → speed variation
폐쇄 루프 제어 → closed-loop control

〈포인트〉

· 「따라서」에는 hence를 사용할 것.
· 「~를 측정하다」에는 measure라는 동사가 있지만, give를 사용해서도
표현할 수 있다.

〈착안점〉

「이 회전속도계는 속도 변동률을 고속으로 동시에 정확히 측정하다」에 있
어서 밑줄 친 부분에는 동사의 measure를 사용하는 것이 일반적일 것이다.
즉

The tachometer measures~

라는 모양으로 된다. 그러나 포인트에서 설명한 바와 같이 give를 사용해도
표현할 수 있다는 것을 알고 있었으면 한다. 즉「속도 변동률의 고속으로 동
시에 정확한 측정을 주다」로 생각할 수 있다. 그러면「측정」measurement
라는 명사,「고속으로 동시에 정확한」 fast and accurate이라는 2개의 형용사
가 필요하게 된다. 이러한 것은 동사를 명사, 부사를 형용사로 변환 했다는
것이다. 동사적 표현을 명사적 표현으로 바꾸었다고 해도 좋다. 이러한 발상
은 우리 한국인이 서툴다고 하는 것으로 여기서 연습해 두자는 것이다.

The tachometer gives fast and accurate measurement of speed
variation.

다음에「따라서 직류전동기의 구동장치의 폐쇄 루프제어에 적합해 있다」
로 밑줄 친 부분에는 hence를 사용하는 것으로 한다. 이 문장에는 주어가 보
이지 않지만, 물론,「회전속도계」가 주어이다. 우선 주어를 포함하여 번역해
본다.「~에 적합해 있다」는 be suitable for로 표현할 수 있다.「폐쇄 루
프 제어」는 closed-loop control,「직류전동기의 구동장치」는 dc motor
drives로 좋다. drive는 가산명사에서는「구동장치」라는 의미를 갖는다. 그러
면 요약해 보자.

Hence tachometer is suitable for closed-loop control of dc motor drives.

이것으로 2개의 영문을 완성했다. 물론 이 두 문장을 그대로 나열해도 좋지만, 「회전속도계」가 겹쳐 있으므로, 두 번째의 영문을 생략하는 편이 좋다. 즉 and로 연결시키자는 것이다. 그렇게 하면,

speed variation, and hence is suitable for~

가 가능하다. 이 ~and hence…는 제법 기술논문에 보이는 형태이다.

【번역】 The tachometer gives fast and accurate measurement of speed variation, and hence is suitable for closed-loop control of dc motor drives.

〈예제 2〉 그러므로, 반사경의 반사율을 크게 할 경우에, 비선형 매질을 묽게 하는 것은 상당히 중요하다.

〈단어〉 반사율 → reflectivity, 비선형 매질 → nonlinear medium

〈포인트〉

· 「그러므로」에는 therefore를 이용할 것.
· 「~의 경우에」는 분사구문으로 나타내고 싶다.

〈착안점〉

우선 「비선형 매질을 묽게 하는 것은 상당히 중요하다」에 달라붙자. 이것은 It is… to~의 구문을 간파하면 간단히 영역할 수 있을 것이다.

It is very important to~

「~」의 부분에는 동사의 원형이 오지만, 여기서는 「~를 묽게 하다」이다. 이것을 의미하는 동사가 떠오를까? 묽게 한다고 해도 물론 용액을 묽게 하는 것은 아니고 두께를 줄인다는 것이다. 이 경우 reduce를 사용하면 좋다. 덧붙여서 용액 등을 묽게 하는 즉 「묽게 하다, 희석 하다」는 dilute를 사용한다.

이것으로 영역할 수 있다고 생각된다. 아래에 나타내 보자.

It is very important to <u>reduce the nonlinear medium thickness.</u>

밑줄 친 부분은 reduce the thickness of the nonlinear medium이라도 좋다.

다음에 「반사경의 반사율을 크게 할 경우에」를 분사구문을 이용하여 영역하는 것을 시도해 보자.

One Point Advice

● 분사구문

분사구문이란 분사를 포함하고 있는 어구가 부사절의 작용을 하고 있는 것을 말한다. 분사구문이 나타내는 의미를 아래에 요약해 본다.

① 때　(~할 때)
② 이유·원인　(~이기 때문입니다)
③ 양보　(~이기는 하지만)
④ 조건　(~하면)
⑤ 부대상황　(~하면서)
⑥ 서술의 계속·결과　(~하고[그리고]…)
이 예제에서는 ①을 이용

「크게 하다」는 increase이다. 이것을 increasing으로서 목적어를 취하면 좋다. 목적어는 「반사경의 반사율」 mirror reflectivity이다. 그러면

increasing the mirror reflectivity,

가 된다. 그러나 이것만으로는 「때」를 의미하는 분사구문이라고 알 수 있을까? 분사구문에는 여러 가지 의미가 있는데 주절과의 관계가 애매모호하게 되는 경향이 있다. 이러한 경우 분사 앞에 접속사를 붙여 의미를 명확히 하는 일이 있다. 본 예제도 접속사를 붙이는 편이 좋을 것이다. 「때」를 나타내는 when이다.

when increasing the mirror reflective

이것을 문장 끝에 두면 좋다.

마지막이 되었지만,「그러므로」를 덧붙이자. therefore를 사용하는 것으로 한다. 이것은 문장 앞이나 가운데 두면 좋다. 문장 앞에 두면

Therefore it is very important to~

가 되고 문장 가운데 두면

It is therefore very important to~

로 될 것이다.

【번역】   It is therefore very important to reduce the nonlinear medium thickness when increasing the mirror reflective.

〈예제 3〉   이 결함은 가시영역이나 근적외 스펙트럴 영역에 있어서 전송 손실의 증가 원인이 된다. 따라서 많은 연구가 이 결함을 가 능한 한 작게 억제하는 것으로 향해 왔다.

〈단어〉   가시영역 → visible region
근적외 스펙트럴 영역 → near infrared spectral region
전송손실 → transmission loss

〈포인트〉

· 「따라서」에는 consequently를 사용할 것.
· 「연구」research는 단수형으로 사용했으면 한다.「많은」에는 many는 사 용하지 않으므로 주의할 것.

〈착안점〉

「이 결함은 가시영역이나 근적외 스펙트럴 영역에 있어서 전송 손실의 증 가 원인이 되다」로부터 달라붙자.

여기서 「~의 원인이 되다」를 나타내는데 적절한 동사를 곧 생각할 수 있 을까? 이것마저 해결된다면 이 문장은 쉽게 영역이 될 것이다. 답은 cause이

다. 이것은 타동사이므로 그 뒤에 목적어를 둔다. 목적어는 「전송손실의 증가」 transmission loss increase이다. 주어는 「이 결함」 this defect 이므로 이상을 요약하면 아래와 같이 된다.

This defect causes a transmission loss increase

남은 것은 「가시영역이나 근적외 스펙트럴 영역<u>에 있어서</u>」 이지만, 밑줄 친 부분에 상당하는 전치사는 「범위」를 나타내는 in이라고 곧 머리에 떠오름에 틀림없다. 따라서 in the visible and near infrared spectral regions로 번역 할 수가 있다. 이것을 increase 이하에 둔 것이 제1문장의 영역이다.

① This defect causes a transmission loss increase in the visible and near infrared spectral regions.

「따라서 많은 연구가 이 결함을 가능한 한 작게 억제하는 것으로 향해 왔다」로 옮기자.

포인트에서도 설명한 바와 같이 「따라서」에는 consequently를 사용하는 것으로 한다. 이 말을 문장 앞에 두면 좋다.

그러면 「연구」에 대하여 조금 설명해 두자. research는 복수형으로도 이용되지만(researches), 대부분은 단수 형으로 사용되고 있다. 여기서도 단수 형으로 하지만, 이 말은 불가산명사이기 때문에 「많은」에는 many를 이용하는 것은 불가능하고 much가 아니면 안 된다.

「~에 향해 왔다」는 direct at (~에 향하다)을 사용하면 좋다. 또 이 표현은 과거의 동작·상태가 현재도 이어지고 있는 것을 나타내고 있다. 이렇다는 것은 현재완료형이 나올 차례로 생각할 수 있다. 현재완료형은 have(has) + 과거분사의 모양을 하고 있고, 완료·결과·경험·계속의 4가지 용법이 있지만, 이 예제에서는 「계속」의 용법이다. 이상을 요약하면 아래와 같이 된다.

Consequently, much research has been directed at~

마지막은 「이 결함을 가능한 한 작게 억제하는 것으로」를 처리하자. 「가능한 한 작게 억제하다」에는 minimize라는 타동사를 사용하면 좋다. 목적어는 「이 결함」 this defect이다. 그러나 전치사 at 다음에는 동사가 오는 것은 불가능하다. 그렇다고 해도 걱정할 필요는 없고 동명사로 하면 좋을 것이다.

동명사는 「~할 것」이라는 의미를 나타내지만, 원문도 정말로 「억제하는 것」이 되고 있다. 따라서 at 이하는 minimizing this defect로 된다.

② Consequently, much research has been directed at minimizing this defect.

①과 ②를 결합하면 전체 번역이 된다.

【번역】 This defect causes a transmission loss increase in the visible and near infrared spectral regions. Consequently, much research has been directed at minimizing this defect.

<예제 4> 안테나의 위상오차는 다른 하나의 안테나로부터의 입사 에너지 재방사의 결과 생기는 일이 있다.

<단어> 입사에너지 → incident energy, 재방사 → reradiation

<포인트>

· 「~의 결과 생기다」에는 result from을 쓴다.
· 안테나가 2개 있는데 한 쪽은 ~ 다른 한 쪽은… 라는 것이다.
· can에는 「~할 수 있다」 이외의 의미도 있다.

<착안점>

「~의 결과 생기는 일이 있다」의 밑줄 친 부분은 조동사인 can으로 표현할 수 있는 것을 알고 있으면 한다. can에는 물론 「~할 수 있다」의 의미가 있지만, 이 예제와 같이 「~하는 일이 있다」의 의미로도 사용할 수 있기 때문이다. 따라서 can result from으로 번역할 수 있다.

그러면 포인트에서 설명한 바와 같이 문장의 의미로부터 안테나는 2개 있다고 생각된다. 이처럼 2개 중 「하나는~로 다른 하나는…」는 one~the other…로 표현할 수 있다. 그 때문에, 「안테나의 위상오차는 ~의 결과 생기는 일이 있다」를 영역하면,

The phase error in one antenna can result from~

으로 된다. 다른 쪽의 안테나에는 the other를 붙이지 않으면 안 되므로 「다

른 하나의 안테나로부터의」는 from the other antenna로 한다. 「입사 에너지
재방사」는 reradiation of incident energy이기 때문에, 「다른 하나의 안테나
로부터의 입사 에너지 재방사」를 번역하면 아래와 같이 된다.

　　reradiation of incident energy from the other antenna
이것을 result from 뒤에 둔 것이 완전한 번역이다.

One Point Advice

● **one ~ the other…**

여기서 이용한 one ~ the other…의 무리에는 비슷해서 혼동하기
쉬운 것도 있다. 복습을 겸해 아래에 요약해 본다.

one ~ the other…　(2개 중) 한 쪽은 ~ 다른 한 쪽은 …
one ~ the others…　(3개 중) 한 쪽은 ~ 나머지는…
the one ~ the other…　(2개 중) 전자는 ~ 후자는…
one ~ another…　(3개 이상의 중으로부터 임의의 2개를 선택
　　　　　　　　해) 하나는 ~ 다른 하나는…

【번역】　The phase error in one antenna can result from reradiation of incident
　　　　energy from the other antenna.

〈예제 5〉　이 자력계의 성능은 초전도체의 비선형 자기응답에 기반을 두
　　　　　고 있는데 그 결과, 고주파가 발생하게 된다.

〈단어〉　자력계 → magnetometer,　고주파→ harmonics

〈포인트〉

· 「그 결과, ~」는 result in을 사용해 영역했으면 한다. 이 부분에는 「서
　술 계속·결과」를 나타내는 분사구문을 이용할 것.

⟨착안점⟩

「이 자력계의 성능은 초전도체의 비선형 자기응답에 기반을 두고 있는데,」를 우선 해결 해 둔다.

이 문장을 3개의 부분으로 나누어 하나하나 영어로 고쳐보자.

① 이 자력계의 성능… the performance of this magnetometer
② 초전도체의 비선형 자기응답… the nonlinear magnetic response of a superconductor
③ ～기반을 두고 있다… be based on～

큰 곤란은 없었지요. 이것들을 ① ③ ②순서로 나열하면 영역은 완성되지만, be based on의 be는 is로 하지 않으면 안 된다.

The performance of this magnetometer is based on the nonlinear magnetic response of a superconductor,

다음의 「그 결과, 고주파가 발생하게 되다」이지만, 여기서는 포인트에서 설명한 바와 같이 result in을 사용하고, 또한 분사구문을 이용하는 것으로 한다. 「서술의 계속·결과」의 의미의 분사구문을 사용하자.

"…result in～"은 「…의 결과로서 ～가 생기다」의 의미를 갖는다. 이것을 분사구문으로 하는 데는 resulting in…모양으로 하면 좋다. in 뒤에는 「고주파가 발생하다」가 오지만, 이것을 「고주파의 발생」 harmonics generation으로 명사적 표현으로 하자.

resulting in harmonics generation.

【번역】 The performance of this magnetometer is based on the nonlinear magnetic response of a superconductor, resulting in harmonics generation.

⟨예제 6⟩ 비디오 폰 시스템이나 비디오 회의 시스템용의 비디오 코덱은 비디오 부호화법의 최근의 진보 결과 이용되게 되었다.

⟨단어⟩ 비디오 폰 → videophone, 비디오 회의 → video conference
코덱 → codec, 부호화 → coding

〈포인트〉

· 「~의 결과」에는 as a result of를 이용할 것.
· 「이용되게 되었다」에는 형용사의 available이 사용된다. 또 현재완료의 결과를 나타내는 용법을 이용하고 싶다.

〈착안점〉

처음에 「비디오 폰 시스템이나 비디오 회의 시스템용의 비디오 코덱은 이용되게 되었다」의 영역에 달라붙자. 「비디오 부호화법의 최근의 진보 결과」는 이 후에 덧붙이면 좋다.

「비디오 폰 시스템이나 비디오 회의 시스템용의 비디오 코덱」은 이번 예제의 주어부가 되는 부분이다. 이 영역은 쉽다.

Video codecs for videophone and video conference systems
이다. 「~용의」는 「~를 위한」것으로 전치사 for를 사용한다. 「이용되게 되었다」에는 포인트에서 설명한 바와 같이 형용사인 available을 쓸 수가 있다. 이 말은 「입수할 수 있다」라는 의미로도 사용할 수가 있기 때문에 꼭 사용할 수 있게 되었으면 한다. 또 이 말은 후치 수식으로서 이용되는 일이 많은 것도 알아주었으면 한다.

이것은 여하튼 이 부분에는 결과를 나타내는 현재완료를 이용하여 번역할 필요가 있을 것이다. 현재 완료형은 알고 있는 바와 같이 "have(has) + 과거분사"의 형태를 취한다. 동사 become(~가 되다)의 과거분사형은 become, 즉 원형과 같은 모양인 것에 주의할 것 (과거형은 became). 이 become은 자동사의 용법으로 「~가 되다」의 때에는 보어에는 명사 · 대명사 · 형용사를 수반한다. 여기서는 형용사 이다. 결국 「이용되게 되었다」는 have become available로 번역할 수가 있다. 지금까지의 내용을 요약해 보자.

① Video codecs for videophone and video conference systems have become available

다음은 「비디오 부호화법의 최근 진보의 결과」이지만, 밑줄 친 부분에는 as a result of를 사용하는 것으로 한다. 「최근의」는 recent라는 형용사, 「진보」는 progress라는 명사로 좋다. 이 progress의 뒤에 붙는 전치사는 in이 적절하다.

② as a result of a recent progress in video coding techniques
이란 번역이 되는 것을 알 수 있다. ②를 ①의 뒤에 둔 것이 전체 번역이다.

【번역】　Video codecs for videophone and video conference systems have become available as a result of a recent progress in video coding techniques.

〈예제 7〉　이 아날로그 보드는 광대역 폭에서 기능하도록 설계되었으므로 각각이 5MHz와 6MHz로 작동하는 2개의 다른 변환기를 사용할 수가 있었다.

〈단어〉　아날로그 보드 → analog board
변환기 → transducer

〈포인트〉

· 이번 예제는 결과를 나타내는 so that을 사용하여 영역할 것.
· operate, function, work은 「기능하다」 「작동하다」 의 양쪽의 의미로 사용할 수가 있다.

〈착안점〉

앞부분의 「이 아날로그 보드는 광대역 폭에서 기능하도록 설계되었으므로」 부터 달라붙지만 밑줄 친 부분에는 so that을 이용하는 것으로 한다.

「아날로그 보드」 를 주어로 한 수동태의 영문으로 번역하는 것이 보통일 것이다. 즉,

The analog board was designed~

라는 형태가 된다. designed의 뒤에는 부정사가 필요한 것은 이해할 수 있을 것이다. 즉 「~하도록」 에는 목적을 나타내는 부정사로 처리한다는 것이다. 「기능하다」 라는 동사는 포인트에서 설명한 바와 같이 operate, function, work등이 있다. 여기서는 work를 사용하는 것으로 한다. 또 「광대역 폭에

서」는 「광대역 폭에 걸쳐서」로 해석하고 싶은 점이다. 밑줄 친 부분은 전치사 over로 나타낼 수 있다. 그러면 요약해 보자.

The analog board was designed to work over a wide bandwidth, so that ~

so that 에는 목적을 나타내는 「~하기 위하여」라는 의미도 있으므로, 이 앞에는 콤마를 찍을 것. 콤마가 없으면, 애매모호함이 생기기 때문이다.

다음은 뒷부분의 「각각이 5MHz와 6MHz로 작동하는 두개의 다른 변환기를 사용할 수가 있었다」의 순서이다. 밑줄 친 부분을 나타내는 데에는 It was possible to ~라는 형태를 이용하자. 형식 주어인 It을 문장 앞에 두고, 진주어인 부정사를 후치한 모양인 있는 것은 말 할 필요도 없다. 「실험하다」는 make experiments로 좋다. 「두개의 다른 변환기를 사용하여」의 밑줄 친 부분은 수단을 나타내는 with를 사용하면 간단히 처리할 수 있다. 그렇게 하면 with two different transducers로 번역된다. 정리하자.

It was possible to make experiments with two different transducers

남은 것은 「각각이 5MHz와 6MHz로 작동하다」이다. 이것은 관계대명사를 사용하면 (transducers) which operate~, 분사의 형용사적 용법을 이용하면, (transducers) operating~로 할 수 있다. 이 operating 뒤에 at 5MHz and 6MHz, respectively.를 두자. respectively는 물론 「각각이」를 의미하는 부사이다.

【번역】 The analog board was designed to work over a wide bandwidth, so that it was possible to make experiments with two different transducers operating at 5MHz and 6MHz, respectively.

〈예제 8〉 이 영향은 상당히 크기 때문에, 광센서는 이미 단일 모드 섬유에 있어서 위상변조를 검출하는 것은 불가능하다.

〈단어〉 광센서 → optical sensor
단일모드 섬유 → single-mode fiber
위상변조 → phase modulation

〈포인트〉

· 「상당히 크기 때문에…」는 so~that…이라는 구문을 사용.
· 「이미~아니다」는 no longer라는 숙어를 생각해 내었으면 한다.

〈착안점〉

본 예제는 so~that… (상당히~이므로…)를 이용하여 영역하자. 그러면

This effect is so great that…

라는 첫머리가 된다. so 다음에는 형용사나 부사가 오지만, 여기서는 형용사 great가 오고 있다. that 이하는 「광센서는 이미 단일 모드 섬유에 있어서 위상변조를 검출하는 것은 불가능하다」라는 문장이 계속된다.

밑줄 친 부분은 no longer라는 숙어를 사용하여, 이것에 can을 믹스시키면 나타낼 수가 있다. 즉 can no longer이다. 주어는 「광센서」이므로 결국 the optical sensor can no longer~가 that 이하에 계속되게 된다.

남은 것은 「단일 모드 섬유에 있어서 위상변조를 검출 하다」이다. 이것은 쉬울 것이다. 아래에 번역을 보인다.

detect phase modulation in single-mode fibers

여기서 배운 so~that…의 구문에서는 that 뒤에 can not 이라는 부정(본 예제에서는 can no longer가 그것에 해당)이 오는 일이 많다는 점도 알아두고 싶다.

【번역】 This effect is so great that the optical sensor can no longer detect phase modulation in single-mode fibers.

CHECK TEST 3

Fill in the blanks with the correct word.

(1) The tachometer _____ fast and accurate measurement of speed variation, and _____ is suitable for closed-loop control of dc motor drives. (이 회전속도계는 속도 변동률을 고속으로 동시에 정확히 측정한다. 따라서 직류전동기의 구동장치의 폐쇄 루프 제어에 적합해 있다)

(2) It is _____ very important to reduce the nonlinear medium thickness when_____ the mirror reflective. (그러므로, 반사경의 반사율을 크게 할 경우에, 비선형 매질을 묽게 하는 것은 상당히 중요하다)

(3) This defect _____ a transmission loss increase in the visible and near infrared spectral regions. _____, much research has been directed at minimizing this defect. (이 결함은 가시영역이나 근적외 스펙트럴 영역에 있어서 전송 손실의 증가 원인이 된다. 따라서 많은 연구가 이 결함을 가능한 한 작게 억제하는 것으로 향해 왔다)

(4) The phase error in one antenna can result _____ reradiation of incident energy from the _____ antenna. (안테나의 위상오차는 다른 하나의 안테나로부터의 입사 에너지 재방사의 결과 생기는 일이 있다)

(5) The performance of this magnetometer is _____ on the nonlinear magnetic response of a superconductor, _____ in harmonics generation. (이 자력계의 성능은 초전도체의 비선형 자기 응답에 기반을 두고 있는데 그 결과 고주파가 발생하게 된다)

(6) Video codecs for videophone and video conference systems have become _____ as a ____ of a recent progress in video coding techniques. (비디오 폰 시스템이나 비디오 회의 시스템용의 비디오 코덱은 비디오 부호화법의 최근의 진보 결과 이용되게 되었다)

(7) The analog board was designed to work ____ a wide bandwidth, _ that it was possible to make experiments with two different transducers _____ at 5MHz and 6MHz, respectively. (이 아날로그 보드는 광대역 폭에서 기능하도록 설계되었으므로 각각이 5MHz와 6MHz로 작동하는 2개의 다른 변환기를 사용할 수가 있었다)

(8) This effect is _ great ___ the optical sensor can no _____ detect phase modulation in single-mode fibers. (이 영향은 상당히 크기 때문에, 광센서는 이미 단일 모드 파이버에 있어서 위상변조를 검출하는 것은 불가능하다)

〈해답〉 (1) gives, hence (2) therefore, increasing (3) causes, Consequently (4) from, other (5) based, resulting (6) available, result (7) over, so, operating (8) so, that, longer

Expression

「영 향」의 표현

---

affect   (~에 영향을 미치다)
effect   (~을 초래하다)
influence   (~에 영향을 미치다)
impact   (~에 영향을 주다)
have an effect on   (~에 영향을 미치다)
have an influence on   (~에 영향을 미치다)
have (make) an impact on   (~에 영향을 미치다)

☞ affect는 직접적인 영향을, influence는 간접적인 영향을 미치는 것. effect
는 결과로서 무엇인가를 초래하는 것. impact는 무엇인가 큰 영향을 주는
것.

〈예제 1〉   전자 분포 함수의 변화는 캐리어 농도뿐만 아니라 재결합 계
수에도 영향을 미친다.

〈단어〉   전자 분포 함수 → electron distribution function
캐리어 농도 → carrier concentration
재결합 계수 → recombination coefficient

〈포인트〉

· 「전자 분포 함수의 변화」에 이용하는 전치사는 무엇인가?
· 「~의 영향을 미치다」에는 affect를 사용할 것.

〈착안점〉

　이 문장이 의미하는 것은 요컨대 「전자 분포 함수가 변하면 캐리어 농도뿐만 아니라 재결합 계수도 변한다」라는 것이다. 그러나 이것이라면 "「변화」의 표현" 학습이 되어버리므로 원문과 같은 문장으로 했다. 조금 직역적인 한국어 이지만….

　그러면 그것은 어쨌든 우선 처음에 「전자 분포 함수의 변화」에 대하여 생각해 보고 싶다.

　여기서 「~의」는 어떠한 전치사를 사용하면 좋을까? 알고 있을까? 평소 영어 기술 문헌을 훑어보는 사람이라면 자동적으로 in을 사용할 것이다. 실제 이처럼 「~의 변화」에 이용하는 전치사는 in 이다. 예를 들면 「압력의 변화」라면 a change in pressure가 된다.

　전치사를 마스터하는 것은 우리들 한국인에게는 곤란한 것의 하나이다. 그렇기 때문이야 말로 항상 영문을 접하고 관찰하는 것으로 전치사의 용법을 익혀간다는 태도가 중요하다. 「전자 분포 함수의 변화」를 영역하면 아래와 같이 된다.

　A change in the electron distribution function
이것이 이번 예제의 주어부가 된다.

　다음에 「캐리어 농도뿐만 아니라 재결합 계수에도 영향을 미친다」로 달라붙자. 「영향을 미친다」에는 affect라는 타동사를 사용하는 것으로 한다. 그리고 영향을 미치는 대상이 「캐리어 농도」와 「재결합 계수」이다. 이것들은 단지 병렬로 나열되고 있는 것은 아니고, 「~뿐만 아니라…에도」라는 표현이 되고 있다. 「재결합 계수」쪽에 중점이 놓여져 있다고 해석 할 수 있다. 물론 "not only~but [also]…"를 이용하는 것이 된다. 이것을 고려하여 영역하면,

　　affects not only the carrier concentrations but also the recombination coefficients

가 된다.

"not only~but [also]…"와 비슷한 뜻의 표현에 "…as well as~"가 있는 것은 아닐까? 라는 사람도 있다고 생각한다. 그러면 이것을 사용해 영역 해 보자.

affects the recombination coefficients as well as the carrier concentrations

「~」와 「…」의 순서가 반대인 것에 주의하지 않으면 안 된다.

【번역】 A change in the electron distribution function affects not only the carrier concentrations but also the recombination coefficients.

〈예제 2〉 복잡한 VLSI 칩의 특성을 시험하는데 전렴 되는 시간의 길이 에 영향을 미치는 다수의 요인이 존재한다.

〈단어〉 칩 → chip

〈포인트〉

· 「시간의 길이」는 어떻게 해서 표현하면 좋을까?
· 「~에 영향을 미치다」에는 influence를 이용할 것.
· 「~가 존재하다」는 there is (are)~구문으로 표현한다.

〈착안점〉

「다수의 요인이 있다」는 there is (are)~구문을 이용하면 좋다. 여기서는 주어는 「요인」factor이지만, 이것에 「다수의」가 붙으므로 복수형이 된다. 따라서 there are로, be 동사는 are를 사용한다. 「다수의」는 numerous나 혹은 a number of를 이용하자. 그렇게 하면,

There are numerous factors~

가 된다.

다음에 「~를 시험하는데 전렴 되는 <u>시간의 길이</u>」에 달라붙자. 밑줄 친

부분은 the amount of time으로 표현 해 보자. amount of 이하에는 불가산 명사가 오지만, 실제「시간」은 불가산 명사이므로 of 이하에 올 수가 있다. the amount of time을 직역하면,「시간의 양」이 되지만 의미상으로는「시간의 길이」인 것은 이해 할 수 있을 것이다.

「~를 시험하는데 <u>전렴 되는</u>」의 밑줄 친 부분은 devote라는 동사를 이용하면 좋다. 이 단어는「(시간이나 노력 등을) 전렴하다, 바치다」라는 의미를 갖는 타동사이다. 또한 밑줄 친 부분은「시간의 길이」에 걸려오므로, devote를 형용사적 용법의 과거분사로 해서 이용하자.

devote는 "devote~to… (…에~를 전념 하다)"로 사용되는 것으로부터도 알 수 있는 바와 같이 전치사는 to가 사용된다. 따라서 과거분사인 devoted의 뒤에 놓여지는 전치사는 to이다. 전치사 뒤에는 동사는 놓지 않으므로「~를 시험 하다」의 동사 test는 동명사 testing으로 하지 않으면 안 된다.「시간의 길이」를 포함하여 요약하면,

   the amount of time devoted to testing~

이 된다.

그러면 무엇을 시험하는가 하면「복잡한 VLSI 칩의 특성」이다.「복잡한」은 complex나 complicated를 이용하면 좋다. 그렇게 하면 characteristics of complex VLSI chips로 번역 할 수가 있다.

마지막은「에 영향을 미치는」이지만, 이것은 <포인트>에서 설명한 바와 같이 influence를 이용하자. 정리하면,

   (numerous factors) influence the amount of time devoted to testing
   characteristics of complex VLSI chips.

이것을 There are numerous factors~로 계속하고 싶지만, numerous factors가 겹쳐져 버린다. 이러한 경우에는 관계대명사 that을 등장시키면 좋다는 것을 말할 필요도 없을 것이다.

【번역】　There are numerous factors that influence the amount of time devoted to testing characteristics of complex VLSI chips.

〈예제 3〉   고온 초전도체의 발견은 전동기의 설계나 효율에 큰 영향을
             줄 것으로 기대된다.

〈단어〉   고온 초전도체 → high temperature superconductor
          전동기 → electric motor

〈포인트〉

· 「영향을 주다」에는 impact를 사용할 것

〈착안점〉

「고온 초전도체의 발견」을 주어부로 하자. 이것은 the discovery of high temperature superconductor로 쉽게 번역할 수 있을 것이다. 「~는 …할 것으로 기대 하다」라는 의미를 나타내는 데는, expect~ to (+동사의 원형)이라는 형태로 하면 좋다. 여기서는 「~는…로 기대 되다」이기 때문에 수동태로 하지 않으면 안 된다. 이 경우는 ~be expected to (동사의 원형)이라는 형태로 된다는 것은 이해할 수 있을 것이다. 요약하면,

    The discovery of high temperature superconductor is expected to (동사
    의 원형)

이 된다.

그러면, to 뒤에는 「큰 영향을 주다」가 오지만, 밑줄 친 부분에는 impact라는 동사를 사용하는 것으로 한다. 「큰」은 greatly라는 부사를 사용하면 좋다. 「영향」이라는 명사를 수식하는 것이므로 형용사가 필요하지 않을까하고 생각하면 안 되는 것으로 「영향을 주다」라는 동사를 수식하는 것이다. 그러므로 부사가 아니면 안 된다. impact는 전치사 on을 수반하고, impact on이라는 형태도 이용된다. 한편, 「전동기의 설계나 효율」은 the design and efficiency of electric motors이다. to 이하를 정리하면,

    (to) greatly impact the design and efficiency of electric motors

가 된다.

【번역】 The discovery of high temperature superconductor is expected to greatly impact the design and efficiency of electric motors.

〈예제 4〉 이 비교적 높은 전위밀도는 강복전압에는 심각한 영향을 미치지는 않는다.

〈단어〉 전위밀도 → dislocation density
강복전압 → breakdown voltage

〈포인트〉

· 「영향을 미치지는 않다」에는 have an influence on을 이용해 표현할 것.

〈착안점〉

「이 비교적 높은 전위밀도는」으로부터 시작하자. 「전위밀도」라는 명사가 「비교적 높다」로 수식되고 있다. 명사를 수식하는 것은 물론 형용사의 역할이다. 「높다」에는 high라는 형용사를 사용. 이 형용사도 또 「비교적」으로 수식되고 있다. 형용사를 수식하는 것은 부사로, 수식하는 형용사의 앞에 놓으면 좋다. 「비교적」은 relatively 이므로 번역은 아래와 같이 된다.

This relatively high dislocation density

다음은 「강복전압에는 심각한 영향을 미치지는 않다」에 대하여 생각하자. 여기서는 포인트에서 설명한 바와 같이, have an influence on을 이용하지만, 이것에 「심각한」을 붙이지 않으면 안 된다. 「심각한」에는 serious 라는 형용사를 사용하면 좋다. 수식되는 명사는 물론, 「영향」influence 이다. 또 이 예제는 현재시제로 주어는 3인칭·단수이기 때문에 have의 앞에 does not을 놓고 부정하면 좋다(부정문이 아니면 물론 have를 has로 하지 않으면 안 된다). 「강복전압」은 breakdown voltage이다. 따라서 영역은,

does not have a serious influence on the breakdown voltage

로 된다. 여기서 부정관사는 an이 아니고 a로 하는 것에 주의할 것.

쉬운 예제 이었으므로 영역하는데 곤란을 느끼지 않았을 것이다. 상당히

기본적인 영문법을 설명했으므로 「바보 취급 하지마」 하고 꾸지람을 받을 것 같다. 그러나 결코 기본을 소홀히 해서는 안 된다. 예를 들면 「영향을 미치다」 가 have an influence on 이라고 해서 이것에 「심각한」 이 붙었는데 an 을 a로 바꾸지 않았다고 하는 것 등은 이것이야 말로 「바보의 하나의 기억」 은 아닐까? 역시 기본을 중요하게 하여 바르게 응용한다고 하는 자세가 중요하다.

【번역】 This relatively high dislocation density does not have a serious influence on the breakdown voltage.

〈예제 5〉 이러한 시뮬레이션으로부터 얻을 수 있는 지식은 많은 공학상의 용도에 큰 영향을 줄 것이다.

〈단어〉 시뮬레이션 → simulation

〈포인트〉

· 「영향을 주다」 에는 have an impact on을 이용할 것.
· 「지식」 knowledge는 불가산 명사이므로 s를 붙여서는 안 됨.

〈착안점〉

「지식」 이 주어로 되므로 이 주어는 「이러한 시뮬레이션으로부터 얻을 수 있는」 으로 수식되고 있다. 관계대명사를 이용하면,

    The knowledge which is obtained from such simulations

로 가능하지만, 밑줄 친 부분을 생략하는 편이 간결한 번역이 된다. 즉, 과거 분사의 형용사적 용법을 이용하는 것이다. 또 「지식」 knowledge는 불가산 명사이다. 아무리 지식이 가득 있어도 하나, 둘로 셀 수 없는 명사이기 때문에 s는 붙일 수 없으므로 주의하자.

다음은 「많은 공학상의 용도에 큰 영향을 줄 것이다」 이다. 이것은 포인트에서 설명한 바와 같이, have an impact on(~에 영향을 주다)을 사용하는

것으로 한다. 「큰」great로 영향을 강조하고 있으므로, have a great impact on으로 한다. an이 a로 변하지 않으면 안 되는 것은 당연한 것이다. 「많은 공학상의 용도」는 many engineering applications로 「~일 것이다」는 will로 나타낼 수 가 있다. 요약하면, ~will have a great impact on many engineering applications. 로 된다. have 대신에 make를 사용해도 좋다.

【번역】 The knowledge obtained from such simulations will have a great impact on many engineering applications.

46

CHECK TEST 4

Fill in the blanks with the correct word.

(1) A change __ the electron distribution function _____ not only the carrier
concentrations ___ also the recombination coefficients. (전자 분포 함수의
변화는 캐리어 농도뿐만 아니라 재결합 계수에도 영향을 미친다)

(2) There are numerous factors that _____ the amount of time _____
to testing characteristics of complex VLSI chips. (복잡한 VLSI 칩의 특
성을 시험하는데 전렴되는 시간의 길이에 영향을 미치는 다수의 요인이
존재한다)

(3) The discovery of high temperature superconductor is _____ to
greatly _____ the design and efficiency of electric motors. (고온 초전
도체의 발견은 전동기의 설계나 효율에 큰 영향을 줄 것으로 기대된다)

(4) This relatively high dislocation density does not ____ a serious
_____ on the breakdown voltage. (이 비교적 높은 전위밀도는 강복
전압에는 심각한 영향을 미치지는 않는다)

(5) The knowledge obtained from such simulations will ____ a great
_____ on many engineering applications. (이러한 시뮬레이션으로부터
얻을 수 있는 지식은 많은 공학상의 용도에 큰 영향을 줄 것이다)

〈해답〉　(1) in, affects, but　(2) influence, devoted　(3) expected, impact
(4) have, influence　(5) have, impact

Expression

「**가능 · 능력**」의 표현

---

can	(~할 수 있다)
be able to	(~할 수 있다)
be capable of	(~할 수 있다, 능력이 있다)
be possible	(가능하다)
make possible	(~을 가능하게 하다)
enable~to…	(~에…하는 것을 가능하게 시키다)
have the ability to	(~할 수 있다)

〈예제 1〉　　종래의 SC 적분기는 IIR필터를 실현하기 위해서는 사용할 수
　　　　　　있지만, 위에서 설명된 설계 기술을 이용하여 FIR 필터를 실
　　　　　　현하는 것에는 사용할 수 없다.

〈단어〉　　적분기 → integrator

〈포인트〉

· 「~할 수 있다」「~할 수 없다」는 can을 사용하여 표현할 것.
· 「~가 가능하지만」은 문장 앞에 접속사를 한 단어 사용하여 나타내고
　싶다.

〈착안점〉

「종래의 SC 적분기는 IIR필터를 실현하기 위해서는 사용할 수 있지만 」의 밑줄 친 부분을 어떻게 처리하면 좋은가, 곧 알 수 있을까?

이것에는 although (~이지만)라는 접속사를 문장 앞에 두면 좋다. 같은 의미의 말에 though가 있지만, 이것보다 although 쪽이 딱딱하다. 즉 문어적인 말로, 또한 이쪽이 문장 앞에 자주 사용되게 된다. 이것마저 안다면 다음은 번역하는데 곤란을 느끼지는 않을 것이라고 생각하지만, 좀더 힌트를 주려고 한다.

「종래의」는 conventional 이라는 형용사로 좋다. 꽤 기술용어에 등장하는 말이므로 기억해 주었으면 한다. 「사용하다」에는 use를 사용하면 좋지만, 주어를 「적분기」로 하면 물론 수동태의 문장이 된다. 「~을 실현하기 위해서」는 「실현하다」realize를 사용하여, 목적을 나타내는 부정사로 표현하면 좋다. 그리고 「~할 수 있다」에는 can을 사용한다. 이미 답을 말한 것 같다. 그러면 아래에 영역을 나타내자.

① Although conventional SC integrators can be used to realize IIR filters,

「위에서 설명된 설계 기술을 이용하여 FIR 필터를 실현하는 것에는 사용할 수 없다」의 밑줄 친 부분은 전반의 부분과 거의 같은 구문이다. 단지 여기서는 「~할 수 없다」로 부정하고 있는 점이 다르다.

그런데 이 문장에는 주어가 빠져 있는 것에 정신이 들었는가? 「사용할 수 없다」는 무엇인가 하면 「종래의 SC 적분기」인 것은 문장의 의미로부터 당연히 알 수 있는 일이다. 같은 말로 반복하는 일은 없으므로 여기는 they로 대용시키자. 그렇게 하면 아래와 같이 번역할 수 있을 것이다.

they cannot be used to realize FIR filters

물론 이것으로 좋지만, 단지, 밑줄 친 부분의 used를 되풀이 사용하는 것은 재미있지 않다고 말하는 사람도 그 중에는 있을 것이다. 확실히 영어에서는 같은 말의 반복을 피하는 경향이 있다. 그렇다면 apply를 사용해 보자. 밑줄 친 부분을 applied로 바꾸어 쓰면 좋다.

마지막은 「위에서 설명된 설계 기술을 이용하여」이다. 이것에는 부대상황을 나타내는 분사구문(「~하면서」)을 이용하는 것으로 한다.「설계 기술을 이용하여」와 「FIR 필터를 실현하다」는 것이 동시에 일어나고 있는 것을 나타내고 있다고 생각할 수 있겠다. 따라서 using~ 이라는 모양이 된다.「위에서 설명된」은 above-mentioned(상술의, 전술의)이라는 의미이다. 요약하면,

using the above-mentioned design technique

으로 번역하게 된다. 이것을 FIR filters 아래에 놓으면 좋다.

【번역】 Although conventional SC integrators can be used to realize IIR filters, they cannot be applied to realize FIR filters using the above-mentioned design technique.

〈예제 2〉 Jansen이 얻은 결과에 근거하여 이 임계압력을 계산할 수가 있었다.

〈단어〉 임계압력 → critical pressure

〈포인트〉

· 「~를 할 수 있었다」에는 be able to를 사용할 것.

〈착안점〉

「이 임계 압력을 계산할 수가 있었다」를 우선 번역해 두자. 이 문장의 영역은 상당히 간단하다. 밑줄 친 부분에는 be able to를 사용하는 것으로 한다. could라면 가정법과거와 혼동하는 가능성도 있을 수 있으므로 이 예제와 같이 과거의 경우에는 was (were) able to의 모양을 이용하는 쪽이 좋다.

또 이 예제에는 관계없지만, 다른 조동사로 이어지는 경우는 반드시 이 형태를 이용하지 않으면 안 된다. 예를 들면 미래의 때는 will can 으로는 불가능하기 때문에 will be able to 로 밖에 할 수 없기 때문이다. 그렇게 하면,

We were able to calculate the critical pressure.

로 된다. 원문에는 주어가 없으므로 we를 보충한다.

다음은 「Jansen이 얻은 결과에 근거하여」를 위에 만든 영문에 덧붙인다.

이것에는 과거분사의 형용사적 용법을 이용하는 것이 좋을 것이다. 원문을 「Jansen에 의해 얻어진 결과에 근거하여」로 바꾸어 쓰면, 그것이 납득 될 것이다. 즉, obtained가 그것이다. 「~에 근거하여」는 on the basis of~라는 부사구를 사용하는 것으로 한다. 따라서 아래와 같이 번역할 수가 있다.

on the basis of the results obtained by Jansen

【번역】   We were able to calculate the critical pressure on the basis of the results obtained by Jansen.

〈예제 3〉   이 시스템에는 여러 가지 파장에서 포켈스 효과를 측정하는 능력이 있다.

〈단어〉   포켈스 효과 → Pockels effect

〈포인트〉

· 「~하는 능력이 있다」에는 be capable of를 이용 할 것. of 뒤에는 동명사나 명사가 온다.

〈착안점〉

「이 시스템에는 ~하는 능력이 있다」는 be capable of를 이용하여 영어로 하면 아래와 같이 된다.

The system is capable of~

덧붙여서 「~하는 것이 불가능하다」는 be incapable of~이다. 이 of 뒤에는 명사나 동명사 이지만, 여기서는 (많은 경우가 그렇지만) 동명사가 온다. 동명사는 「측정하는(것)」으로 measuring이다. 동명사는 동사의 성질을 갖고 있으므로 목적어가 취해진다. 즉 무엇을 측정한다고 하는, 측정되는 대상이 동명사로 이어지는 것이다. 「포켈스 효과」Pockels effect가 그것이다.

지금까지를 요약해 보자.

The system is capable of measuring the Pockels effect.

마지막은「여러 가지 파장<u>에서</u>」이다. 밑줄 친 부분에는 전치사 at을 이용하면 좋다.「여러 가지~」는 a variety of~로 표현할 수 있는 것을 여기서 기억해 두자.「파장」은 wavelength이지만, 가산명사이므로 여기서는 복수형을 취한다. 요약하면 at a variety of wavelengths가 된다. 이것을 effect 아래에 놓으면 전체 번역이 완성된다.

【번역】 The system is capable of measuring the Pockels effect at a variety of wavelengths.

〈예제 4〉 이들 파라메타를 적절히 선택하는 것으로, 발광파장을 제어 할 수가 있다. 1.55㎛ 에 있어서 발광을 얻은 데는 여러 가지 조합이 가능하다.

〈단어〉 발광파장 → emission wavelength
레이징 → lasing

〈포인트〉
· 「~를 할 수 있다」「~가 가능하다」에는 be possible를 사용하여 표현할 것.

〈착안점〉
본 예제는 2개의 문장으로부터 되고 있는데 각각의 문장에 "「가능·능력」의 표현"이 1개씩 나온다. 즉 ①의「~를 할 수 있다」, ②의「~가 가능하다」가 그것이다. 모두 be possible을 이용하여 번역해 보자.
①「이들 파라메타를 적절히 선택하는 것으로, 발광파장을 제어할 수가 있다.」우선,「발광파장을 제어<u>하는 것</u>」을 주어부로 해서 영역해 본다. 밑줄 친 부분으로부터 부정사의 명사적 용법이 떠오를 것이다.「~를 적절히 선택하는 것으로」는「~의 적절한 선택에 의해」로 명사표현으로 해석하면 번역하기 쉽게 될 것이다. 수단을 나타내는 by를 사용하여 번역하면 좋다. 그렇게

하면,

To control the emission wavelength is possible by a proper choice of
theses parameters.

라는 영역이 완성된다. 이것은 이것으로 바른 번역이다. 그러나 여기서 일보
나아가, it is~to…의 구문으로 바꾸어 보고 싶다. 즉, 형식주어 it의 이용이
다. 실제, possible은 이 형태로 자주 사용된다. 그렇게 하면 아래와 같이 된
다.

It is possible to control the emission wavelength by a proper choice of
these parameters.

이쪽이 모양이 정리되고 있는 것을 알 수 있을 것이다.

여기서 한마디 주의해 두고 싶은 것이 있다. 그것은 possible은「사람이 ~
하는 것이 가능하다」라는 의미의 경우, 사람을 주어로 하는 것은 불가능하
다는 것이다. 이 경우는 It is possible for (사람) to~라는 모양으로 하면 좋
다. possible 이외에 impossible, easy, difficult, necessary도 같은 것을 이야기
할 수 있다.

② 「1.55μm 에 있어서 발광을 얻은 데는 <u>여러 가지 조합</u>이 가능하다」

여기서는 순순히 밑줄 친 부분을 주어로 해서 번역해 보자. 그렇게 하면,

Various combinations are possible~

로 쓰기 시작할 수 있다.「1.55μm 에 있어서 발광을 얻은 데는」에는 목적을
나타내는 부정사를 사용하여, to obtain lasing at 1.55μm로 하면 좋다. 이것을
possible 뒤에 두면 영역이 완성된다.

【번역】　It is possible to control the emission wavelength by a proper choice of
these parameters. Various combinations are possible to obtain lasing at
1.55μm.

〈예제 5〉　이 소자에 의해 신호 통신로에 강한 잡음간섭이 존재하는 경
우조차도 정확한 위상의 측정이 가능하게 된다.

〈단어〉　신호 통신로 → signal channel,　잡음간섭 → noise interference

〈포인트〉

· 「소자」를 주어로 하면 「이 소자는 ~를 가능하게 하다」라는 모양으로 되는데, make possible을 사용하면 좋은 것을 알 수 있다.
· 「~가 존재하는 경우조차도」는 어떻게 영역하면 좋을까?

〈착안점〉

원문을 「이 소자는 ~를 가능하게 하다」로 바꾸어 쓰면, make possible (~를 가능하게 하다)에 이르게 될 것이다. 즉,

   This device makes possible ~.

이라는 모양으로 된다. 가능하게 되는 것은 「정확한 위상의 측정」이다. 이것은 precise phase measurements로 좋다. 요약하면,

   This device makes possible precise phase measurements.

이 된다.

다음에 「신호 통신로에 강한 잡음간섭<u>이 존재하는 경우조차도</u>」에 달라붙는데, 밑줄 친 부분은 어떻게 처리하면 좋을까? 생각해 보자. 「~의 경우에는」은 in case of 또는 in case of + 절로 다루는 것도 가능할 것이다. 그러나 밑줄 친 부분을 「~의 존재 하에서조차도」로 해석하면 더 간단히 처리할 수 있다. 그렇게 하면 even in the presence of 로 표현할 수 있게 된다. in the presence of (~의 존재 하에서)라는 표현은 기억해 두자.

이처럼, 「경우」가 나왔다고 해서 반드시 case를 사용하지 않으면 안 된다는 것은 아니므로, 그 의미를 정확히 나타내는데 필요 충분한 표현이라면 다른 표현을 사용해도 전혀 지장이 없다.

그러면, 남은 것은 「신호 통신로에 강한 잡음간섭」이다. 밑줄 친 부분을 <u>속에</u>로 생각하면, 전치사 in을 사용하면 좋은 것을 알 수 있을 것이다. 또 「강한」에는 heavy를 이용하는 것으로 하자. 그렇게 하면

   heavy noise interference in the signal channel

로 번역할 수가 있다. 이것은 even in the presence of 뒤에 놓으면 좋다.

【번역】 This device makes possible precise phase measurements even in the presence of heavy noise interference in the signal channel.

〈예제 6〉   전류 운반 장치에 의해 대역폭을 대폭 축소하지 않고 높은 차동이득을 얻을 수가 있다.

〈단어〉   전류 운반 장치 → current conveyor
          차동이득 → differential gain

〈포인트〉

· 「~에 의해, …를 할 수 있다」에는 enable~to…를 이용했으면 한다.

〈착안점〉

본 예제에서는 「전류 운반 장치」를 주어로서, enable~to…를 이용하는 것으로 한다. 이 enable~to…의 구문을 직역하면 「~에 …하는 것을 가능하게 시키다」이다. 원문도 영역을 쉽게 하기 위하여, 직역조로 고쳐 써 보자. 또한,「대역폭을 대폭 축소하지 않고」는 나중에 생각한다.

「전류 운반 장치에 의해 높은 차동이득이 얻게 하는 것을 가능하게 시킨다」

웬일인지 이상한 한국어이기는 하지만 여기서는 참고 이 문장을 실마리로 하여 영역을 시도해 보자.

enable~to…의 to 뒤에는 동사의 원형이 오지만, 「높은 차동이득」에 있어서는 「얻어 받는 것」이므로 수동태인 것을 알 수 있을 것이다. 따라서 to be obtained라는 것이 된다. 이것으로 번역될 수 있을 것이다. 아래에 나타내 보자.

Current conveyors enable high differential gains to be obtained.

다음에 남겨 둔 「대역폭을 대폭 축소하지 않고」로 옮겨보자. 이것을 명사적 표현으로 하면 「대폭적인 대역폭의 축소 <u>없이</u>」로 할 수 있다. 뒤는 이대로 번역하면 좋다. 밑줄 친 부분에는 전치사인 without이 떠오를 것이다. 「대폭적인」은 drastic(철저한)을 이용해 본다.「대역폭의 축소」는 bandwidth reduction으로 좋다. 이상을 열거하면,

without a drastic bandwidth reduction

이 된다.

【번역】 Current conveyors enable high differential gains to be obtained without a drastic bandwidth reduction.

56

CHECK TEST 5

Fill in the blanks with the correct word.

(1) _____ conventional SC integrators ___ be used to realize IIR filters, they cannot be applied to realize FIR filters _____ the above-mentioned design technique. (종래의 SC 적분기는 IIR필터를 실현하기 위해서는 사용할 수 있지만, 위에서 설명된 설계 기술을 이용하여 FIR 필터를 실현하는 것에는 사용할 수 없다)

(2) We were ___ to calculate the critical pressure on the ___ of the results obtained by Jansen. (Jansen이 얻은 결과에 근거하여 이 임계 압력을 계산할 수가 있었다)

(3) The system is _____ of _____ the Pockels effect at a variety of wavelengths. (이 시스템에는 여러 가지 파장에서 포켈스 효과를 측정하는 능력이 있다)

(4) It is _____ to control the emission wavelength by a proper choice of these parameters. Various combinations are _____ to obtain lasing at 1.55μm. (이들 파라메타를 적절히 선택하는 것으로, 발광파장을 제어할 수가 있다. 1.55μm 에 있어서 발광을 얻은 데는 여러 가지 조합이 가능하다)

(5) This device makes _____ precise phase measurements even in the _____ of heavy noise interference in the signal channel. (이 소자에 의해 신호 통신로에 강한 잡음간섭이 존재하는 경우조차도 정확한 위상의 측정이 가능하게 된다)

(6) Current conveyors _____ high differential gains to be obtained _____ a drastic bandwidth reduction. (전류운반 장치에 의해 대역폭을 대폭 축소하지 않고 높은 차동이득을 얻을 수가 있다)

〈해답〉 (1) Although, can, using   (2) able, basis   (3) capable, measuring
(4) possible, possible   (5) possible, presence   (6) enable, without

Expression

「조사하다」의 표현

> examine (~를 조사하다, 검사하다)
> study (~를 연구하다, 조사하다)
> investigate (~를 조사하다, 연구하다)
> explore (~를 조사하다, 찾다, 조사하다)
> check (~를 대조 확인하다, 조사하다)
> inspect (~를 검사하다, 조사하다)

☞ examine은 상태나 성질을 알기 위하여, 관찰이나 분석을 하는 것. 보다 면밀히 조사하는 것은 investigate, inspect, 또한 inspect는 결함의 유무를 조사할 때도 사용된다. explore는 주의 깊이 조사한다는 것. check는 바른지 아닌지를 조사하는 것.

〈예제 1〉 γ-Fe_2O_3 기록 테이프의 입자 배향은 편광원 뫼스바우어 기술에 의해 검사했다.

〈단어〉 입자배향 → particle orientation
편광원 뫼스바우어 기술 → polarized source Mössbauer technique

<포인트>

· 상태가 어떻게 되고 있는 가를 검사하는 것이다. examine을 사용하자.
· 「~의」는 of로 좋을까?

<착안점>

　「~의 입자 배향은…에 의해 검사했다」의 밑줄 친 부분의 조사로부터 입자배향이 무엇인가를 조사했다로 생각하는 사람은 없을 것이다. 즉,「입자배향을 조사했다」가 당연하다. 이것으로부터 한발 나아가면「입자배향은 조사되었다」로 수동태로 된다. 「~을 조사 했다」에 examine 이라는 동사를 사용하면, 아래와 같은 모양이 된다.

　The particle orientations (γ-Fe$_2$O$_3$ 기록 테이프의) were examined (편광원 뫼스바우어 기술에 의해).

　「γ-Fe$_2$O$_3$ 기록 테이프의」가 주어를 수식하고 있지만,「~의」가 오면, 곧 전치사의 of가 떠오르는 사람도 있을 것이라고 생각되지만,「~의」는 반드시 of는 아니다. 다른 전치사를 이용하는 일도 꽤 있다.

　전치사라고 하는 것은 기본적인 용법을 알고 있다고 해도 우리들 한국인에 있어서 번거로운 것의 하나이다. 평소 많은 논문을 읽는 것으로 몸에 익힐 수밖에 없는 것일지도 모른다. 그러면 여기에서는 어떠한 전치사가 적당한 것일까?

　이 예문 경우의「~의 입자 배향」은「~에 있어서 입자배향」으로 해석될 수 있는 것은 아닐까? 즉 "한정"의 의미가 포함되어 있다고 생각될 수 있는 것이다. 그렇다면 in을 이용하면 좋은 것이 된다. 그러면 지금까지를 번역한다.

　「γ-Fe$_2$O$_3$ 기록 테이프의 입자 배향은 검사되었다」

　The particle orientations in γ-Fe$_2$O$_3$ recoding tapes were examined.

　「~에 의해」는 by라도 by means of라도 좋다. 여기서는 후자로 하자. 그러면「편광원 뫼스바우어 기술에 의해」는 by means of the polarized source Mössbauer technique이 된다. 이것을 examined의 뒤에 놓은 것이 전체 번역이다.

【번역】 The particle orientations in γ-Fe$_2$O$_3$ recoding tapes were examined by means of the polarized source Mössbauer technique.

〈예제 2〉 이 필터의 응답은 그림 3에 보인 실험 장치를 사용하여 10kMz~250MHz의 주파수 범위에서 실험적으로 연구했다.

〈단어〉 응답 → response

〈포인트〉

· 「~를 사용해」는 부대상황의 분사구분으로 표현하자.
· 「~로 연구했다」에는 study를 사용할 것.

〈착안점〉

「~의 응답은 …로 연구 했다」는 물론「응답을 연구했다」라는 것. 따라서 「응답」을 주어로 하면 수동태가 된다. 이것은 예제 1과 같다.「연구했다」에는 study를 사용하면 아래와 같은 모양이 된다.

The response of this filter was studied (그림 3에 보인 실험 장치를 이용하여 10kMz~250MHz의 주파수 범위에서 실험적으로).

「실험적으로」는 experimentally라는 부사를 사용하고, studied의 뒤에 두면 좋다.「10kMz~250MHz의 주파수 범위에서」는 in the frequency range of 10kMz~250MHz로 한다. frequency를 복수형으로 하지 않도록 주의했으면 한다. 그리고 이것을 앞에서 만든 문장에 이어지게 하면,

The response of this filter was studied experimentally in the frequency range of 10kMz~250MHz.

로 된다.

「그림 3에 보인 실험장치를 이용하여」는 어떻게 하여 처리하면 좋을까? 여기서는 부대상황을 나타내는 분사구문을 이용해 보자. 또한 분사구문에 있어서는 "「결과」의 표현"의 예제 2로 설명하고 있다.

부대상황의 기본적인 의미는 「~하면서,~하고」이고, 본 예제의 경우,「연구 했다」라는 행위와 「사용하여」라는 행위가 동시에 진행하고 있는 것을

나타내고 있다고 해석 할 수 있을 것이다.「~을 사용하여」이므로 using~
로 처리하자. 또「~로 나타냈다」는 과거분사의 형용사적 용법을 사용한다.
즉 shown~ 이다. 그러면 요약해 보자.

　using the experimental apparatus shown in Figure 3

이 표현은 기술영어에 자주 이용되는 것이므로 여기서 확실히 학습했으면 한
다.

【번역】　The response of this filter was studied experimentally in the frequency
　　　　range of 10kMz~250MHz using the experimental apparatus shown in
　　　　Figure 3.

〈예제 3〉　그러므로 이들의 포획중심과 NbO₂소자의 전환기구에 있어서
　　　　　그 역할을 연구하는 것은 중요한 일이었다.

〈단어〉　포획중심 → trapping center
　　　　전환기구 → switching mechanism

〈포인트〉

· 여기서는「상세히 연구하다」로 생각하여, investigate를 사용해 보겠다.
·「~을 연구하는 것은」을 주부로 하면 머리부분이 길어지게 된다. 가주
　어를 사용할 것.

〈착안점〉

「그러므로」와「NbO₂소자의 전환기구에 있어서」는 다음으로 하고「이들
의 포획중심과 NbO₂소자의 전환기구에 있어서 그 역할을 연구하는 것은 중
요한 일 이었다」로부터 해결하자.

　이 문장은「~하는 것은 …이었다」라는 구조를 하고 있다. 「~하는 것
은」은 부정사의 명사적 용법으로 나타내는 것이 가능하다. 그리고 이 부정
사가 주어가 되는 것이지만, 이 경우는 it을 가주어, to~를 진주어로서, "It…
to~"의 구문으로 나타낼 필요가 있다. 이 구문을 이용하지 않으면 상당히 머

리부분이 긴 영문으로 되는 것은 원문으로부터 쉽게 추찰할 수 있다. 가능한 한 세련된 영문을 마음속에 두고 싶은 것이다. 「~을 연구하다」에 investigate를 이용하면, 「~을 연구하는 것은 중요한 일 이었다」는 아래와 같이 된다.

it was important to investigate ~.

「이들의 포획중심과 그 역할은」 these trapping centers and their role 이다. 이것을 덧붙이자.

it was important to investigate these trapping centers and their role.

다음에 남겨두었던 「그러므로」 와 「NbO₂소자의 전환기구에 있어서」를 처리하고 싶다.

「그러므로」 는 so나 therefore를 사용하면 좋다. 여기서는 so 보다 딱딱한 therefore를 사용해 보자. 이것은 문장 앞, 문장 중간 어디라도 사용할 수 있지만, 문장 앞에서는 「그러므로」 가 상당히 강조되게 된다. 한편, 「NbO₂소자의 전환기구에 있어서」 는 in switching mechanism of the NbO₂ devices로 번역된다.

【번역】   It was therefore important to investigate these trapping centers and their role in switching mechanism of the NbO₂ devices.

⟨예제 4⟩   본 논문에서는 다층 급송전송·신경망의 위상구조를 조사해, 숨겨진 층의 신경수와 유한차원 위상공간 사이의 관계를 탐구한다.

⟨단어⟩   다층 급송전송 → multilayer feedforward,
신경망 → neural network,   위상구조 → topological structure,
숨겨진 층 → hidden layer,   신경 → neuron,
유한차원 위상공간 → finite dimensional topological space

⟨포인트⟩

· 「~를 조사」 에는 investigate을 「~를 탐구하다」 에는 explore를 이용할 것.

〈착안점〉

이번 예제에는 "「조사하다」의 표현"이 2곳에서 나온다. 원문은 다소 길지만, 구문 자체는 어렵지 않다. 침착하게 달라붙으면 좋겠다.

우선, 원문을 아래의 두 개로 나누자.

① 「다층 급송전송·신경망의 위상구조를 조사하다」

② 「숨겨진 층의 신경수와 유한차원 위상공간 사이의 관계를 탐구하다」

①에서는 「~를 조사하다」이지만, ②에서는 「~를 탐구하다」가 "「조사하다」"의 표현이다. 주어를 「본 논문」으로 하면,

This paper ①+②

라는 구문으로 된다. 그러면 ①과 ②를 각각 번역해 보자.

①의 「~를 조사하다」에 investigate를 사용하면, 아래와 같이 영역할 수 있다.

(This paper) investigates the topological structure of multilayer feedforward neural networks.

②의 「~를 탐구하다」에 explore를 사용하면,

(This paper) explores the relationship between the number of neurons in the hidden layers and finite dimensional topological spaces.

로 번역하게 된다.

여기서 the number of는 「~의 수는」의 의미이다. 이것을 a number of와 부정관사를 이용하면 「다수의」라는 의미가 되어 틀려지므로 주의를 요한다.

This paper는 물론 하나로 좋고, ②는 and로 연결되면 일은 끝난다. 이번 예제는 언 듯 보면 어렵게 느껴질지도 모르지만, 그것은 중문이기 때문에 문장이 길다는 것과 전문용어가 많이 나오기 때문이다. 그러나 앞에서 설명한 바와 같이 구문 그 자체는 단순하고 전문용어만 바르게 사용하면 문제없이 영역할 수 있을 것이다.

【번역】 The paper investigates the topological structure of multilayer feedforward neural networks and explores the relationship between the number of neurons in the hidden layers and finite dimensional topological spaces.

〈예제 5〉 이 방법의 정밀도를 대조하여 확인하기 위하여 온도 T_m은 실험에서는 알지 못한다고 가정했다.

〈단어〉 정밀도 → accuracy

〈포인트〉

· 「~을 대조 확인하다」는 check를 사용한다.
· 「목적」 및 「가정」의 표현이 포함되지만, 아무런 어려운 것은 없다.

〈착안점〉

「이 방법의 정밀도를 대조하여 확인하기 위하여」의 밑줄 친 부분은 「목적」을 나타내고 있다. 여기서는 in order to로 해결하자. 이것을 문장 앞에 두자. 「~을 대조 확인하다」에는 check를 사용. 따라서

    In order to check~

이 가능하다.

그러면 무엇을 대조 확인 하는가 하면 「이 방법의 정밀도」이다. 이것은 the accuracy of the method로 번역할 수 있다. 이 2개를 결합하면,

    In order to check the accuracy of the method, 로 된다.

남은 것은 「온도 T_m은 실험에서는 알지 못한다고 가정했다」이다. 밑줄 친 부분은 "「가정」의 표현"이지만, 여기서는 assume을 이용해 보자. 이 동사는 "assume~to be…"라는 모양으로 「~를 …와 같다고 가정하다」라는 의미를 나타낸다. 「…」에는 명사나 형용사가 온다. 만약 이 문장에서 주어를 사람으로 하면, 「~」에는 「온도 T_m」이 들어가게 된다. 그러나 여기서는 「온도 T_m」은 주어로 하자. 그렇게 하면, 「~로 가정되었다」로 수동태로 번역하게 되므로, "~be assumed to be …"라는 구문이 된다. 영문을 완성시켜 보자.

    the temperature T_m was assumed to be unknown in the experiment.

【번역】 In order to check the accuracy of the method, the temperature T_m was assumed to be unknown in the experiment.

CHECK TEST 6

Fill in the blanks with the correct word.

(1) The particle orientations _ γ -Fe$_2$O$_3$ recoding tapes were_____ by means of the polarized source Mössbauer technique. (γ -Fe$_2$O$_3$ 기록 테이프의 입자 배향은 편광원 뫠스바우어 기술에 의해 검사했다)

(2) The response of this filter was _____ experimentally in the frequency range of 10kMz~250MHz _____ the experimental apparatus _____ in Figure 3. (이 필터의 응답은 그림 3에 보인 실험 장치를 사용하여 10kMz~250MHz의 주파수 범위에서 실험적으로 연구했다)

(3) It was _____ important to _____ these trapping centers and their role in switching mechanism of the NbO$_2$ devices. (그러므로 이들의 포획중심과 NbO$_2$소자의 전환기구에 있어서 그 역할을 연구하는 것은 중요한 일이었다)

(4) The paper _____ the topological structure of multilayer feed-forward neural networks and _____ the relationship between ___ number of neurons in the hidden layers and finite dimensional topological spaces. (본 논문에서는 다층 급송전송 · 신경망의 위상구조를 조사해, 숨겨진 층의 신경수와 유한차원위상공간 사이의 관계를 탐구한다)

(5) In order to _____ the accuracy of the method, the temperature T$_m$ was _____ to be unknown in the experiment. (이 방법의 정밀도를 대조하여 확인하기 위하여 온도 T$_m$은 실험에서는 알지 못한다고 가정했다)

66

〈해답〉 (1) in, examined   (2) studied, using, shown   (3) therefore, investigate   (4) investigates, explores, the   (5) check, assumed

Expression

「사 용」의 표현

```
use    (~를 사용하다, 이용하다)
be in use    (사용되고 있다)
utilize    (~를 이용하다, 도움이 되게 하다)
apply    (~를 적용하다, 사용하다)
adopt    (~를 채용하다)
employ    (~을 사용하다, 이용하다)
exploit    (~를 이용하다)
make use of    (~를 사용하다, 이용하다)
take advantage of    (~를 이용하다)
```

☞ use는 「사용하다」 라는 의미의 가장 일반적인 말. utilize는 어떤 것을 유리하게, 또는 실용적으로 사용하는 것. employ는 물건·기능 등을 사용하는 것. take advantage of~는 기회·상황 등을 이용하는 것.

〈예제 1〉   뉴턴·랩선법은 수렴이 빠르다는 성질이 있기 때문에 비선형 방정식을 선형화하는데 사용된다.

〈단어〉   뉴턴·랩선법 → Newton-Raphson method

〈포인트〉

· 「사용되다」는 원래 일반적인 말인 use를 사용해 보자.
· 「수렴이 빠르다는 성질이 있기 때문에」는 because of ～로 마지막에 덧붙이고 싶다.

〈착안점〉

「수렴이 빠르다는 성질이 있기 때문에」는 뒤로 하고, 「뉴턴·랩선법은 비선형방정식을 선형화하는데 사용되다」를 우선 번역 해 보자.
밑줄 친 부분을 주어로 하면, 영역은 당연히 수동태로 된다. 한편, 「선형화 하는 데는」은 목적을 나타내는 to 부정사로 처리 한다. 「선형화 하다」라는 동사는 일반 사전에는 기재되어 있지 않을지도 모르지만, 영어로 linearize라고 한다. 이것으로 영역을 할 수 있을 것이다. 그러면 시도해 보자.

The Newton-Raphson method is used to linearize the nonlinear equations.

다음은 「수렴이 빠르다는 성질이 있기 때문에」를 덧붙이는 것이지만, 포인트에서 살펴본 바와 같이 여기서는 이유를 나타내는 because of～를 이용하자.
그러면, 「수렴이 빠르다는 성질」을 어떻게 처리하면 좋을까? 「빠른 수렴의 성질」과 단어를 바꾸어 나열하여 생각하면 어떨까? 그렇게 하면 이 단어의 순서로 영어로 번역해 가면 좋다는 것을 알 수 있을 것이다. 「빠른 (fast) 수렴의(convergent) 성질 (property)」이 된다. 이처럼, 단어의 순서를 바꾸는 것으로 영역이 쉽게 되는 일이 있다는 것을 기억하면 좋겠다.

because of its fast convergent property

여기서 its를 붙이는 것에 주의했으면 한다. 「수렴이 빠르다는 성질」을 갖는 것은 물론 「뉴턴·랩선법」이다. 그 것을 명확히 하지 않으면 안 된다.

【번역】 The Newton-Raphson method is used to linearize the nonlinear equations because of its fast convergent property.

〈예제 2〉　초음파 심박 공명법은 재료의 비파괴평가에 넓게 사용되고 있다.

〈단어〉　초음파 심박 공명법 → ultrasonic pulse-echo technique
비파괴평가 → nondestructive evaluation

〈포인트〉

· 「사용되고 있다」는 be in use를 사용한다.
· 「넓게」에는 「넓은 범위에 걸친」이라는 의미를 가진 wide-spread라는 형용사를 사용하여 나타내 보자.

〈착안점〉

「초음파 심박 공명법」은 Ultrasonic pulse-echo techniques로, 이것이 주어로 된다. 「사용되고 있다」의 be in use는 주어가 복수형이므로 물론 be를 are로 하지 않으면 안 된다. 이것을 「넓게」로 수식할 수 있다. 부사인 widely를 곧 사용하려고 할지 모른다.

이것이라도 좋지만, 여기서는 포인트에서 언급한 바와 같이 wide-spread (넓은 범위에 걸쳐서)라는 형용사로 use라는 명사를 수식하는 것을 시도해 보자. 그렇게 하면, 「넓게 사용되고 있다」는 are in wide-spread use로 번역된다. 전연 원문의 품사에 사로잡힐 필요는 없는 것이다.

「재료의 비파괴평가에」는 전치사 for(~을 위해)를 이용하여, for the nondestructive evaluation of materials로 하면 좋다.

【번역】　Ultrasonic pulse-echo techniques are in wide-spread use for the nondestructive evaluation of materials.

〈예제 3〉　Kroemer에 의해 제안된 이 오거 쌍 극성 트랜지스터는 전자-정공 쌍을 생성하는 주입 핫 캐리어가 초래하는 충돌전이를 이용한 헤테로 구조 쌍 극성 트랜지스터이다.

〈단어〉   오거 쌍 극성 트랜지스터 → Auger bipolar transistor
          충돌 전이 → impact ionization
          전자-정공 쌍 → electron-hole pair
          주입 핫 캐리어 → injected hot carrier
          헤테로 구조 → heterostructure

〈포인트〉

· 긴 우리말 문장에도 두려워할 일은 없다. 우선 우리말 문장을 정리해 보
  자.
· 「이용했다」 는 utilize를 이용하면 좋겠다.

〈착안점〉

  우선 처음에, 원문이 의미하는 점을 정리 해 보자.
  ① 「이 오거 쌍 극성 트랜지스터는 (일종의) 헤테로 구조 쌍 극성 트랜지스
     터이다」
  ② 「이 오거 쌍 극성 트랜지스터는 Kroemer에 의해 제안되었다」
  ③ 「헤테로 구조 쌍 극성 트랜지스터는 충돌전이를 이용 한다」
  ④ 「이 충돌전이는 전자 - 정공 쌍을 생성하는 주입 핫 캐리어에 의해 초래
     된다」
이와 같이 4개로 나누어 생각해 보고 싶다. 그러면 하나하나 영역을 해 보자.
  ①의 영역은 간단한 것으로 설명할 것도 없다. (일종의)는 부정관사 a로 충
분하다.
  The Auger bipolar transistor is a heterostructure bipolar transistor.
  ②는 오거 쌍 극성 트랜지스터를 주어로 한 수동태 이다.
  The Auger bipolar transistor was proposed by Kroemer.
  ③의 「이용하다」 는 utilize를 사용하자.
  A heterostructure bipolar transistor utilizes impact ionization
  ④의 「초래되다」 는 주입 핫 캐리어가 원인이 되고, 그 결과로서 충돌전이
가 일어나게 된다고 생각하여 타동사인 cause를 이용해 보기로 한다. 또 「전

자-정공 쌍을 생성하는 주입 핫 캐리어」에는 부정사의 형용사적 용법을 이용하자. 이 경우 부정사는 명사 뒤에 놓여져 이 명사를 수식한다고 하는 용법이다. 즉「~를 생성하다」to generate~가「주입 핫 캐리어」injected hot carrier를 수식하는 것이다.

   The impact ionization is caused by injected hot carriers to generate electron-hole pairs.

이것으로 재료는 모두 갖추어진 것이 된다. 식칼을 능숙하게 다루어 깔끔한 영문으로 했으면 한다.

   처음은 ①과 ②를 함께 하는 것을 생각한다. 아래의 영문을 보았으면 한다.

   ①+② The Auger bipolar transistor, proposed by Kroemer, is a heterostructure bipolar transistor.

여기서 proposed by Kroemer는 콤마로 나누는 것으로 삽입구로서 처리했다. 영문이 들어가서 독자에게 혼란을 일으키게 하는 것을 피하기 위해서이다.

   다음에 ③과 ④를 함께 한다.

   ③+④ A heterostructure bipolar transistor utilizes impact ionization caused by injected hot carriers to generate electron-hole pairs.

is caused의 is를 생략하여 caused로 했다. 즉, 형용사적 용법의 과거분사를 이용한 것이다.

   이것들 ①+②와 ③+④를 결합하면 좋지만, a heterostructure bipolar transistor가 겹쳐져 있다. 이 경우 관계대명사인 that이 머릿속에 떠오를 것이다. 그것으로 좋은 것이다. 그러면 전체 번역을 나타내자.

【번역】 The Auger bipolar transistor, proposed by Kroemer, is a heterostructure bipolar transistor that utilizes impact ionization caused by injected hot carriers to generate electron-hole pairs.

〈예제 4〉 조셉슨 접합에 의거한 초전도 회로에는 아날로그-디지털 변환기에 적용할 수 있는 많은 유리한 점이 있다.

〈단어〉 조셉슨 접합 → Josephson junction

초전도 회로 → superconductive circuit
아날로그-디지털 변환기 → analog-digital converter

〈포인트〉

· 「적용」은 apply를 사용할 것.
· 「~가 있다」를 어떻게 번역하면 좋을까?

〈착안점〉

처음에 「초전도 회로에는 많은 유리한 점이 있다」라는 문장으로부터 달라붙자. 여기서 초보자의 머리를 아프게 할 것으로 생각되는 것이 「~가 있다」일 것이다. 이 문장은 자연스런 한국어 이다. 그러나 자연스런 한국어이기 때문에 막상 번역하는 단계가 되면 좀처럼 적당한 동사가 생각나지 않는 것이다. 그래서 「초전도 회로는 많은 유리한 점을 가지다」로 바꾸어 써 보면 좋다. 그렇게 하면 사용할 만한 동사를 찾아 갈 수 있는 것은 아닐까? 즉 have이다. 「많은 유리한 점」은 a number of advantage로서 영역을 해보면 좋다. 아래와 같이 될 것이다.

Superconductive circuits have a number of advantages.

「초전도회로」는 「조셉슨 접합에 의거하여」로 수식되지만 여기서는 과거 분사의 형용사적 용법을 사용할 필요가 있다. 분사가 어구를 동반하고 있으므로 명사 뒤에 오도록 한다. 「조셉슨 접합에 의거한」은 based upon Josephson junctions 으로 한다. 이것을 Superconductive circuits의 뒤에 붙이는 것이다. 결국 「조셉슨 접합에 의거한 초전도 회로」는 아래와 같이 된다.

Superconductive circuits based upon Josephson junction

「아날로그-디지털 변환기에 적용할 수 있다」는 주어부(많은 유리한 점)를 보충하여 번역하면,

A number of advantages can be applied to analog-digital converters.

로 된다. 여기서는 「적용하다」에 포인트에서 설명한 바와 같이 apply를 이용했다. 이것을 Superconductive circuits based upon Josephson junctions have a number of advantages.에 이어지게 하고 싶지만, a number of advantages가 겹치게 된다. 이러한 경우는 관계대명사 that을 이용하면 좋다. 관계대명사는 접속사와 대명사를 겸해 작용하므로 2개의 문장을 하나로 할 수 있는 것이다. 따라서

~a number of advantages that can be applied to analog-to-digital converters.

로 된다.

【번역】 Superconductive circuits based upon Josephson junctions have a number of advantages that can be applied to analog-to-digital converters.

〈예제 5〉 전송 오류에 의한 음성파형의 일그러짐을 저감하기 위해서는 순방향 오류 정정(FFC) 부호를 사용하지 않으면 안 된다.

〈단어〉 전송 에러 → transmission error
순방향 오류 정정 (FFC) → forward error correction

〈포인트〉
· 「~을 사용하지 않으면 안 된다」에는 employ를 사용할 것.
· 「~에 의한」은 due to를 형용사의 한정적 용법으로서 이용할 것.

〈착안점〉
「전송 오류에 의한 음성파형의 일그러짐을 저감하기위해서는」의 밑줄 친 부분에는 목적을 나타내는 부정사를 이용하면 좋다. 또한「~에 의한」에는 due to를 사용한다. 이것은 형용사의 한정적 용법(직접, 명사를 수식하는 용법)이다. 그렇게 하면,

to reduce the distortion of speech waveforms due to transmission errors

라는 영역이 가능하다.
다음은「순방향 오류 정정(FFC) 부호를 사용하지 않으면 안 된다」로 옮기

지만, 「~를 사용하지 않으면 안 된다」에는 employ라는 동사를 사용하도록
한다. 또, 밑줄 친 부분은 조동사 must로 나타내면 좋은 것은 당연한 일이다.
주어를 we로 가져오면 we must employ~라는 모양이 되지만, 여기서는 「순
방향 오류 정정(FFC) 부호」를 주어로 하자. 그러면

Forward error correction (FEC) must be employed

로 수동태로 되는 것을 알 수 있을 것이다. 이 employed의 뒤에 부정사 이하
를 놓으면 그것으로 완전한 번역이 완성되게 된다.

【번역】   Forward error correction (FEC) must be employed to reduce the
distortion of speech waveforms due to transmission errors.

〈예제 6〉   MO 디스크의 재생은 극성 카르 효과로서 알려진 현상을 이용
하고 있다. 이 효과는 자장에 의한 편광면의 회전이다.

〈단어〉   재생 → playback, 극성 카르 효과 → polar Kerr effect
편광면 → plane of polarization
MO 디스크 → magneto-optic disk (광자기 디스크)

〈포인트〉

· 「~를 이용하고 있다」에는 make use of를 이용할 것.
· 「~에 의한」에는 due to를 형용사의 한정적 용법으로 이용할 것.
· 이 예문은 두개의 문장으로부터 이루어지고 있지만, 관계대명사 which의
계속용법을 이용하여 후반의 문장을 부가적으로 더하는 모양으로 했으면
한다.

〈착안점〉

본 예제는 두개의 문장으로부터 이루어지고 있지만, 후반의 문장은 전반의
문장의 「극성 카르 효과」를 부가적으로 설명하고 있는 것으로 해석 할 수
있을 것이다. 그런 경우는 관계대명사의 계속용법이 이용될 수 있는 것을 알

수 있을 것이다. 따라서 우선 최초의 문장을 영역하고 나서 다음의 문장을 관계대명사의 계속 용법을 이용하여 추가하는 모양으로 하자.

「MO 디스크의 재생은 극성 카르 효과로서 알려진 현상을 <u>이용하고 있다</u>」의 밑줄 친 부분에는 make use of를 사용하는 것으로 한다.「극성 효과로서 알려진」의 부분은 뒤에 다루기로 하고, 우선 영역 하면,

> Playback of an MO disk makes use of a phenomenon.

이 된다. MO에 붙는 부정관사는 a가 아니라 an인 것에 주의할 것. phenomenon의 복수형은 phenomena이다.

이 영문에「극성 카르 효과로서 알려진」을 덧붙이는 것이지만, 관계대명사를 이용하여, (phenomenon) which is known as~라는 모양도 가능하지만, which is를 생략하는 편이 문장이 간결하게 된다. 즉, 과거 분사의 형용사적 용법을 이용하는 것이다. 그렇게 하면, (phenomenon) known as the polar Kerr effect로 표현 할 수 있다.

다음은「이 효과는 자장에 의한 편광면의 회전이다」로 옮기지만, 이미 설명한 바와 같이 선행사에 붙어 부가적으로 설명하는 용법이다. 관계대명사의 계속 용법을 이용하는 것으로 한다.

이 계속 용법에서는 계속 용법인 것을 명확히 하기 위하여 관계대명사 앞에 콤마를 찍는 것이 보통이다. 그러므로 ~, which…라는 모양이 된다. 여기서 which 대신에 관계대명사의 that를 사용할 수 있는가 하면, 사실은 사용되지 않는 것이다. that에는 계속적 용법은 없기 때문이다. 또,「(극성 카르)효과」이퀄「~의 회전」이기 때문에「~의 일이다」는 생각하지 않아도 좋다. 그러면 번역해 본다.

> , which is rotation of the plane of polarization due to a magnetic field.

여기서「~에 의한」에는 due to를 이용하지만, 이것은 형용사의 한정적 용법(직접, 명사를 수식하는 용법)으로서 이다.

【번역】　Playback of an MO disk makes use of a phenomenon known as the polar Kerr effect, which is rotation of the plane of polarization due to a magnetic field.

〈예제 7〉   광센서는 갖가지 검체를 검출하는데 이용할 수 있는 여러 가
           지 광학적 측정방식을 이용하고 있다.

〈단어〉   광센서 → optical sensor, 검체 → analyte

〈포인트〉

· 「갖가지의」는 「여러 가지」와 같은 의미이지만, 다른 단어를 썼으면 한
  다. 「이용할 수 있다」 「이용하고 있다」도 마찬가지로 다른 표현
  (exploit, take advantage of)를 사용할 것.

〈착안점〉

원문을

① 「광센서는 여러 가지 광학적 측정방식을 이용하고 있다」

② 「(여러 가지 광학적 측정방식)은 갖가지 검체를 검출하는데 이용할 수
  있다」의 두 가지 문장으로 나누어 생각하면 좋다.

①의 「～를 이용하고 있다」는 take advantage of를 사용해 보자. 또 여러
가지에는 variety를 이용하여 표현해 보자. variety는 a variety of의 모양으로
「여러 가지」 의미를 갖는 것은 이해할 수 있다. 또 「방식」이 오면 method
나 system이라는 단어가 떠오르겠지만, 여기서는 scheme이라는 단어도 이 의
미에 사용될 수 있다는 것을 여기서 기억했으면 한다. 그러면 번역해 보자.

① Optical sensors take advantage of <u>a variety of</u> optical measurement
   schemes.

밑줄 친 부분은 전체 문장이 완성 되었을 때에는 일부를 수정할 필요가 있
지만, 여기서는 우선, 이 모양대로 남겨 둔다.

②의 「～를 이용할 수 있다」는 exploit를 이용한다. 「갖가지의」는 「여러
가지의」와 같은 의미이지만, ①과 같은 표현으로는 흥미롭지 않다. 여기서는
various로 해 보자. 또 「광학적 측정 방식」은 「이용되는」 것이므로 이것을
주어로 하면 당연히 수동태로 번역하게 된다. 「～을 검출하는 데는」은 목적
을 나타내는 부정사를 이용하면 좋다. 이상의 것을 머리 속에 넣어 번역하면,

아래와 같이 된다.

  ② (a variety of optical measurement schemes) can be exploited to detect various analytes.

이것으로 두 문장의 영역이 끝났다. 다음으로, 이것을 연결시켜 보도록 하지만, optical measurement schemes가 겹쳐 있는 것에 정신이 든다. 당연히 이 겹친 명사를 선행사로 관계대명사를 이용하면 좋다고 알아차리지 않으면 안 된다. 그렇게 하면,

    ~optical measurement schemes which can be exploited…

라는 모양으로 된다.

마지막에 남겨 두었던 a variety of에 대하여 생각하기로 한다. 이것을 일부 수정할 필요가 있다고 앞에서 말했지만, 이 점에 문제가 있을까? 알겠는가? 사실은 이 문제라고 하는 것은 관계대명사를 이용했기 때문에 일어난 것이다. 여기서 a variety of~는 관계대명사로 한정되기 위하여 부정관사 a를 정관사 the로 바꾸지 않으면 안 된다는 것이 그 답이다. 따라서 a variety of는 the variety of로 고치면 좋다. 전체 번역을 아래에 보인다.

【번역】   Optical sensors take advantage of the variety of optical measurement schemes which can be exploited to detect various analytes.

CHECK TEST 7

Fill in the blanks with the correct word.

(1) The Newton-Raphson method is _____ to linearize the nonlinear equations because of __ fast convergent property. (뉴턴 · 랩선법은 수렴이 빠르다는 성질이 있기 때문에 비선형방정식을 선형화하는데 사용된다)

(2) Ultrasonic pulse-echo techniques are __ wide-spread ___ for the nondestructive evaluation of materials. (초음파 심박 공명법은 재료의 비파괴 평가에 넓게 사용되고 있다)

(3) The Auger bipolar transistor, _____ by Kroemer, is a heterostructure bipolar transistor that _____ impact ionization _____ by injected hot carriers to generate electron-hole pairs. (Kroemer에 의해 제안된 이 오거 쌍 극성 트랜지스터는 전자-정공 쌍을 생성하는 주입 핫 캐리어가 초래하는 충돌전이를 이용한 헤테로 구조 쌍 극성 트랜지스터이다)

(4) Superconductive circuits based upon Josephson junctions _____ a number of advantages that can be _____ to analog-to-digital converters. (조셉슨 접합에 의거한 초전도 회로에는 아날로그-디지털 변환기에 적용할 수 있는 많은 유리한 점이 있다)

(5) Forward error correction (FEC) must be _____ to reduce the distortion of speech waveforms ___ to transmission errors. (전송 오류에 의한 음성파형의 일그러짐을 저감하기위해서는 순방향 오류 정정

(FFC) 부호를 사용하지 않으면 안 된다)

(6) Playback of an MO disk _____ use of a phenomenon known as the polar Kerr effect, _____ is rotation of the plane of polarization ___ to a magnetic field. (MO 디스크의 재생은 극성 카르 효과로서 알려진 현상을 이용하고 있다. 이 효과는 자장에 의한 편광면의 회전이다)

(7) Optical sensors take _____ of the variety of optical measurement schemes which can be _____ to detect various analytes. (광센서는 갖가지 검체를 검출하는데 이용 할 수 있는 여러 가지 광학적 측정방식을 이용하고 있다)

〈해답〉 (1) used, its (2) in, use (3) proposed, utilizes, caused (4) have, applied (5) employed, due (6) makes, which, due (7) advantages, exploited

Expression

「제 안」의 표현

```
propose   (~을 제안하다)
suggest   (~을 제안하다)
advance   (~을 제출하다, 제안하다)
out forward (forth)   (~을 제안하다)
come up with   (~을 제안하다)
```

☞ propose는 적극적으로 제안하는 것, suggest는 상대에게 생각해 받기 위해 사양하듯 조심스레 제안할 때. 모두 자주 사용된다. advance는 검토해 받는, 승인을 얻기 위하여 제출 · 제안할 경우에 사용된다.

〈예제 1〉   일반선형 안정 또는 불안정 시스템에 적용할 수 있는 새로운 순서를 제안한다.

〈단어〉   안정 (불안정) 시스템 → stable (unstable) system

〈포인트〉

· 「~을 제안하다」에는 propose를 이용할 것.
· 주어에는 We를 가져 왔으면 한다.

〈착안점〉

원문에는 주어가 없다. 이런 경우, 일반적으로는 we가 사용되므로, 여기서도 we를 사용하자. 그렇게 하면 「(~는) 새로운 순서를 제안하다」의 영역은 아래와 같이 된다.

We propose a new procedure.

「제안하다」에는 포인트에서 설명한 바와 같이, propose라는 동사를 사용했다. 「일반선형 안정 또는 불안정 시스템에 적용할 수 있는」은 「새로운 순서」이다. 즉 「그것(새로운 순서)은 일반선형 안정 또는 불안정 시스템에 적용할 수 있다」라고 해석될 수 있다. 「적용하다」는 apply를 사용하여 이 것을 번역하면,

It can be applied to a general linear stable or unstable system.

으로 된다. 이것을 We propose a new procedure. 에 계속하면,

We propose a new procedure, and it can be applied to a general linear stable or unstable system.

으로 되어 일단 과부족 없는 영역이 되게 된다. 그러나 이것으로는 지나치게 치졸하지 않을까? 마치 중학교 1학년생이 쓴 영문 같다. 그러면 이 2개의 문장을 하나로 연결하면 어떨까? 그 때 떠오르는 것이 관계대명사 이다. 관계대명사는 접속사와 대명사를 겸한 작용을 하지만, 여기서는 접속사 = and, 대명사 = it이다. 선행사는 사물이기 때문에 관계대명사로서 which나 that을 사용하면 좋지만, 우선 which를 사용하는 것으로 하자. 그렇게 하면,

~procedure which can be applied~

로 된다. 이것으로 간결하고 멋진 영문이 되는 것이다.

【번역】   We propose a new procedure which can be applied to a general linear stable or unstable system.

〈예제 2〉   이들 문제를 극복하기 위하여 입력 전력의 품질을 개선하는 기술이 몇 개인가 제안되고 있다.

〈단어〉   입력 전력 → input power

〈포인트〉

· 「제안되고 있다」에는 suggest를 사용할 것. 또, 현재완료 시제로 표현해 보자.

〈착안점〉

「이들 문제를 극복하기 위하여」의 밑줄 친 부분은 목적을 나타내는 to 부정사를 이용하면 좋다. 물론, 이것은 부정사의 부사적 용법이다. 또, 「~을 극복하다」는 "「문제의 발생·해결」의 표현"의 overcome을 사용하자. 그렇게 하면,

To overcome these problems,

로 번역할 수가 있다.

다음으로, 「입력 전력의 품질을 개선하는 기술이 몇 개인가 제안되고 있다」로 옮기는데, 밑줄 친 부분에는 suggest를 사용, 현재완료로 표현 해 보자. 「기술이 몇 개 인가」는 「몇 개 인가의 기술」을 바꾸어 써도 같으므로 several techniques로 한다. 또, 이 문장은 「기술」을 주어로 한 수동태인 것은 당연히 알 것이다. 요약하면 아래와 같이 된다,

several techniques have been suggested.

수동태의 현재완료형은 "have (has) been + 과거분사"의 모양이 되는 것을 확인해 주기 바란다. 또 suggest는 that 절과 함께 이용되는 경우도 많다.

이 뒤에 「입력 전력의 품질을 개선하다」가 오지만, 「개선하기 위하여」의 밑줄 친 부분을 보충하여 생각하면 영역이 쉽게 될 것이다. 「~하기 위하여」는 전치사인 for를 이용하여 나타내면 좋다. 「개선하다」는 improve이다. 이 동사를 for 다음에 놓는 것이기 때문에, improving과 improve를 동명사로 하지 않으면 안 된다. 동명사는 전치사의 뒤에 그 목적어로서 사용된다고 하는 것은 기억하고 있을 것이다. 「입력전력의 품질」은 imput power quality로 좋다. for 아래를 정리하면,

for improving the input power quality

로 한다.

【번역】 To overcome these problems, several techniques have been suggested for improving the input power quality.

〈예제 3〉 비선형 적응제어에 있어서, 이 곤란한 문제를 풀기 위한 새로운 이론을 제출한다.

〈단어〉 비선형 적응제어 → nonlinear adaptive control

〈포인트〉

· 「~을 제출하다」는 advance를 사용할 것.

〈착안점〉

우선 「비선형 적응제어에 있어서」를 번역하지만, 이것은 간단하다. 전치사에 in을 사용해, in nonlinear adaptive control로 좋다. 단, 이 부분은 영역의 마지막에 놓는 것으로 한다.

「이 곤란한 문제를 풀기 위한 새로운 이론을 <u>제출하다</u>」의 밑줄 친 부분은 포인트에서 설명한 advance를 사용하지만, 이 문장에는 주어가 숨겨져 있다. 역시 we를 보충하는 것으로 하자. 그렇게 하면,

we advanced a new theory ~

라는 모양이 된다. 「~를 풀기 위하여」는 부정사를 이용하면 좋다.

부정사에는 명사적용법·형용사적용법·부사적용법이라는 3개의 기본적 용법이 있다. 여기서는 「~하기 위하여」라는 의미를 나타내어 바로 앞의 명사이다. 「(새로운) 이론」을 수식하고 있기 때문에 형용사적 용법인 것을 알 수 있을 것이다. 「~를 풀다」는 "「문제의 발생·해결」의 표현"의 solve를 이용한다. 「이 곤란한 문제」는 this difficult problem으로 한다. 요약해 보자.

to solve this difficult problem

단 여기서 배운 advance나 다음의 예문 4에서 다룬 put forward는 사용빈도는 적고, 대개의 경우 propose나 suggest가 사용된다는 것을 덧붙여 둔다.

【번역】 We advanced a new theory to solve this difficult problem in nonlinear adaptive control.

〈예제 4〉 이 이산 푸리에변환을 계산하기 위한 고속 계산법을 제안한다.

〈단어〉 이산 푸리에변환 → discrete Fourier transformation
고속 계산법 → fast algorithm

〈포인트〉

· 「~을 제안하다」에는 put forward를 사용해 보자.

〈착안점〉

본 예제의 영역은 쉬울 것이다. 「~을 제한하다」에 put forward를 이용해 보자. 예제1, 예제 3과 마찬가지로, 여기서도 주어가 나타나 있지 않다. we를 보충하여 번역하기로 한다. 「고속 계산법을 제안하다」의 부분은

We put forward a fast algorithm.

으로 번역할 수가 있다.

그리고, 이 「고속 계산법」은 「이 이산 푸리에변환을 <u>계산하기 위한</u>」 것이다. 밑줄 친 부분은 전치사 for와 또한 동명사를 이용하여 표현해 보자. 「계산하다」는 calculate이나 compute라는 동사가 있지만, 여기서는 컴퓨터를 이용한 계산이라는 것으로 compute를 채용한다. 이것을 동명사로 하면 computing이 된다. 따라서 for (~를 위하여) + computing (~을 계산하는 것)으로 「~을 계산하기 위한」이라는 의미를 나타낼 수가 있다. 「이산 푸리에변환」은 discrete Fourier transformation이다. 그 때문에

for computing the discrete Fourier transformation

이 된다.

【번역】 We put forward a fast algorithm for computing the discrete Fourier transformation.

CHECK TEST 8

Fill in the blanks with the correct word.

(1) We _____ a new procedure _____ can be applied to a general linear stable or unstable system. (일반선형 안정 또는 불안정 시스템에 적용할 수 있는 새로운 순서를 제안한다)

(2) To overcome these problems, several techniques have been _____ for _____ the input power quality. (이들 문제를 극복하기 위하여 입력 전력의 품질을 개선하는 기술이 몇 개인가 제안 되고 있다)

(3) We _____ a new theory __ solve this difficult problem in nonlinear adaptive control. (비선형적응제어에 있어서, 이 곤란한 문제를 풀기 위한 새로운 이론을 제출한다)

(4) We put _____ a fast algorithm for _____ the discrete Fourier transformation. (이 이산 푸리에변환을 계산하기 위한 고속 계산법을 제안한다)

〈해답〉 (1) propose, which (2) suggested, improving (3) advanced, to
(4) forward, computing

Expression

「**보이다**」의 표현

show　(~을 보이다) present　(~을 보이다, 제출하다) illustrate　(~을 도시하다, 예증하다, 설명하다) demonstrate　(~보이다, 실증하다) display　(~을 표시하다) exhibit　(~을 보이다, 전시하다) indicate　(~을 지시하다, 보이다) reveal　(~을 보이다, 분명하게 하다)

〈예제 1〉　그림 1은 주파수 응답을 보인 것이지만, 이 응답은 파장이 1.3 μm의 레이저를 이용한 광 헤테로다인 법으로 측정되었다.

〈단어〉　주파수 응답 → frequency response
　　　　광 헤테로다인 → optical heterodyne

〈포인트〉

· 「~을 보인 것이지만」에는 show를 사용할 것.

・「이 응답은~」을 보충하여 덧붙이는 것으로 하자. 관계대명사의 계속적 용법을 기억하고 있는 걸까?

〈착안점〉

「그림 1은 주파수 응답을 보인 것이지만」에 We를 주어로 하여,

　We show the frequency response in Fig. 1.

로 영역하는 사람도 있을지도 모르지만, 간단히「그림 1」을 주어로 하여 아래와 같이 번역하면 좋은 것이다.

　① Fig. 1 shows the frequency response.

이 패턴은 자주 논문에서 보이는 것이다.

　다음은「이 응답은 파장이 1.3 ㎛의 레이저를 이용한 광 헤테로다인 법으로 측정되었다」에 달라붙자. 이것은 당연히「이 응답」을 주어로 하여, 수동태로 번역하게 된다. 즉,

　　the response was measured~

라는 모양이 된다. 측정방법은「파장이 1.3 ㎛의 레이저를 이용한 광 헤테로다인 법」이다. 우선,「파장이 1.3 ㎛의 레이저」를 번역해 보자. 아래의 2가지 번역이 생각될 수 있다.

　(ㄱ) 1.3 ㎛ wavelength lasers

　(ㄴ) lasers with 1.3 ㎛ wavelength

　한편,「광 헤테로다인 법」은 an optical heterodyne method이다. 이것이「파장이 1.3 ㎛인 레이저를 이용했다」로 수식되게 된다. 여기서 분사의 형용사적 용법을 떠올렸으면 한다.「~가 이용되었다」가 아니라「~를 이용했다」라는 능동의 의미를 나타내고 있으므로 현재분사 즉 using을 이용한다. 요약하면 아래와 같이 된다.

　　an optical heterodyne method using 1.3 ㎛ wavelength lasers.

　이것이 측정방법이 되는 것이지만 이 앞에「수단·방법」을 나타내는 어구를 놓을 필요가 있다. 여기서는 간결하게 by나 with를 사용하도록 한다. 이 2자의 나누어사용하는 데는 미묘하게 다르지만 모두 method를 이끌 수가 있다. 우선 by를 사용하자. 그렇게 하는 까닭으로「이 응답은 파장이 1.3 ㎛의

레이저를 이용한 광 헤테로다인 법으로 측정되었다」의 영역을 보이면 아래
와 같이 된다.

② the response was measured by an optical heterodyne method using
1.3 *μm* wavelength lasers.

마지막의 단계에 들어간다. ①과 ②를 이어지게 하고 싶은 것이다. 이 두
개의 문장을 단지 and로 이어지게 하는 것이 아니고 ②를 보충하여 덧붙이는
것으로 하자. 그러기 위해서는 관계대명사의 계속적 용법을 이용하면 좋다.
관계대명사의 계속적 용법이라는 것은 관계대명사의 앞에 콤마를 붙여 선행
사를 보충적으로 설명하는 용법이다. 그렇게 하면

~frequency response, which was measured by…

로 영역이 가능하게 된다.

【번역】　　Fig. 1 shows the frequency response, which was measured by an
optical heterodyne method using 1.3 *μm* wavelength lasers.

〈예제 2〉　　이 절에서는 II절에서 고찰한 검출 시스템의 설계와 성능평가
를 예증하기 위하여 몇 개 인가의 수치 예를 보인다.

〈단어〉　　성능평가 → performance evaluation

〈포인트〉

· 「~을 예증하다」「~을 보이다」의 두 개가 「보이다」의 표현이다. 전
자에는 illustrate를 후자에는 present를 사용할 것.

〈착안점〉

「이 절에서는」을 처음에 채택하지만, 이 밑줄 친 부분을 「에 있어서」로
생각하면, 전치사 in을 사용하는 것이 적당한 것을 알 수 있다. 즉,

① In this section

으로 되는 것이다.

「몇 개인가의 수치 예를 보이다」의 밑줄 친 부분에는 포인트에서 설명한 바와 같이 present를 사용하는 것으로 하지만, 이 영역은 간단하다. we를 주어로서 번역해 보자.

② we present several numerical examples. …②

그러면 「<u>II절에서 고찰한</u> 검출 시스템의 설계와 성능평가를 예증하기 위하여」에 달라붙자. 밑줄 친 부분에 대해서는 나중에 생각한다.

「예증하기 위하여」에는 illustrate라는 동사를 이용하지만, 밑줄 친 부분은 목적을 나타내는 부정사로 처리할 수 있다. 즉 to illustrate로 될 수 있다. 예증하는 것은 무엇인가 하면 「검출 시스템의 설계와 성능평가」이다. 이 번역은 the design and performance evaluation of the detection systems로 한다.

여기서 performance evaluation 앞에 the를 붙이지 않도록 하자. 만약에 붙여 버렸다면, 「설계와 검출시스템의 성능평가」로 되어 버려, 원문과는 다른 의미로 되어 버린다. 결국

③ to illustrate the design and performance evaluation of the detection systems

으로 번역하면 좋다.

마지막에 「II절에서 고찰한」을 처리한다. 문장의 뜻으로부터 고찰한 것은 「검출 시스템」이라는 것을 알 수 있다. 원문을 「II절에서 고찰된 (검출 시스템)」으로 바꾸어 쓰면 분사의 형용사적 용법으로 알아차릴 것이다. 그것도 밑줄 친 부분부터 과거분사가 아니면 안 된다. 「고찰하다」에 consider를 이용할 것.

④ (the detection systems) considered in section II

로 번역할 수가 있다. ①+②+③+④가 이번 예제의 전체 번역이다.

【번역】　In this section we present several numerical examples to illustrate the design and performance evaluation of the detection systems considered in section II.

〈예제 3〉　이들 신호는 디지털・오실로스코프에 실시간으로 표시 된다.

〈단어〉 디지털 · 오실로스코프 → digital oscilloscope
          실시간 → real time

〈포인트〉

· 「표시되다」에는 display를 사용.

〈착안점〉

본 예제는 간단하다. 이 정도의 문제라면 원문을 한 번 읽고 영문의 모양
이 떠오르지 않으면 안 된다.

「이들 신호」는 「표시되다」이므로 물론 수동태이다. 「표시되다」는 타동
사 display를 사용하면 좋다. 그렇게 하면

These signals are displayed~

로 된다. 이 뒤에 「디지털 · 오실로스코프」와 「실시간으로」의 두 개가 이어
지지만 이들은 적절한 전치사를 이용하여 영역하지 않으면 안 된다.

「디지털 · 오실로스코프」에는 on을 사용하면 좋다. 오실로스코프의 화면 "
위"에 신호의 영상이 "첨가되어 있다"는 의미지 이므로 on 이라는 전치사가
적절한 것을 알 수 있을 것이다. 그렇게 하면 on a digital oscilloscope로 번
역할 수가 있다.

「실시간으로」에는 in을 쓰면 적절한 것이다. in에는 어느 기간(~중에)을
나타내는 용법이 있기 때문이다. at은 때의 한 점을 나타내기 때문에 부적절
하다고 이야기할 수 있다. 번역하면 in real time이 된다.

그러면, 이 두 개를 덧붙여 전체 문장을 완성시키자. 아래와 같이 된다.

These signals are displayed on a digital oscilloscope in real time.

하나 주의할 점이 있는데 오실로스코프에 디지털을 사용하지 않을 경우에는
오실로스코프 직전에 놓여지는 부정관사는 an이다. 본 예문에서는 디지털이
작용하여 a가 된 것이다.

【번역】   These signals are displayed on a digital oscilloscope in real time.

<예제 4> 여러 가지 자연 및 인공의 전자 방사원에 의해 야기되는 잡음
(예를 들면, 대기잡음, EMI, 점화소음)은 임펄스 특성을 보인
다.

<단어>　전자 방사원 → electromagnetic radiation source
대기 잡음 → atmospheric noise
점화소음 → ignition noise

<포인트>

· 「예를 들면」은 e.g.을 사용하면 좋겠다.
· 「~을 보이다」에는 exhibit을 사용할 것.

<착안점>

「여러 가지 자연 및 인공의 전자 방사원에 의해 야기되는 잡음(예를 들면, 대기잡음, EMI, 점화소음)」이 주어부로, 이 속의 「(~에 의해 야기되는) 잡음」이 주어이다. 주어부는 길기 때문에 우선 주어를 꺼내어 「잡음은 임펄스 특징을 보이다」의 문장을 번역해 보자. 여기서 「~을 보이다」에는 exhibit을 사용하는 것으로 한다.

　　Noise exhibits impulse characteristics.

「잡음」은 「여러 가지 자연 및 인공의 전자 방사원에 의해 야기되다」로 수식되고 있는데, 이 「잡음」의 예로서 「대기잡음, EMI, 점화소음」이 예로 들어지고 있는 것이므로 우선 「잡음」을 수식해 보자.

「~에 의해 야기되는」은 과거분사의 형용사적 용법을 이용하면 좋은 것은 곧 알아차릴 것이다. generate(~에 의해 야기하다)를 사용하면,

　　Noise generated by~

라는 모양이 된다. by 이하에는 「여러 가지 자연 및 인공의 전자 방사원」이 온다.

「여러 가지」는 a variety of로 처리하자. 「자연(의)」에는 natural, 「인공의」에는 man-made라는 형용사를 이용하는 것으로 한다. 그러면 번역해 보

자.

a variety of natural and man-made electromagnetic radiation sources
이것을 by 이하에 놓으면,

Noise generated by a variety of natural and man-made electromagnetic
radiation sources

로 된다.

남은 것은 「(예를 들면, 대기잡음, EMI, 점화소음)」이다. 여기서 「예를 들면」에는 e.g.을 사용하는 것으로 한다. 이것은 라틴어의 exempligratia의 생략형이다. 이 e.g.에 비슷한 것에 i.e.가 있지만, 양쪽을 혼동하지 않도록 주의하지 않으면 안 된다. i.e.는 「즉, 바꾸어 말하면」이라는 의미이다. 아래에 번역을 보인다.

(e.g., atmospheric noise, EMI, ignition noise)

이 부분은 sources의 뒤에 삽입하면 좋다.

【번역】   Noise generated by a variety of natural and man-made electromagnetic
radiation sources (e.g., atmospheric noise, EMI, ignition noise) exhibits
impulse characteristics.

〈예제 5〉   이점은 이 근사법은 고주파보다도 저주파의 경우에 유효하다
는 것을 보이고 있다.

〈단어〉   근사법 → approximation

〈포인트〉

· 「~라는 것을 보이고 있다」에 indicate를 사용할 것.
· 「~보다도…에 유효하다」는 good의 비교급(better)으로 표현할 수 있다.

〈착안점〉

「이점은 ~라는 것을 보이고 있다」는 주어를 this, 그리고 동사를 indicate

로서, 다음과 같이 나타낼 수가 있다.

This indicates~

indicate 뒤에는「이 근사법은~에 유효하다」가 온다. 이 부분은 that 절로 처리 할 수가 있다. indicates는 that 절을 취하는 것이 가능하기 때문이다. 사전에서 확인해 보자. 이 that 절(명사절)은 명사와 같은 작용을 하는 절로, 주어·보어·목적어로 되지만, 여기서는 목적어이다. 그러면 that 절의 번역을 해보자.

「이 근사법은 고주파보다도 저주파의 경우에 유효하다」는 비교 표현이다. 양자 비교로, 한 쪽이 다른 쪽 보다도 정도가 높은 것을 나타내고 있기 때문에 비교급을 사용하면 좋다. 즉, "비교급 + than"의 모양으로 되는 것이다. 「~에 유효하다」는 good을 이용하여, be good for~로 표현할 수 있다. 이 표현을 사용하면, 「이 근사법은 저주파의 경우에 유효하다」는

The approximation is good for low frequencies.

로 된다. 이 문장을 비교 표현으로 하는 것이지만, good을 비교급으로 하지 않으면 안 된다. good의 비교급은 물론, better이다(덧붙여서 말하면 최상급은 best). 또한 than과 for high frequencies를 더한다. 이것으로 완성이다.

the approximation is better for low frequencies than for high frequencies.

여기서, for high frequencies의 for를 붙이는 것을 잊지 않도록 주의 해 주었으면 한다. 또, 비교에 있어서는 "「비교」의 표현"에서 다루고 있으므로 참고 했으면 한다.

【번역】 This indicates that the approximation is better for low frequencies than for high frequencies.

94

CHECK TEST 9

Fill in the blanks with the correct word.

(1) Fig. 1 _____ the frequency response, _____ was measured by an optical heterodyne method _____ 1.3 μm wavelength lasers. (그림 1은 주파수 응답을 보인 것이지만, 이 응답은 파장이 1.3 μm의 레이저를 이용한 광 헤테로다인 법으로 측정되었다)

(2) In this section we _____ several numerical examples to _____ the design and performance evaluation of the detection systems _____ in section II.(이 절에서는 II절에서 고찰한 검출 시스템의 설계와 성능평가를 예증하기 위하여 몇 개 인가의 수치 예를 보인다)

(3) These signals are _____ _____ a digital oscilloscope in real time. (이들 신호는 디지털·오실로스코프에 실시간으로 표시 된다)

(4) Noise _____ by a variety of natural and man-made electromagnetic radiation sources (e.g., atmospheric noise, EMI, ignition noise) _____ impulse characteristics. (여러 가지 자연 및 인공의 전자 방사원에 의해 야기되는 잡음(예를 들면, 대기잡음, EMI, 점화소음)은 임펄스 특성을 보인다)

(5) This _____ that the approximation is _____ for low frequencies than ___ high frequencies. (이점은 이 근사법은 고주파보다도 저주파의 경우에 유효하다는 것을 보이고 있다)

〈해답〉 (1) shows, which, using (2) present, illustrate, considered (3) displayed, on (4) generated, exhibits (5) indicates, better, for

Expression

「분류 · 분할」의 표현

> kind, sort, type, class, category, form　(종류)
>
> classify　(~을 분류하다)
>
> divide　(~을 분할하다)
>
> split　(~을 분할하다, 나누다)
>
> partition　(~을 분할하다, 사절하다)
>
> fall into　(~로 나누어지다)
>
> categorize　(~을 범주에 넣다, 분류하다)
>
> separate　(~을 나누다, 분류하다.)
>
> group　(~을 분류하다)

☞ kind는 본래적 · 선천적인 종류. sort는 막연한 종류로, kind 보다 의미가 강하지 않다. type은 다른 것과는 다른 명확한 특징을 갖는 종류(형, 타입). class는 등급 · 우열 등에 의해 나누어진 종류. category는 class보다도 딱딱하고, 학문적으로 어느 분야에 속할까 하는 의미의 종류(범주). form (종류, 형태)은 kind나 sort 보다도 딱딱한 말로 자주 "a form of + 명사"의 모양으로 이용된다.

<예제 1> 본 논문에서는 이러한 WDM시스템에서 사용하는 새로운 형식
의 광원의 성능을 예측한다.

<단어> 광원 → light source

<포인트>

· 「모형」에는 type를 이용할 것.
· type of의 뒤에 붙는 명사는 대개의 경우 무관사의 단수명사이기 때문에
주의할 것.

<착안점>

「본 논문」을 주어로 하자. 즉「본 논문은~를 예측하다」라는 모양을 취
하는 것이다. 우선,「본 논문은 광원의 성능을 예측하다」를 번역해 보자.
「예측하다」는 predict를 이용하면 좋다. 이 영역은 쉬운데,

　　This paper predicts the performance of a light source.
로 단숨에 번역될 것이다.

「이러한 WDM시스템에서 이용하는」은 마지막에「위하여」를 붙여 생각
하면 전치사 for가 떠오른다. 「이러한 WDM시스템」은 such a WDM
system이 된다. 관사 a는 such 다음에 두고, 또 the는 이용될 수 없는 것에
주의 했으면 한다. 그러면 번역해 보자.

　　for use in such a WDM system
「새로운 형식의 광원」에서는 밑줄 친 부분에는 type를 이용하면 좋다. 그
렇게 하면 a new type of light source로 번역될 것이다. type of 뒤에 있는
명사는 대개의 경우 무관사의 단수명사 이다. 이것은 kind of 나 sort of 라
도 사정은 같은데, 무관사의 단수명사가 뒤에 계속된다. 주의하자. 이상을 요
약하면 아래와 같다.

【번역】　This paper predicts the performance of a new type of light source for
use in such a WDM system.

〈예제 2〉 본 논문에서는 이 ECG 유형의 분류에 신경망을 이용하는 다른 하나의 기술을 보인다.

〈단어〉 신경망 → neural network
ECG = electrocardiogram (심전도)

〈포인트〉

·「~의 분류에」는 classify(분류하다)를 이용하여 표현할 것. 그러기 위해서는 원문을 고쳐 쓸 필요가 있다.

〈착안점〉

「본 논문에서는 다른 하나의 기술을 보이다」를 처음에 해결해 두자.「본 논문」을 주어로 하면,
　　This paper presents another technique.
으로 번역할 수가 있다.
이「다른 하나의 기술」은「이 ECG 유형의 분류에 신경망을 이용하는」기술이다. 밑줄 친 부분은「이 ECG 유형을 분류하기 위하여」로 해석하면 동사 classify를 이용할 수 있다. 물론 목적을 나타내는 to부정사를 사용하는 것이 된다. 덧붙여서「패턴 분류」는 pattern classification이라고 한다. 이것으로부터도「패턴을 분류 하다」에는 classify를 사용하는 것이 적절하다는 것을 알 수 있다. 또,「신경망」은 neural network라고 한다. 그러면 번역해 보자.
　　another technique uses a neural network to classify the ECG patterns.
밑줄 친 부분의「다른 하나의 기술」은 겹치기 때문에, 관계대명사 which를 이용하는 것으로 한다. 즉, 밑줄 친 부분을 which로 바꾸어 놓을 수 있는 것이다.

【번역】　This paper presents another technique which uses a neural network to classify the ECG patterns.

〈예제 3〉 이 시그마 델타 변조기는 그림 1에 보인바와 같이, 선형 루프 필터와 비선형 양자화기로 분할 할 수가 있다.

〈단어〉 시그마 델타 변조기 → sigma-delta modulator
선형 루프 필터 → linear loop filter
양자화기 → quantizer

〈포인트〉

· 「분할하다」에는 divide을 사용할 것.
· 필터와 양자화기의 수는 각각 하나로 한다.

〈착안점〉

「이 시그마 델타 변조기」를 주어로 하면, 수동태가 된다고 하는 것은 이해 할 수 있을 것이다. 즉, 변조기로 취해 보면 자신은 분할되는 것으로 되기 때문이다. 「이 시그마 델타 변조기는 ~로 분할 할 수가 있다」를 영역하면 아래와 같이 될 것이다.

The sigma-delta modulator can be divided into~.

여기에 전치사를 into로 한 것에 주의했으면 한다.

무엇으로 분할되는가 하면「선형 루프 필터」와「비선형 양자화기」로이다. 한글 문에서는 그 수가 설명되어 있지 않기 때문에 각각 하나로 하자. 그렇게 하면 부정관사 a가 사용되어, 「선형 루프 필터와 비선형 양자화기」는,

a linear loop filter and a nonlinear quantizer

이 된다. 이것을 into 아래에 놓으면 좋다.

다음은「그림 1에 보인바와 같이」이지만, 이것은 as shown in Fig.1로서 마지막에 덧붙이면 좋다. 이 표현은 거의 정해진 문구처럼 논문 등에 등장하므로 이대로 기억했으면 한다.

> **One Point Advice** ··
>
> ● **완성에 이르기까지의 요점**
>
> 완성에 이르기까지의 요점을 들어 본다.
> ① 한국어에서는 주어가 숨겨져 있는 일이 많다. 따라서 주어를
> 무엇으로 할까를 우선 정한다. 그것에 따라 능동태나 수동태가 정
> 해져 온다.
> ②「수」를 명시한다. 한국어에서는 그것이 하나(단수)인지, 두
> 개 이상(복수)인지 명기하지 않는 일이 많다. 영역할 경우는 단
> 수·복수를 구별하여 명시할 필요가 있다.

【번역】 The sigma-delta modulator can be divided into a linear loop filter and a
nonlinear quantizer as shown in Fig.1.

〈예제 4〉 초대형 교류 전동기는 두 개의 주요한 범주로 나누어진다. 즉,
유도기와 동기기이다.

〈단어〉 유도기 → induction machine
동기기 → synchronous machine

〈포인트〉
· 「~로 나누어지다」는 fall into를 사용할 것.
· 콜론으로「즉」을 표현할 수 있는 것을 알고 있는 것일까?

〈착안점〉

본 예제는 fall into를 사용하여 영역을 하고 싶다. 우선 주어로 되는 「초대
형 교류 전동기」이다.

「초대형 교류 전동기」는 Very large size ac motors로 좋다. 교류는

altering current, AC, A.C., ac, a.c. 등으로 나타낸다. 덧붙여서 직류는 direct current, DC, D.C., dc, d.c.이다. 이것이,「두개의 주요한 범주로 나누어지는」것이다.

「범주」는 category로, 두 개 있으므로 물론 복수형으로 하지 않으면 안 된다. 즉 two categories로 한다. 이것에「주요한」이라는 형용사가 붙는 것이므로, 보통은 main이 머릿속에 떠오를 것이다. 그러나 여기서는 같은 의미를 갖는 major를 사용해 보고 싶다.

major는 two와 categories 사이에 들어가는 것으로 two 앞에 놓아서는 안 된다. 즉, 형용사가 겹치는 경우 그 형용사의 순서가 원칙적으로 정해져 있는 것이다. 여기서의 two는 명사가 아니고 형용사이다.

> ### *One Point Advice*
>
> ### ● 형용사의 순서
>
> 형용사의 순서를 아래에 보이자.
> (1) 관사 · this · that 등 → (2) 수량형용사 (two 등) → (3) 대소 (big 등) → (4) 색(red 등) → (5) 신구 (old 등) → (6) 재료 (wooden 등) → (7) 명사

그러면「초대형 교류 전동기는 두 개의 주요한 범주로 나누어지다」를 번역해 본다.

Very large size ac motors fall into two major categories.

한편, 포인트에서 설명한 바와 같이「즉」은 콜론을 이용하여 나타내고 싶다고 생각한다. 한영사전에서「즉」을 찾으면 namely, that is 등이 나오고 있고, 이 말을 독자는 알고 있을 것이다. 그러나 앞에서 말한 것을 설명하기도 하고, 또는 예를 열거하기도 하여「즉」「요컨대」라는 의미를 포함할 때는 콜론이 사용되는 것이다. 콜론 다음에는「유도기와 동기기」를 놓으면 좋다. 콜론 이하를 번역해 본다.

: induction and synchronous machines.

이와 같이 콜론을 사용하면, 간결한 표현이 가능하다.

【번역】   Very large size ac motors fall into two major categories : induction and synchronous machines.

〈예제 5〉   신경망의 성능은 BP 모델에 있어서 숨겨진 신경 수를 바꾸는 것에 의한, 입력벡터를 분류하는 능력으로서 정의 된다.

〈단어〉   신경망 → neural network
숨겨진 신경 → hidden neuron
BP = back propagation (역전파법)

〈포인트〉

· 「~을 분류하다」에는 categorize를 사용할 것.
· 「~로서 정의되다」는 be defined as~라는 정해진 표현이 있다.
· 무엇이 갖는 「능력」인가? 확실히 하고 싶다.

〈착안점〉

본 예제의 영역은 어려울 것이다. 그러나 한발 한발 확실히 나가는 것으로 바른 해답에 당도할 수 있을 것이다. 그러면 도전해 보자.

최초에 「신경망의 성능은 입력벡터를 분류하는 능력으로서 정의되다」를 해결하자. 밑줄 친 부분은 be defined as 라고 하는 정해진 표현이 있다. 「신경망의 성능은」 the performance of a neural network이 되고, 이것이 주어부로 되는 것이므로,

The performance of a neural network is defined as~

라는 모양으로부터 출발 할 수 있다. as 아래에는 「입력벡터를 분류하는 능력」이 온다. 밑줄 친 부분에는 categorize를 사용하는 것으로 하자. 이것이 「능력」 ability를 수식하고 있다. 물론, categorize라는 동사 그대로는 안 되고, to 부정사로 하지 않으면 안 된다. 즉, 부정사가 앞의 명사를 수식하는 형

용사의 역할을 해야 한다(부정사의 형용사적 용법).「입력 벡터」는 input vector이다. 따라서「입력벡터를 분류하는 능력」은

    ability to categorize input vectors

로 번역되지만, 조금 기다렸으면 한다. 이「능력」이 무엇이 갖는「능력」인 것인가? 확실히 하고 싶다.

문장의 뜻으로부터「신경망」이 갖는「능력」이라는 것을 알 수 있을 것이다. 따라서 대명사 its(그것의)를 이용하면 좋다.

처음부터 정리하면,

    The performance of a neural network is defined as its ability to categorize input vectors.

로 된다.

마지막은「BP 모델에 있어서 숨겨진 신경 수를 바꾸는 것에 의한」이지만, 이것은 by로 시작되면 좋다.「~을 바꾸다」에 vary라는 동사를 이용하자. by 다음에 오기 때문에 동명사로 하지 않으면 안 된다.

또「숨겨진 신경수」는 the number of hidden neurons이다. 밑줄 친 부분의 the를 a로 하지 않도록 주의할 것.

a number of 에는「다수의」라는 의미가 되어 큰 잘못이 된다.「BP 모델에 있어서」는 in the BP model 이다.

이것으로 모든 부분이 갖추어졌다. 그러면 조립해 보자.

    by varying the number of hidden neurons in the BP model

이상과 같이 하나하나 해결하는 것에 의해 조금 어려운 문제라도 영역이 가능하게 된다는 것을 이해해 주었으면 한다.

【번역】   The performance of a neural network is defined as its ability to categorize input vectors　by varying the number of hidden neurons in the BP model.

〈예제 6〉   이들 용도는 3개의 주된 범주로 분류할 수 있다.

        · 데이터 수집 시스템

· 대용량 기억 시스템
· 컴퓨터 시스템의 백업

〈단어〉 데이터 수집 시스템 → data acquisition system
대용량 기억 시스템 → mass storage system
백업 → back-up

〈포인트〉

· 「~로 분류하다」는 group을 이용할 것.
· 여기서도 콜론을 사용하자.

〈착안점〉

본 예제의 영역은 쉽다. 「~을 분류하다」에는 group이라는 동사를 사용하는 것으로 하지만, 여기서도 전치사는 into를 이용한다.

예제 4에서 "앞에서 말한 것을 설명하기도 하고, 또는 예를 열거하기도 하여「즉」「요컨대」라는 의미를 포함할 때는 콜론이 사용 된다"고 설명한 것을 기억하고 있는가? 여기서도 콜론을 사용해 보자.

그러면, 영역에 들어가자. 주어는「이들의 용도」이다. 이것은 these application으로 좋다. 이것이 분류되는 것이므로 물론 수동태로 된다. 「범주」는 category이다. 이「범주」는「3개의 주된」there major로 수식되고 있으므로 복수형 categories로 한다.

These applications can be grouped into three major categories : 뒤는,
· 데이터 수집 시스템
· 대용량 기억 시스템
· 컴퓨터 시스템의 백업
을 나열하는 것만으로 좋다. 각각,
· Data acquisition systems
· Mass storage systems
· Computer system back-up

으로 번역할 수 있다.

만약, 「다음의 3개의 주된 범주로」 와 밑줄 친 부분을 보충하면,

~be grouped into the following three…

로 밑줄 친 부분을 덧붙이면 좋다.

【번역】 These applications can be grouped into three major categories :
· Data acquisition systems
· Mass storage systems
· Computer system back-up

CHECK TEST 10

Fill in the blanks with the correct word.

(1) This paper predicts the performance of a new ____ of light source for use in ____ a WDM system. (본 논문에서는 이러한 WDM 시스템에서 사용하는 새로운 형식의 광원의 성능을 예측한다)

(2) This paper presents _____ technique which uses a neural network to _____ the ECG patterns. (본 논문에서는 이 ECG 유형의 분류에 신경망을 이용하는 다른 하나의 기술을 보인다)

(3) The sigma-delta modulator can be _____ into a linear loop filter and a nonlinear quantizer as _____ in Fig.1. (이 시그마 델타 변조기는 그림 1에 보인바와 같이, 선형 루프 필터와 비선형 양자화기로 분할할 수가 있다)

(4) Very large size ac motors ____ into two major _____ : induction and synchronous machines. (초대형 교류 전동기는 2개의 주요한 범주로 나누어진다. 즉, 유도기와 동기기이다)

(5) The performance of a neural network is defined as ____ ability to _____ input vectors by varying the number of hidden neurons in the BP model. (신경망의 성능은 BP 모델에 있어서 숨겨진 신경 수를 바꾸는 것에 의한, 입력벡터를 분류하는 능력으로서 정의된다)

(6) These applications can be _____ into three major _____ :

　　　· Data acquisition systems
　　　· Mass storage systems
　　　· Computer system back-up
(이들 용도는 3개의 주된 범주로 분류할 수 있다.
　　　· 데이터 수집 시스템
　　　· 대용량 기억 시스템
　　　· 컴퓨터 시스템의 백업)

〈해답〉　(1) type, such　(2) another, classify　(3) divided, shown　(4) fall, categories　(5) its, categorize　(6) grouped, categories

Expression

「**수단 · 방법**」 의 표현

by (~에 의해)	
by means of (~에 의해)	
with (~로)	
with the help of (~의 도움을 받아)	
through (~을 통해, ~에 의해)	
via (~에 의해)	
in terms of (~에 의해)	

〈**예제 1**〉   CDMA와 FDMA의 양쪽에 있어서, 이 음성은 선형 예측 부호
화(LPC)에 의해 디지털화 된다.

〈**단어**〉   선형 예측 부호화 → linear predictive coding

〈**포인트**〉

· 「~에 의해」는 by를 사용할 것.

〈**착안점**〉

우선 처음에, 「CDMA와 FDMA의 양쪽에 있어서」를 취급한다.

「A와 B 양쪽 모두」로 오면, 곧 "both A and B"를 생각해 내자. 이것에 「~에 있어서」라는 전치사를 붙이면 좋다. 이 전치사는 in 이다.

In both CDMA and FDMA,

다음에「이 음성은 선형 예측 부호화(LPC)에 의해 디지털화 되다」를 처리하자. 여기서「~에 의해」는 포인트에서 설명한 바와 같이, by를 사용하는 것으로 한다. 「디지털화 되다」는 digitize라는 동사를 사용하면 좋다. 물론 주어는「이 음성」(the sound)로, 수동태의 문장이 된다. 따라서「이 음성은 디지털화 되다」는 아래와 같이 된다.

the sound is digitized.

무엇에 의해 디지털화 되는가 하면「선형 예측 부호화(LPC)에 의해」이다. 이 by linear predictive coding (LPC)를 덧붙이면 영역이 완성된다.

이 예제에서는「~에 의해」는 by를 사용하지만, be means of를 사용하는 것도 가능하다. 또 by의 다음에는 명사나 동명사가 오지만, be means of의 다음에는 명사밖에 취하지 않는 것에 주의하자.

【번역】 In both CDMA and FDMA, the sound is digitized by linear predictive coding (LPC).

〈예제 2〉 상태 되먹임 법에 의한 비선형 시스템의 되먹임 안정화는 많은 필자들에 의해 연구되어 왔다.

〈단어〉 상태 되먹임 법 → state feedback law

〈포인트〉

· 「~에 의한」은 by means of를 사용할 것.
· 과거에 이루어진 일이 현재도 관련해 있다고 해석하자.

〈착안점〉

"골격"은「되먹임 안정화는 연구되어 왔다」로 될 것이다. 여기서「연구 되어 왔다」는 「연구 되었다」라는 단순한 과거와는 구별하여 생각하지 않으면 안 된다. 이것은 과거로부터 현재까지 연구를 계속 하고 있는 것을 나타내고 있다. 즉, 현재완료의 "계속"을 나타내는 용법이다. 물론 현재완료는 "have (has) + 과거분사"의 모양을 취한다. 그러면 아래와 같이 "골격"을 영역해도 좋을까?

   Feedback stabilization has studied.

이것으로는 실격이다. 이것은 「연구되어 왔다」는 것이므로, 현재완료형의 수동태로 하지 않으면 안 되기 때문이다. 현재완료형의 수동태는 "have(has) + been 과거분사"로 나타내므로, 바르게는 아래와 같이 된다.

   Feedback stabilization has been studied.

다음은 "살"을 붙여 넣자.

   ① 비선형 시스템
   ② 상태 되먹임 법에 의한
   ③ 많은 필자들에 의해

의 3개가 "골격"에 붙는 것이 된다. 각각 번역하여 보는 것으로 한다.

   ① of nonlinear systems
   ② by means of a state feedback law
   ③ by many authors

포인트에서 설명한 바와 같이 「~에 의한」은 by means of를 이용했다. 이것들로 "골격"을 꾸미면 완성이다.

【번역】   Feedback stabilization of nonlinear systems by means of a state feedback law has been studied by many authors.

〈예제 3〉   이 증폭 신호는 저잡음 수신기를 이용하여 측정되며 그리고 나서 RF 스펙트럼 · 분석기를 사용하여 해석 된다.

〈단어〉   스펙트럼 · 분석기 → spectrum analyzer

〈포인트〉
· 「~을 이용하여」와 「~을 사용하여」는 같은 의미이지만 각각 다른 표현으로 영역할 것.

〈착안점〉

「증폭신호」는 「증폭된 신호」라는 의미이므로, amplified signal이 된다. 이 증폭신호가 측정되고, 그것으로부터 해석되는 것이므로, 물론 수동태로 된다. 「그리고 나서」는 and에 then을 더하여 순서를 확실히 하자. 이 예제의 골조는 다음과 같이 될 것이다.

The amplified signal is measured~ and then analyzed….

문제는 (~)와 (…)을 어떻게 처리 할까 이다. 즉 「저잡음 수신기를 이용하여」와 「RF 스펙트럼·분석기를 사용하여」의 부분이다. 「~을 이용하여」와 「~을 사용하여」도 같은 의미이지만, 그렇다고 해도 같은 표현으로는 재미 있지 않다. 조금 궁리하지 않으면 안 될까?

여기서는 with를 「저잡음 수신기를 이용하여」는 분사구문을, 「RF 스펙트럼·분석기를 사용하여」는 with를 이용하여 표현하고자 한다.

분사구문이 나타내는 의미는 여러 가지 있지만 이 예제는 "부대상황"을 나타내는 용법으로 「저잡음 수신기를 이용하여」를 영역하면, using a low noise receiver로 된다. using~은 「~을 이용하여」라는 의미이다.

이번은 「RF 스펙트럼·분석기를 사용하여」를 해결해 보자. 어떤 도구 (여기서는 RF 스펙트럼·분석기)의 도움을 빌려 무엇인지를 하다(여기서는 신호를 해석하다) 경우에는 자주 with (~로)를 가져 수단이 나타내 진다. 이것을 이용하면 「RF 스펙트럼·분석기를 사용하여」는 with an RF spectrum analyzer로 번역할 수가 있다.

여기서 부정관사 an에 주의 했으면 한다. 자음 글자로 시작하고 있는 단어라도 발음이 모음으로 시작하는 단어의 앞에는 a가 아니라 an이 사용되는 것이다. RF는 「알 에프」로 발음되기 때문이다. 또 with 대신에 with the help of도 가능하지만 with 하나로 충분하다.

【번역】 The amplified signal is measured using a low noise receiver and then analyzed with an RF spectrum analyzer.

〈예제 4〉 근접입자 사이에 작용하는 정자기 상호작용을 정확한 수치적 분법에 의해 평가한다.

〈단어〉 정자기 상호작용 → magnetostatic interaction
수치 적분법 → numerical integration

〈포인트〉

· 「~에 의해」에는 through를 이용할 것.
· 「정자기 상호작용」을 주어로 하자.

〈착안점〉

"골격"은 <u>정자기 상호작용</u>을 평가하다」이지만, 밑줄 친 부분을 주어로 하면 「정자기 상호작용은 평가되다」로 수동태로 번역하게 된다.

Magnetostatic interactions are evaluated.

다음은 "살"을 붙이자. 「근접입자 사이의 작용」이지만, 이것은 「정자기 상호작용」에 걸린다. 「근접」은 가까이 있는 것을 의미하기 때문에, nearby(가까이의)라는 형용사를 사용하면 좋다. 따라서 「근접입자」는 nearby particles가 된다. 「~에 작용」은 생략해도 의미는 충분히 통한다.

(Magnetostatic interactions) between nearby particles

라는 번역이 된다.

마지막으로 「정확한 수치적분법<u>에 의해</u>」를 덧붙이자. 포인트에서 설명한 바와 같이 밑줄 친 부분에는 through를 이용하는 것으로 한다. 이 영역도 쉬울 것이다. 「정확한」에는 형용사 accurate를 사용하면,

through an accurate numerical integration

으로 영역할 수 있다. 부정관사는 an 인 것에 주의 했으면 한다.

【번역】　Magnetostatic interactions between nearby particles are evaluated through an accurate numerical integration.

〈예제 5〉　본 논문에서는 상태 공간 되먹임에 의해 로버스트 제어기를 설계하기 위한 새로운 접근을 보인다.

〈단어〉　상태 공간 되먹임 → state-space feedback
로버스트 제어기 → robust controller

〈포인트〉

· 「~에 의해」에는 via를 사용할 것.

〈착안점〉

원문에 주어가 없으므로, 영역할 때에는 덧붙이지 않으면 안 된다. 주어를 we로 하면,

In this paper, we presents~

라는 첫머리가 되고, 「본 논문」으로 하면,

This paper present~

라는 모양이 된다. 어느 쪽이라도 좋지만, 후자 쪽이 간결하다.

그러면 「~을 보이다」 present의 목적어는 무엇인가 하면, 「접근」이다. 이것은 이대로 approach를 사용하면 좋다. 이것에 「새로운」이라는 형용사가 붙으므로 a new approach가 된다. 최초부터 써 보자.

This paper presents a new approach~

「로버스트 제어기를 설계하기 <u>위한</u>」의 밑줄 친 부분을 나타내는 전치사는 곧 떠오를 것이다. for이다. 그리고 「~를 설계하다」는 동사로 design을 이용하면 좋다. 그렇지만 지금까지 몇 번이나 설명한 바와 같이 전치사의 뒤에는 동사를 두는 것은 불가능하다. 이러한 경우에는 동사를 동명사로 하는 것이다. 즉 "동사의 원형 + ing"의 모양으로 하는 것이다. 「로버스트 제어기」는 robust controller이다. 요약하면,

for designing robust controllers

로 된다.

마지막으로「상태 공간 되먹임<u>에 의해</u>」를 해결하자. 여기서 밑줄 친 부분
에는 via를 이용하는 것으로 한다. 이 via의 뒤에는「상태 공간 되먹임」
state-space feedback이 올 뿐이므로 간단하다.

【번역】 This paper presents a new approach for designing robust controllers via
state-space feedback.

CHECK TEST 11

Fill in the blanks with the correct word.

(1) In ____ CDMA and FDMA, the sound is digitized __ linear predictive coding (LPC). (CDMA와 FDMA의 양쪽에 있어서, 이 음성은 선형 예측 부호화(LPC)에 의해 디지털화 된다)

(2) Feedback stabilization of nonlinear systems by _____ of a state feed-back law has ____ studied __ many authors. (상태 되먹임 법에 의한 비선형 시스템의 되먹임 안정화는 많은 필자들에 의해 연구되어 왔다)

(3) The amplified signal is measured ____ a low noise receiver and then analyzed ____ an RF spectrum analyzer. (이 증폭 신호는 저잡음 수신기를 이용하여 측정되며 그리고 나서 RF 스펙트럼·분석기를 사용하여 해석된다)

(4) Magnetostatic interactions between _____ particles are evaluated _____ an accurate numerical integration. (근접입자 사이에 작용하는 정자기 상호작용을 정확한 수치적분법에 의해 평가한다)

(5) This paper presents a new approach for _____ robust controllers __ state-space feedback. (본 논문에서는 상태 공간 되먹임에 의해 로버스트 제어기를 설계하기 위한 새로운 접근을 보인다)

〈해답〉 (1) both, by (2) means, been, by (3) using, with (4) nearby, through (5) designing, via

Expression

「도움이 되다」의 표현

> be useful (for/to) (~에 도움이 되다)
> be helpful (to) (~에 도움이 되다)
> help (~에 도움이 되다)
> serve (~에 도움이 되다)
> make for (~에 도움이 되다)
> of use (도움이 되다)

☞ be useful의 뒤에 목적어가 오는 경우에는 for를, 사람이 오는 경우에는 to를 이용한다. of use (=useful)에서는 대개의 경우 use에는 수식어가 동반된다.

〈예제 1〉 위상 센서와 같은 용도에는 위상변조기는 센서의 성능을 최적화 하는데 유용하다.

〈단어〉 위상변조기 → phase modulator

〈포인트〉

· 「~에 유용하다」에는 be useful을 사용하는 것으로 하지만, useful의 뒤에는 for나 to 어느 쪽을 놓는 것이 바를까?

〈착안점〉

「위상 센서와 같은 용도<u>에는</u>」 밑줄 친 부분을 전치사로 나타내고 싶지만, 알고 있는가? 「에는」을 「에 대해서는」으로 해석하여 for를 사용하면 좋다. 또 「~와 같은」에 such as를 이용하면,

    For applications such as phase sensors,

라는 영역이 완성된다.

「위상변조기는 센서의 성능을 최적화하는데 유용하다」에는 포인트에서 설명한 바와 같이 be useful을 이용하자. 이 뒤에 오는 전치사는 for와 to 어느 쪽을 사용하면 좋을까? 알 수 있을 것이다. for 뒤에 「~을 최적화 하다」라는 목적어가 오는 것이므로 답은 for이다. to는 사람이 오는 경우이기 때문에 여기서는 부적당하다. 「위상변조기」는 phase modulator이다.

    phase modulators are useful for~

그런데 「최적화하다」는 optimize라는 동사를 사용하지만, 전치사의 뒤에 놓는 것이므로 이 모양대로는 안되므로 동명사로 할 필요가 있다. 즉, optimizing이다. 여기서, optimizeing으로 하지 않도록 주의해 주기 바란다. 「최적화하다」는 것은 「센서의 성능」으로 이것이 목적어로 된다. 이것은 그대로 sensor performance이다. 결국,

    for optimizing sensor performance

로 된다.

【번역】   For applications such as phase sensors, phase modulators are useful for optimizing sensor performance.

> 〈예제 2〉   이들의 의문에 답하는데 도움이 되는 간단한 선형회로의 한
>   예를 준다.

〈단어〉   선형회로 → linear circuit

〈포인트〉

· 「~에 도움이 되다」에 help를 이용할 것. help의 뒤에는 to가 있어도 없
  어도 좋다.

〈착안점〉

「간단한 선형회로의 한 예를 주다」+「(이 선형회로는) 이들의 의문에 답
하는데 도움이 되다」의 2개의 문장으로 나누어 생각하도록 하자.

① 「간단한 선형회로의 한 예를 주다」

이 문장에는 주어가 나타나 있지 않으므로 보충할 필요가 있다. we를 사용
하는 것이 보통이므로 여기서도 이것을 사용하도록 한다. 「~을 주다」는
문자 그대로 give이다. 「선형회로」는 linear circuit이라고 한다. 또,「~의
한 예」는 an example of~로 좋다. 여기서 부정관사를 a로 하지 않도록 주
의할 것. 그러면 번역해 보자.

① We give an example of a simple linear circuit.

② 「(이 선형회로는) 이들의 의문에 답하는데 도움이 되다」

밑줄 친 부분에는 help를 이용하는 것으로 하지만, 이 동사는 그 뒤에 원
형, to 부정사의 어느 것이나 취한다. 미국영어에서는 없는 편이 보통인데, 영
국 영어에서도 최근에는 to를 붙이지 않는 모양이 많아지고 있다. 그러므로
결국은 붙이지 않아도 좋다고 할 것이다.

그러면, 「이들 의문에 답하다」answer these questions이다. 따라서,

② (The linear circuit) helps [to] answer these questions.

로 번역하게 된다. 단 「가능성」을 나타내는 조동사 will을 삽입해도 좋다고
하자. "절대라고는 하지 않지만, 아마 99% 괜찮을 것이다"라는 기분을 포함한
표현이다. 이 경우, 밑줄 친 부분은 will help로 바꾸어 놓으면 좋다. 이렇게

하면 글 쓰는 사람의 기분이 보이기 때문이다.

그러면, 이②를 ①에 더하는 것으로 하지만, 당연히 관계대명사의 이용이 떠오를 것이다. the linear circuit을 which로 바꾸어 놓아, 그대로 ①에 연결하면 좋다. 물론, which의 주격 용법이다.

【번역】　We give an example of a simple linear circuit which will help [to] answer these questions.

〈예제 3〉　비선형 소자는 여러 가지 광학적 신호처리의 용도에 있어서 중요한 구성물로서 도움이 된다.

〈단어〉　비선형 소자 → nonlinear element
　　　　구성물 → building block

〈포인트〉

· 「~로서 도움이 되다」는 serve as~로 나타낼 수가 있다.

〈착안점〉

「여러 가지 광학적 신호처리의 용도에 있어서」는 뒤에 하기로 하고, 「비선형 소자는 중요한 구성물로서 도움이 되다」의 영역에 달라붙어 보고 싶다.

「~로서 도움이 되다」는 serve as~로 표현할 수가 있다. 「비선형 소자」는 nonlinear element이므로,

　　　Nonlinear element serve as~

라는 모양이 된다. as 뒤에 「중요한 구성물」을 놓으면, 완성되는 것이다. 아래에 나타내자.

　　　Nonlinear element serve as important building blocks.

다음에 남겨 두었던 「여러 가지 광학적 신호처리의 용도에 있어서」를 번역한다. 밑줄 친 부분에는 전치사 in을 사용하자. 그렇게 하면 in various optical signal processing application으로 단숨에 번역할 수가 있을 것이다.

이 예제에 이용한 serve as~는 「~로서 도움이 되다, ~의 역할을 하다」 라는 의미를 가지지만, 이 표현은 반드시 기억했으면 한다.

【번역】 Nonlinear elements serve as important building blocks in various optical signal processing application.

〈예제 4〉 병렬 디지털·아키텍처에 의해, 이 소자는 퍼지·신경망의 영역에 있어서 실시간 용도로 실제로 도움이 된다.

〈단어〉 퍼지 신경망 → fuzzy neural network
실시간 → real-time

〈포인트〉

· 「도움이 되다」에는 of use를 사용할 것.
· enable~to… (~에 …하는 것을 가능하게 시키다)를 이용하여 영역을 시도했으면 한다.

〈착안점〉

추상명사에는 "of+추상명사 = 형용사"라는 관용법이 있다. 여기서 사용하는 of use도 그것으로 of use = useful 이라는 관계가 성립되고 있다. 참고를 위해 몇 개인가의 예를 들어 본다.

of importance → important (중요한)

of value → valuable (가치가 있는)

of interest → interesting (흥미 깊은)

또 이들의 추상명사에는 형용사가 동반되는 일이 많지만, 이 예제에서는 「실제로 도움이 되다」의 밑줄 친 부분에 상당하는 말로 use를 수식하지 않으면 안 된다. 명사를 수식하는 것이므로 밑줄 친 부분은 「실제의」라는 형용사로 고치게 된다. 이것은 practical이다. 즉,

of practical use

로 되는 것이다.

다음에 포인트에서 언급한 enable~to…를 다루어 보자. 이 표현은 "「가능·능력」의 표현"에서 다루었다. 이것을 이용하여 영역하는 데는 원문을 다음과 같이 바꾸어 쓰면 생각하기 쉬울 것이다.

「병렬 디지털·아키텍처는 이 소자를 퍼지·신경망의 영역에 있어서 실시간 용도로 실제로 도움이 되는 것을 가능하게 시키다」

심한 직역조의 문장이지만, 영문의 구조가 보기 쉽게 되었을 것이다.

그러면, enable~to… 다음에는 동사의 원형이 오지만, 곧 알 수 있을까? 다음의 영문을 참고로 하자.

This is of practical use. (이것은 실제로 도움이 된다)

즉, is의 원형 be이다. 요약하면,

「(병렬디지털·아키텍처는) enables (이 소자) to be of practical use (퍼지·신경망의 영역에 있어서 실시간 용도로)」

다음은 괄호 안을 번역하는 것뿐이다. 하나하나 번역해 보자.

① 병렬디지털·아키텍처… a parallel digital architecture

② 이 소자… this device

③ 퍼지·신경망의 영역에 있어서 실시간 용도로

… in real-time applications in the area of fuzzy neural networks

이들을 괄호 안에 넣은 것이 전체 번역이다.

본 예제에서는 enable~to…를 사용한다는 조건이 있었기 때문에 오히려 영역이 어렵게 되었을 것이다. 그러나 완성된 것은 영문다운 영문이라고는 말할 수 있는 것은 아니라고 생각된다. enable~to… 에 조금이라도 익숙해졌으면 한다.

【번역】 A parallel digital architecture enables this device to be of practical use in real-time applications in the area of fuzzy neural networks.

122

CHECK TEST 12

Fill in the blanks with the correct word.

(1) For applications such as phase sensors, phase modulators are _____ for
_____ sensor performance. (위상 센서와 같은 용도에는 위상변조기
는 센서의 성능을 최적화 하는데 유용하다)

(2) We ____ an example of a simple linear circuit which will ____ [to]
answer these questions. (이들의 의문에 답하는데 도움이 되는 간단한 선
형회로의 한 예를 준다)

(3) Nonlinear elements _____ _ important building blocks in various
optical signal processing application. (비선형 소자는 여러 가지 광학적
신호처리의 용도에 있어서 중요한 구성물로서 도움이 된다)

(4) A parallel digital architecture _____ this device to be _ practical ___
in real-time applications in the area of fuzzy neural networks. (병렬 디
지털·아키텍처에 의해, 이 소자는 퍼지·신경망의 영역에 있어서 실시간
용도로 실제로 도움이 된다)

〈해답〉 (1) useful, optimizing (2) give, help (3) serve, as (4) enables,
of, use

Expression

「**필 요**」의 표현

---

require   (~을 필요로 하다)

need   (~을 필요로 하다)

necessitate   (~을 필요로 하다)

demand   (~을 필요로 하다)

call for   (~을 필요로 하다)

necessary   (필요한)

essential   (불가결한, 절대 필요한)

required   (필요한)

indispensable   (불가결한, 절대 필요한)

〈예제 1〉   이 조건에는 자계의 축 방향 성분은 정수인 것이 필요하다.

〈단어〉   축 방향 성분 → axial component
      정수 → constant

〈포인트〉

· 「~가 필요하다」에는 require를 사용하면 좋은데 require의 뒤에는 that
  절을 가지고 올 것.

· "가정법 현재"를 이용했으면 한다.

〈착안점〉

require (~을 필요로 하다)는 that 절을 취할 수 있다는 것을 우선 처음에 확인 했으면 한다. 따라서 첫머리는 아래와 같이 된다.

    This condition requires that~

that 이하에는 「자계의 축 방향 성분은 정수이다」가 들어가게 되는 것이다. 이것은 하나의 문장이다. 번역해 보자.

    the axial component of the magnetic field is a constant.

이 문장을 that 아래에 가져가면

    This condition requires that the axial component of the magnetic field is a constant.

이것으로 끝이라고 생각 할지도 모르겠으나 어법상 require에 계속되는 절의 동사는 should~, 또는 동사의 원형으로 하지 않으면 안 된다. 전자는 영국 영어, 후자는 미국 영어의 용법이 된다.

이 미국영어의 용법과 같이 요구 · 제안 · 판단 · 희망 등의 내용을 나타내는 종속절에서 술어 동사로서 동사의 원형을 이용하는 것을 "가정법 현재"라고 한다. 바꾸어 말하면, require, suggest, demand, insist, propose, ask 등의 동사가 이끄는 that 절에서는 동사의 원형이 이용되는 것이다. 따라서 이 예제와 같이 that 절의 주어가 3인칭 단수라도 be 동사는 is로는 되지 않고, be 그대로 사용되게 된다. 그러면 that 절을 정정하자.

    that the axial component of the magnetic field [should] be a constant.

이미 설명한 바와 같이 should를 붙이는 것은 영국 영어식이다.

【번역】   This condition requires that the axial component of the magnetic field [should] be a constant.

〈예제 2〉   넓은 파장에 걸쳐 연속 동조되는, 선폭이 좁고 출력 파워가 큰 단일 모드 레이저는 간섭성 광통신 시스템에 있어서 국부발진 기로서 필요하게 된다.

〈단어〉   단일 모드 레이저 → singlemode laser
　　　　　국부발진기 → local oscillator
　　　　　간섭성 ~ → coherent ~

〈포인트〉

· 「필요하게 되다」에는 need를 이용할 것.
· 「선폭이 좁고, 출력 파워가 큰」은 소유를 의미하는 전치사 with를 사용하면 간결하게 표현할 수 있다.

〈착안점〉

「단일 모드 레이저」를 수식하고 있는 어구가 많으므로, 우선 뼈대로 해본다. "골격"은「단일 모드 레이저는 국부발진기로서 필요하게 되다」이다. 「단일 모드 레이저」singlemode laser가 주어이다. 물론 수동태의 문장이 되지만, 밑줄 친 부분은 as로 표현될 수 있다. 동사에는 need를 이용하여 번역해 보자.

　　Singlemode lasers are needed as local oscillators.
이것으로 "골격"이 만들어졌지만, 어려운 것은 "살"을 붙이는 것이다.

　Singlemode lasers를 수식하는 어구는「넓은 파장에 걸쳐 연속 동조되고, 선폭이 좁고 출력 파워가 큰」이다. 이것을 어떻게 처리 하는가로 영역의 만듦새가 정해져 버리는 것이다. 신중히 달라붙기로 하자.

　이 수식 어구를 아래와 같이 두 개로 나누어 생각하기로 한다.
　① 넓은 파장에 걸쳐 연속 동조되다
　② 선폭이 좁고, 출력 파워가 크다

　①에 대해서인데 이것은 capable(~의 능력이 있다)을 이용하자. 이 형용사 뒤에는 of ~ing의 모양이 계속 된다(~ing아니고 명사가 계속되는 일도 있다). 이 capable을 Singlemode lasers의 뒤에 놓으면 좋다. 그렇게 하면 Singlemode lasers capable of ~ing라는 모양이 된다. 다음에 of 이하를 생각하자.

　「넓은 파장에 걸쳐서」의 밑줄 친 부분을 나타내는 데에는 전치사 over를 사용하면 좋다. 그렇게 하면, over a wide wavelength로 번역할 수가 있다.

다음은 「연속동조(되다)」이지만, 레이저는 무엇인가 어떤 것을 동조시키는 것이 아니고 「동조되는」 것이다. 따라서 「연속동조 되다」고 해석하여 be continuously tuned로 번역할 필요가 있다. 이것이 of 이하에 오는 것이므로 be는 being으로 하지 않으면 안 된다. 이상을 요약해 보자.

 ① (Singlemode lasers) capable of being continuously tuned over a wide
  wavelength

 ②의 순서이다. 이 단일 모드 레이저는 선폭이 좁고 출력 파워가 크다는 성질을 가지고 있다. 포인트에서 설명한 바와 같이, 전치사 with는 "소유" (~을 갖고 있다)라는 의미를 나타낼 수가 있다. 이것을 이용하면 문장이 간결하게 되기 때문에 기술영어에서 자주 이용되고 있다. 「선폭이 좁고, 출력 파워가 큰」을 「좁은 선폭과 큰 출력 파워를 갖고 있는」으로 해석하면, 영역이 쉽게 될 것이다. 아래에 보이자.

 ② with narrow linewidth and high output power

「큰」은 「높이」high으로 한다. big 등으로는 해서는 안 된다.
①+②로

 Singlemode lasers capable of being continuously tuned over a wide
 wavelength with narrow linewidth and high output power

로 된다. 왠지 긴 주어부이기는 하지만.

"골격"은 Singlemode lasers are needed as local oscillators. 이었지만, 양쪽을 요약하면,

 Singlemode lasers capable of being continuously tuned over a wide
 wavelength with narrow linewidth and high output power are needed
 as local oscillators.

마지막은 「간섭성 광통신 시스템에 있어서」이다. 이것은 간단히 in coherent optical communication systems로 번역하면 좋다. 위에서 만든 영문의 마지막에 놓으면 전체 번역이 된다.

【번역】 Singlemode lasers capable of being continuously tuned over a wide wavelength with narrow linewidth and high output power are needed as local oscillators in coherent optical communication systems.

〈예제 3〉　디지털 신호 처리에 있어서 몇 개인가의 용도에는 고속 디지
　　　　　털 신호 마이크로 프로세스를 실현하는 것이 필요로 된다.

〈단어〉　마이크로 프로세스 → microprocessor

〈포인트〉

· 「~가 필요로 되다」에는 demand를 이용할 것.
· 원문을 「용도는~을 필요로 하다」로 해석하여 영역 하자.

〈착안점〉

　원문의 「…의 용도에는 ~가 필요로 되다」에는 주어가 빠져 있는 것에 정
신이 들것이다. 물론 we를 덧붙이는 것도 가능하다. 그러나 포인트에서 설명
한 바와 같이 원문을 「용도는 ~을 필요로 하다」로 바꾸어 쓰면 주어는 「용
도」로 좋을 것을 알 수 있다. 「~을 필요로 하다」에는 demand를 사용하자.
　이 「용도」에는 수식 어구를 수반하고 있다. 즉 「디지털 신호 처리에 있어
서 몇 개인가의」이다. 이것은 「몇 개인가의」와 「디지털 신호 처리에 있어
서」의 2개로 나뉘어 「용도」의 전후로부터 수식하게 된다. 「몇 개인가의」
는 several로, 「디지털 신호 처리에 있어서」는 in digital signal processing
이다. 요약하면,

　　Several applications in digital signal processing

로 될 것이다. 이것이 주어부이다.

　동사는 「~을 필요로 하다」demand 이었다. 필요로 하는 것은 「고속 디지
털 신호 마이크로 프로세스를 실현하는 것」이다.

　여기서 밑줄 친 부분을 어떻게 처리하면 좋을까? 라고 생각할지도 모르지
만 간단히 「~의 실현」으로 하자. 「실현」이 오면 realization을 떠올릴지
모르지만, 여기서는 implementation을 사용하는 것으로 한다. 영한사전에 이
단어를 찾으면 「이행, 실행」이라는 의미 밖에 기재되어 있지 않을지도 모르
지만, 기술 영어에서는 「실현」이라는 의미로 자주 이용되고 있는 단어이다.
이 기회에 기억해 두자. 「고속 디지털 신호 마이크로 프로세스」는

high-speed digital signal microprocessors로 좋다.

~demand the implementation of high-speed digital signal micro-
processors

이 예제에 한하지 않지만, 영역에서는 주어를 적절히 선택하는 것이 상당
히 중요한데, 그것에 의해 능동태나 수동태가 정해지고 영역의 쉬움이나 그
좋고 나쁨에도 영향을 주게 된다. 그러므로 주어의 선택은 신중하게.

【번역】   Several applications in digital signal processing demand the
implementation of high-speed digital signal microprocessors.

〈예제 4〉   초음파를 의학적 진단이나 비파괴 시험에 적용하는 데는 이
초음파 송신기로부터 방사되는 초음파장의 특성을 알고 있는
것이 필요하다.

〈단어〉   의학적 진단 → medical diagnosis
비파괴 시험 → nondestructive testing
초음파 송신기 → ultrasonic transmitter
초음파장 → ultrasonic field

〈포인트〉

· 「~가 필요하다」에는 necessary를 사용할 것.

〈착안점〉

「초음파를 의학적 진단이나 비파괴 시험에 적용하는 데는」이라는 동사적
표현을, 다음과 같은 명사적 표현으로 바꾸어 쓰면 영역하기 쉽게 될 것이다.
즉, 「초음파의 의학적 진단이나 비파괴 시험으로의 적용에 있어서」로 할 수
있을 것이다. 밑줄 친 부분의 「으로의」는 to, 「에 있어서」는 in으로 나타낼
수가 있다.

In the applications of ultrasound to medical diagnosis and

nondestructive testing,

다음은「이 초음파 송신기로부터 방사되는 초음파장의 특성을 알고 있는 것이 필요하다」로 진행하자.

여기서「~을 알고 있는 것」은 명사적 용법의 부정사를 이용할 수 있다. 명사적 용법이기 때문에 주어로서 이용할 수 있을 것이다. 정면으로 to know ~를 앞에 내면 주어부가 너무 길어지게 된다. 이럴 때는 형식주어 it를 문장 앞에 내고, 진주어 부분을 술어부분 뒤에 놓아 균형을 이루면 좋다. 이처럼 부정사가 주어부로 되는 경우는 형식주어를 이용하여 부정사를 뒤로 놓는 모양으로 하는 경우가 많은 것이다. 따라서

it is necessary to know~

라는 모양이 된다. 여기서는 포인트에서 설명한 바와 같이 necessary (필요한)를 사용했다.

그러면 know의 목적어는 무엇인가 하면「초음파장의 특성」이다.「특성」은 characteristic,「초음파장」은 ultrasonic field이다. 요약하면 the characteristics of the ultrasonic field로 된다.

이 ultrasonic field는「이 초음파 송신기로부터 방사되는」으로 수식되고 있는 것이다. 이러한 경우에는 분사의 형용사적 용법을 이용하면 좋다. 분사라고 해도「~되었다」로 수동적인 의미를 갖기 때문에 과거분사가 아니면 안 된다.「~을 방사하는」은 radiate라는 동사로, 이 과거분사형은 radiated이다.「이 초음파 송신기로부터」by the ultrasonic transmitter는 과거분사 뒤에 놓게 된다. 정리 하자.

~the ultrasonic field radiated by the ultrasonic transmitter

이상으로 영역이 끝나게 된다. 이 예제에서는 친숙한 영문법 밖에 이용하고 있지 않다. 결코 기본을 소홀하게 해서는 안 된다.

【번역】 In the applications of ultrasound to medical diagnosis and nondestructive testing, it is necessary to know the characteristics of the ultrasonic field radiated by the ultrasonic transmitter.

〈예제 5〉 비디오 신호와 같은 광대역폭 신호를 위한 압축법을 실시간으
로 실행하는 경우에 직면할 때는 이 부호화 연산방식을 신중
하게 고찰하는 것이 불가결하게 된다.

〈단어〉   비디오 신호 → video signal, 대역폭 → bandwidth
부호화 연산방식 → coding algorithm

〈포인트〉

· 「~가 불가결하게 되다」에는 essential을 이용한다.
· 「고찰」consideration이라는 추상명사를 주어로 하자.
· 「~에 직면하다」에는 be faced with~를 사용하면 좋다. 「누가」직면하
는가? 주어가 나타나 있지 않으므로 적당히 보충하지 않아서는 안 된다.

〈착안점〉

본 예제는 상당히 어려울 것이다. 가능하면 착안점을 읽기 전에 자신의 힘
으로 영역을 해 보았으면 한다. 그러는 편이 단지 막연하게 착안점을 대충
훑어보는 것 보다 영역의 힘이 붙는 것이 틀림없을 것이다.

그러면 처음에 「이 부호화 연산방식을 신중하게 고찰하는 것이 불가결하게
되다」로부터 달라붙자. 그 후에 「~의 때에는」을 when~으로 계속하는 모
양으로 한다. 원문과는 어순을 역으로 하려는 것이다.

포인트에서 언급한 바와 같이 「고찰」consideration이라는 추상명사를 주어
로 하지만, 실제 추상명사를 주어로 하는 것으로 떠오른 사람은 적음에 틀림
이 없다. 기술영어에서는 이 추상명사를 주어로 한 문장이 제법 보이기 때문
에 익숙해질 필요가 있다. 또 원문에서는 동사적 표현이지만, 영역에서는 명
사적 표현으로 되는 것에 주목했으면 한다. 명사적 표현은 영어적 발상이다.
「부호화 연산방식」은 coding algorithm이다. 그러면 번역해 본다.

A careful consideration of the coding algorithm

이것이 주어부이다. 그러나 consideration은 추상명사 이므로 부정관사 a를
붙이지 않는 것은 당연하지 않을까 라는 의견도 나올 법하다. 확실히 추상명

사는 부정관사를 붙일 수가 없다. 즉, 추상명사는 셀 수 없기 때문이다. 그러나 이것이 중요한 것이지만, 추상명사의 상당한 것이 보통명사로서도 이용되는 것이다.

여기서 consideration을 보통명사로서 이용한 것은「고찰」을 "구체적 행위"로서 생각하였기 때문이다. 즉「이 부호화 연산방식을 신중하게(구체적으로) 고찰하는 것」이란 것이다. 만약 추상명사로서 사용한다면 일반적으로 막연한「고찰」로 되어 버린다. 추상명사의 보통명사로의 전용에 대해서는 평소 많은 기술 논문을 접하는 것으로 경험적으로 습득하는 것이 중요 할 것이다.

「~가 불가결하게 되다」는 become essential로 좋다. essential은 형용사로, become은 보어로서 형용사를 취한다. 지금까지의 부분을 정리하자.

A careful consideration of the coding algorithm becomes essential.

다음은「비디오 신호와 같은 광대역폭 신호를 위한 압축법을 실시간으로 실행하는 경우에 직면할 때는」이다.

이것은 when으로 쓰기 시작하는 것이 가능하지만, 그런데 누가「~에 직면하는」것일까? 특별히 결정된 사람은 없기 때문에 일반의 사람을 나타내는 one을 사용하는 것으로 하자. 물론 we라도 좋다.「~에 직면하는」은 be faced with~이다. 그러면,

when one is faced with~

라는 모양이 된다.

그런데「~을 실시간으로 실행하는 경우에」의「경우」는 번역할 필요는 없을 것이다.「~의 실시간에서의 실행에 직면하다」라고 해석하는 것이다. 그러면 with이하에 real-time implementation of~를 놓으면 좋게 된다.「비디오 신호와 같은 광대역폭 신호를 위한 압축법」의 영역은 어렵지는 않다. 단숨에 번역해 본다.

compression techniques for large bandwidth signals such as video signals

"~such as…"는「…와 같은~」라는 의미이다.

【번역】 A careful consideration of the coding algorithm becomes essential when one is faced with real-time implementation of compression techniques for large bandwidth signals such as video signals.

> **〈예제 6〉**　이 행렬식이 다음과 같이 전개되면 필요한 계산 숫자는 대폭
> 으로 줄일 수 있다.

〈단어〉　행렬식 → determinant

〈포인트〉

· 「필요한」에는 required를 사용할 것.
· 「다음과 같이」에는 as follow로 좋을까?

〈착안점〉

　처음에 「필요한 계산 숫자는 대폭 줄 수가 있다」를 번역하는데 있어서 그
뒤에 「이 행렬식이 다음과 같이 전개되면」을 덧붙이자.

　「필요한 계산 숫자는 대폭으로 줄일 수 있다」의 밑줄 친 부분에 required
를 사용하는 것으로 한다. 분사에는 형용사적 용법이 있다는 것은 이미 알고
있다. 예를 들면 require (~를 필요로 하다)라는 타동사의 과거분사는
required이다. 이것이 명사 앞에 단독으로 붙으면 「필요로 되는~」라는 의미
가 되지만, 이것은 「필요한~」로서와 같다. 본 예문에서 사용하는 required
가 그것에 맞지만, 사실은 required를 형용사로서 독립하여 문제 삼는 영한사
전도 있다. 즉 분사가 완전한 형용사로 변해 버린 것이다.

One Point Advice

● 형용사로서 독립하는 분사

　본 예제에서 사용하는 required를 형용사로서 독립하여 문제 삼
는 영한사전이 있다. 즉, 분사가 완전한 형용사로 변해 버리기 때
문이다. 참고로 몇 개 열거해 보자.
　　decided (명확한)　excited (흥분된)
　　exhausted (기진맥진 한)　interested (관계가 있는)

noted (저명한) qualified (자격을 가진) reserved (예비의)

「필요한 계산 숫자」는 「계산이 필요한 수」로 해석하면, the required number of computations로 번역할 수가 있다. 이것을 주어부로 하면, 이 문장은 수동태로 된다는 것은 이해할 수 있을 것이다. 「대폭으로 줄일 수 있다」의 밑줄 친 부분은 「현저하게」와 같은 의미이다. 그러면 significantly라는 부사를 이용할 수가 있다. 그러면 원문을 번역해 보자.

The required number of computations can significantly be reduced.

다음은 「이 행렬식이 다음과 같이 전개되면」의 차례이다. 이 영역은 if로 쓰기 시작하면 좋다. 주어는 「행렬식」determinant이다. 이것이 「전개되다」는 것이므로 이 문장도 수동태로 된다. 수학에서는 「전개하다」에는 expand라는 동사가 사용된다. 하는 김에 이 명사는 expansion이라고 하여 expansion of determinant는 「행렬식의 전개」로 번역한다. 따라서 「다음과 같이」를 생략하여 번역하면,

if the determinant is expanded.

가 된다.

마지막으로 「다음과 같이」이지만 이것에는 as follows 라는 정해진 좋은 방법이 있기 때문에 기억했으면 한다. 이 경우 follow에는 항상 s가 붙는 다는 것에 주의할 것. as follows의 뒤에는 마침표(.), 내지는 콜론(:)을 놓는다. 세미콜론(;)은 불가능하다.

【번역】 The required number of computations can significantly be reduced if the determinant is expanded as follows.

CHECK TEST 13

Fill in the blanks with the correct word.

(1) This condition _____ that the axial component of the magnetic field [should] __ a constant. (이 조건에는 자계의 축 방향 성분은 정수인 것이 필요하다)

(2) Singlemode lasers capable of _____ continuously tuned over a wide wavelength ____ narrow linewidth and high output power are _____ as local oscillators in coherent optical communication systems. (넓은 파장에 걸쳐 연속 동조되는, 선폭이 좁고 출력 파워가 큰 단일 모드 레이저는 간섭성 광통신 시스템에 있어서 국부발진기로서 필요하게 된다)

(3) Several applications in digital signal processing _____ the _____ of high-speed digital signal microprocessors. (디지털 신호 처리에 있어서 몇 개인가의 용도에는 고속 디지털 신호 마이크로 프로세스를 실현하는 것이 필요로 된다)

(4) In the applications of ultrasound to medical diagnosis and nondestructive testing, it is _____ to know the characteristics of the ultrasonic field _____ by the ultrasonic transmitter. (초음파를 의학적 진단이나 비파괴 시험에 적용하는 데는 이 초음파 송신기로부터 방사되는 초음파장의 특성을 알고 있는 것이 필요하다)

(5) A careful _____ of the coding algorithm becomes _____ when one is faced with real-time implementation of compression techniques

for large bandwidth signals such as video signals. (비디오 신호와 같은 광대역폭 신호를 위한 압축법을 실시간으로 실행하는 경우에 직면할 때는 이 부호화 연산방식을 신중하게 고찰하는 것이 불가결하게 된다)

(6) The _____ number of computations can significantly be reduced if the determinant is expanded as _____. (이 행렬식이 다음과 같이 전개 되면 필요한 계산 숫자는 대폭으로 줄일 수 있다)

〈해답〉　(1) requires, be　(2) being, with, needed　(3) demand, imple-
mentation　(4) necessary, radiated　(5) consideration, essential
(6) required, follows

Expression

「일 치」의 표현

---

agree with   (~와 일치하다)

accord with   (~와 일치하다)

conform to (with)   (~와 일치하다)

coincide with   (~와 일치하다)

correspond to (with)   (~와 일치하다)

be in agreement with   (~와 일치하다)

be in accord with   (~와 일치하다)

be in conformity with   (~와 일치하다)

be in consistency with   (~와 일치하다)

be consistent with   (~와 일치하다)

in accordance with   (~와 일치하여)

☞ agree는 물건·일이 일치한다는 것으로 진행형은 되지 않는다. accord는
물건·일이 딱 일치한다는 것. conform은 형식·성질 등에 일치하는 것.
coincide는 성질·의견 등의 모든 점에 일치 하는 것. correspond는 물
건·일이 전반적으로 일치 한다는 것. correspond to로「~에 상당하는」
이란 의미로 사용되는 일이 많다.

<예제 1> 이 CRT 상의 순환양식 화상은 고속도 카메라로 찍힌 사진과
완전히 일치한다.

<단어>　순환 양식 → flow pattern
고속도 카메라 → high speed camera

<포인트>

· 「~와 일치하다」에는 agree with를 사용할 것.
· 「완전히」에는 perfectly, completely 이외에 fairly도 사용된다.

<착안점>

「이 CRT 上의 순환양식 화상은」을 주어로 한다. 밑줄 친 부분은 문자 그
대로 전치사의 on을 사용하면 좋다. 번역하면 아래와 같이 된다.

① The follow pattern image on the CRT

다음에 「고속도 카메라로 찍힌 사진」에 넣는다 「(사진)을 찍다」는 보통
take가 사용되지만, 「얻다」를 생각하여 obtain이라도 좋다. 이쪽이 딱딱한 느
낌이 드므로 기술영어에 적합할 지도 모른다. 그리고 이 「사진」은 「고속도
카메라로 찍힌」으로 수식되고 있다고 생각하면 이것은 분사의 형용사적 용
법을 이용할 수 있다고 알아차릴 것이다. 물론 「~되었다」란 수동적 의미를
나타내는 것이므로 과거분사를 이용하는 것으로 된다. 그러면 번역해 보자.

② the photograph obtained from a high speed camera
이것은 관계대명사를 이용하여

the photograph <u>which is</u> obtained from a high speed camera
로 표현해도 같다. 밑줄 친 부분을 생략하는 편이, 즉 과거분사의 형용사적
용법으로 하는 편이 문장은 간결하게 된다.

마지막은 「와 완전히 일치하다」를 처리한다. 「~와 일치하다」는 포인트
에서 설명한 바와 같이 agree with를 사용하자. 독자는 「완전히」라는 의미의
부사에는 perfectly나 completely가 떠오르는데 틀림이 없다. 물론 이것을 이
용해도 좋지만, 여기서는 fairly에 착목해 보고 싶다. 이 부사는 형용사나 부

사를 수식하여 「제법, 상당히」라는 의미를 나타내지만, 동사를 수식한 경우, 「공정히」나 「완전히, 모두」라는 의미를 나타낼 수가 있다. 즉 여기서는 fairly를 「완전히, 모두」의 의미로 사용하는 것이다. 그러면

③ ~agrees fairly with

로 가능하게 된다. ①+③+②의 순서로 나열한 것인 전체 번역이다.

【번역】   The follow pattern image on the CRT agrees fairly with the photograph obtained from a high speed camera.

〈예제 2〉   GEC 레이저의 출력 파장을 레이저 다이오드의 파브리·페로 모드의 하나와 일치하도록 조절했다.

〈단어〉   레이저 다이오드 → laser diode
파브리·페로 모드 → Fabry-Pérot

〈포인트〉

· 「~와 일치하다」에는 coincide with를 이용했으면 한다.
· 「~하도록」은 "「목적」의 표현"이다. so that~이든지 in order that 이든지 어느 쪽을 사용해도 좋다.

〈착안점〉

처음에 「GEC 레이저의 출력 파장을 조절 했다」를 번역해 본다. 「GEC 레이저의 출력파장」을 주어부로 하면, 밑줄 친 부분은 「는 조절 되었다」라는 식으로 수동태로 번역되지 않으면 안 된다. 아래에 번역을 보이자.

① The output wavelength of the GEC laser was adjusted.

다음은 「레이저 다이오드의 파브리·페로 모드의 하나와 일치하도록」의 순서이지만, 밑줄 친 부분은 목적을 나타내고 있다. 여기서는 so that~을 우선 이용해 본다.

이 so that~의 뒤에는 구가 아니라 절이 오지 않으면 안 된다. 즉 "주어+

술어"의 구조를 갖는 것이다.「파브리·페로 모드의 하나와 일치하다」는 것은「출력 파장」이다. 이것은 it으로 대용되면 좋다. 또 so that 절에는 may (might)이나 can (could)을 보통은 사용한다는 것에 주의하자.「~와 일치하다」는 coincide with를 사용하고,「~의 하나」는 one of~ 이다. 그러면 영역해 보자.

② so that it might coincide with one of the Fabry-Pérot modes of the laser diode.

여기서 may가 아니라 might를 이용한 것은 과거시제이기 때문이다. 또 modes로 복수형으로 하는 것에 주의할 것. so that~의 대신에 in order that~을 이용해도 좋다. ②를 ①의 뒤에 놓은 것이 본 예제의 전체 번역이 된다.

【번역】 The output wavelength of the GEC laser was adjusted so that it might coincide with one of the Fabry-Pérot modes of the laser diode.

〈예제 3〉 그 결과로서 생긴 이들 방정식의 주기해석은 되먹임 시스템의 준 주기해석에 상당한다.

〈단어〉 방정식 → equation, (준) 주기해석 → (quasi-) periodic solution 되먹임 시스템 → feedback system

〈포인트〉
· 「그 결과로서 생긴」은 간단히 나타낼 수가 있는데, 알 수 있을까?
· 「~에 상당하다」에는 correspond to를 이용한다.

〈착안점〉
「그 결과로서 생긴 이들 방정식의 주기해석」을 주어부로 하고,「~에 상당하다」에는 correspond to를 사용하자. 이 correspond to에는「~와 일치하다」라는 의미도 나타낼 수 있지만,「~에 상당하다」로 사용되는 편이 많다.

「~와 일치하다」라는 의미로는 기분에서 벗어나지만, 이 예제에서는 「~에 상당하다」의 의미로 이용하여 연습을 하자.

한편, 포인트에서 설명한 바와 같이 「그 결과로서 생긴」은 간단히 표현할 수 있다. 답을 말하면 the resulting을 사용하는 것이다. 이것조차 해결한다면 본 예제는 낙승이 됨에 틀림없다. 이것은 기술 영어에서는 자주 보이는 표현이므로 꼭 기억했으면 좋겠다. 그렇게 하면,

The resulting periodic solutions of these equations correspond to~

라는 모양이 된다. to 이하에는 「되먹임 시스템의 준 주기해석」이 온다.

그것에는 「주기해석」은 periodic solution으로 알지만, 이번에는 이것에 「준」이 붙는다. 그것에는 「주기해석」에 「준」을 의미하는 quasi-를 덧붙이면 좋다. 즉 quasi-periodic solution 「되먹임 시스템」은 feedback system이다. 요약하면,

quasi-periodic solutions of feedback system

으로 된다.

【번역】   The resulting periodic solutions of these equations correspond to quasi-periodic solutions of feedback system.

〈예제 4〉   실험 결과는 이론 계산 및 시뮬레이션 결과와 잘 일치한다.

〈단어〉   시뮬레이션 → simulation

〈포인트〉
· 이 쉬운 문장을 이용하여 몇 개인가의 「일치」의 표현을 사용하여 연습을 해보고 싶다.

〈착안점〉
여기서는 간단한 문장을 사용하여 「일치」의 표현 몇 개를 연습하는 장으로 하고 싶다.
준비 단계로서, 「일치」의 표현 이외를 번역해 둔다.

실험 결과… experimental results

이론 계산… theoretical calculation

시뮬레이션 결과… simulation results

처음에는 be in agreement with를 이용한 영역이다. 주어는「실험 결과」이지만, 이것은 복수형이므로 be 동사는 are로 한다. 그렇게 하면 영역은 아래와 같이 된다.

> Experimental results <u>are in good agreement with</u> theoretical calculation and simulation results.

아무 문제도 없이 되었을 것이다. 밑줄 친 부분이「일치」의 표현이다. 여기서는 단지「일치」한 것이 아니고,「잘」일치한 것이므로, good을 agreement의 앞에 놓았다.

이것과는 다른「일치」의 표현, 예를 들면 be in consistency with를 사용하고 싶다면, 밑줄 친 부분을 이 표현으로 바꾸면 좋다. 물론 be는 are로 하고 good을 덧붙이게 된다.

이 be in consistency with에 비슷한 표현에 be consistent with가 있다. 지금까지의 표현에서는 in의 뒤에 명사(agreement, consistency)가 오고 있지만, 이 표현에서는 be 다음에 형용사(consistent)가 오는 것에 주의 할 것.

어떻든 처음에는 좋아하는 표현을 사용하는 것이 좋을 것이다. 그것으로부터 손을 넓혀 가면 좋다. be 동사를 사용한「일치」의 표현에는 be in agreement with가 가장 많이 사용되는 것 같다.

이상에서 설명한 표현은 모두 be동사를 이용하고 있지만, agreement는 show라는 동사와 함께 이용되는 경우가 많다는 것도 덧붙여 두고 싶다. 직역하면,「~는 …와 잘 일치를 보이다」이다. 이것을 이용하면 본 예제는,

> Experimental results <u>show good agreement with</u> theoretical calculation and simulation results.

로 번역하게 된다. 이하의 번역에는 대표적인 예만을 보였다.

【번역】 Experimental results are in good agreement with theoretical calculation and simulation results.

CHECK TEST 14

Fill in the blanks with the correct word.

(1) The follow pattern image __ the CRT _____ fairly with the photograph obtained from a high speed camera. (이 CRT 상의 순환양식 화상은 고속도 카메라로 찍힌 사진과 완전히 일치한다)

(2) The output wavelength of the GEC laser was adjusted __ that it might _____ with one of the Fabry-Pérot modes of the laser diode. (GEC 레이저의 출력 파장을 레이저 다이오드의 파브리 · 페로 모드의 하나와 일치하도록 조절했다)

(3) The _____ periodic solutions of these equations _____ to quasi-periodic solutions of feedback system. (그 결과로서 생긴 이들 방정식의 주기해석은 되먹임 시스템의 준 주기해석에 상당한다)

(4) Experimental results are __ good _____ with theoretical calculation and simulation results. (실험 결과는 이론 계산 및 시뮬레이션 결과와 잘 일치한다)

〈단어〉 (1) on, agrees (2) so, coincide (3) resulting, correspond
       (4) in, agreement

Expression

「유사 · 동등」의 표현

be similar to	(~와 비슷하다)
be analogous to	(~에 유사하다)
be like	(~와 비슷하다)
be alike	(~와 비슷하다)
be equal to	(~에 동등하다)
be equivalent to	(~에 동등하다)
be comparable to (with)	(~와 동등의)
be identical to (with)	(~동일하다)
the same as	(~와 같은 것의, 동종의)
the same~as…	(…와 같은~, …와 동종의~)

☞ equal to은 특히, 수량이나 크기에 이용된다. equivalent는 크기, 가치 등에 이용되는데 equal 보다도 딱딱하다. identical은 엄밀하게 일치하는 의미로 사용된다. comparable은 정도가 거의 같다는 것.

〈예제 1〉 이 설계 순서는 가변구조 시스템 제어의 경우와 대단히 비슷하다.

〈단어〉 가변구조 → variable-structure

〈포인트〉

· 「경우」를 case를 사용하지 않고 표현해 보자.
· 같은 명사를 피하기 위하여, 지시대명사 that을 이용할 것.
· 「~와 대단히 비슷하다」에는 be similar to를 이용할 것.

〈착안점〉

이 예제의「경우」는 어떠한 의미 일까? 우선 생각해 보고 싶다. 언 듯 보아 쉬운 우리말 문장이지만 영역 하려고 하면 세심한 주의를 필요하게 되는 것이 많이 있다. 영어의 힘뿐만 아니라, 한국어의 의미를 정확히 이해하는 능력이 필요하다.

그러면「경우」가 되면, 보통 case가 곧 떠오를 것이다. 그러나 여기서는「경우」=「설계의 순서」로 되는 것에 주의가 미치지 않을까?

영역이 쉽도록 우리 문장을 아래와 같이 바꾸어 쓴다.

「이 설계 순서는 가변 구조 시스템 제어의 설계 순서와 대단히 비슷하다」라고 하면 영역이 쉽게 된다는 것. 그러면 시도해 보자.

① 이 설계 순서… the design procedure
② 가변구조 시스템 제어… a variable-structure system control
「~와 비슷하다」에는 be similar to를 이용한다.
③ 대단히 비슷하다… is very similar to
그러면 영문을 조립해 보자

The design procedure is very similar to the design procedure of a variable-structure system control.

「설계 순서」가 겹쳐있으므로 이것을 잘 처리할 필요가 있다.

이처럼 같은 명사의 반복을 피하기 위해서는 지시대명사 that을 사용하면 좋다. 여기서 that는 the design procedure이다. 물론,「이 설계의 순서」로 특정되고 있는 것을 받고 있으므로 on이 아니라 that을 사용했다. 복수형의 경우는 those로 받는 것은 이해할 수 있을 것이다.

【번역】 The design procedure is very similar to that of a variable-structure system control.

<예제 2> 이 소자의 구조는 P^+ 층이 양극 측에 더해지는 것을 제외하면 SIT의 구조와 유사하다.

<단어> 양극 → anode

SIT = static induction transistor (정전유도 트랜지스터)

<포인트>

· 「~와 유사하다」에는 be analogous to를 사용할 것.
· 「~라는 것을 제외하면」은 "expect that절"을 이용한다.

<착안점>

「이 소자의 구조는 SIT의 구조와 유사하다」를 우선 처음에 번역해 본다. 밑줄 친 부분에 be analogous to를 사용하면,

The structure of this device is analogous to <u>the structure</u> of the SIT.

로 가능하다. 그러나 예제 1에서 학습한 바와 같이 밑줄 친 부분은 같은 명사를 피하기 위한 지시대명사 that를 사용할 필요가 있다. 그렇게 하면 아래와 같이 된다.

The structure of this device is analogous to <u>that</u> of the SIT.

다음에 「P^+ 층이 양극 측에 더해지는 것을 제외하면」을 덧붙인다.

「~을 제외하면」이 오면 expect for~라는 합성전치사를 생각하겠지만, for 뒤에 절을 놓는 것은 불가능하다. 따라서 접속사로서 expect를 사용하여 expect that절의 모양으로 하면 좋다. 이 that은 생략되는 일도 있다.

「~을…에 더하다」는 "add~to…"이다. 「P^+ 층」을 주어로 하면 수동태로 되므로, "~be added to…"라는 모양으로 되는 것은 이해할 수 있을 것이다.

expect that P^+ layer is added to the anode side.

【번역】 The structure of this device is analogous to that of the SIT except that P^+ layer is added to the anode side.

〈예제 3〉 이 선형 되먹임 제어에 있어서 설계 유형수는 상태변수의 수
와 동등하다.

〈단어〉 되먹임 → feedback
상태변수 → state variable

〈포인트〉

· 「~와 동등하다」에는 be equal to를 사용할 것.

〈착안점〉

본 예제는 상당히 쉬울 것이다. 이 착안점을 읽지 않아도 단숨에 쓰지 않
으면 안 된다. 자신이 작성한 영역을 번역과 비교하는 것만으로 좋다.

「수」가 동등한 것이므로 be equal to를 이용하면 좋다. 이 표현을 이용하
여 「설계 유형수는 상태변수의 수와 동등하다」의 영문을 작성해 보자.

여기서도 지시대명사 that이 사용되는 것을 알아 차렸을 것이다. 「~의
수」는 the number of~로, 이 「~의 수」의 반복을 피하기 위하여 that을
사용한다. 되풀이 하여 귀찮겠지만, 확실히 습득했으면 한다. 그러면 영역해
보자.

The number of design parameters is equal to that of the state
variables.

파라메타나 변수는 복수이므로 parameters, variables의 s를 잊어서는 안 된
다.

위에서 만든 영문에 「이 선형 되먹임 제어에 있어서」를 덧붙이면 완성이
다. 밑줄 친 부분의 전치사는 in으로 좋다. 그렇게 하면, in the linear state
feedback으로 가능하다. 이것은 parameters 아래에 두기로 한다.

【번역】 The number of design parameters in the linear state feedback is equal
to that of the state variables.

〈예제 4〉　이 에너지 변동은 비선형 시뢰딩거 방정식의 비선형계수의 주기적 변화와 동등하다.

〈단어〉　시뢰딩거 방정식 → Schrödinger equation

〈포인트〉

· 「～와 동등하다」는 be equivalent to를 사용할 것.

〈착안점〉

우선 처음에,「이 에너지 변동은 주기적 변화와 동등하다」를 번역해 본다. 「이 에너지 변동」과「주기적 변화」를 바르게 번역하고, 이 사이에 be equivalent to를 끼워 넣으면 좋을 뿐으로 아무런 문제는 없을 것이다.

이 에너지 변동… this energy variation

주기적 변화… a periodical change

「주기적」은 periodic이라도 좋다. 주어인「이 에너지 변동」은 3인칭 단수이므로 be 동사는 물론 is로 하지 않으면 안 된다. 그러면 요약한다.

This energy variation is equivalent to a periodical change.

다음은「비선형 시뢰딩거 방정식의 비선형계수의」의 순서이다.「비선형 시뢰딩거 방정식」nonlinear Schrödinger equation의「비선형 계수」nonlinear coefficient의 수는 1개로 생각해도 좋다. 따라서 coefficient는 복수형으로 할 필요는 없다.

또, 밑줄 친 부분의「의」가 2개 있다.「의」가 오면 전치사인 of가 떠오를 것이다. 그렇다고 해서 여기서도 2개의「의」를 모두 of로 처리하는 것은 틀린다. 처음의「의」는 확실히 of를 사용하는 것이 바르지만, 다음의「의」에는 사실은 in을 사용하지 않으면 안 된다.「비선형 계수의 주기적 변화」와 같이「～의 변화」라는 경우 밑줄 친 부분에 상당하는 전치사는 of가 아니라 in이다. 그러면 요약하자.

in the nonlinear coefficient of the nonlinear Schrödinger equation

이것을 change 아래에 놓으면 영역은 완성된다.

【번역】   This energy variation is equivalent to a periodical change in the nonlinear coefficient of the nonlinear Schrödinger equation.

〈예제 5〉   이 잡음 성능은 게이트의 길이가 0.1μm인 MODFET의 그것과 같은 정도였다.

〈단어〉   게이트 길이 → gate length
MODFET = modulation-doped field effect transistor

〈포인트〉

· 「~와 같은 정도였다」에는 be comparable to를 사용할 것.
· 「MODFET의 그것과」는 「MODFET의 잡음 성능과」라는 것이다.

〈착안점〉

「이 잡음 성능은」은 this noise performance로 하며 이것을 주어부로 한다. 「~와 같은 정도였다」에는 be comparable to를 이용하면,
    This noise performance was comparable to~
라는 모양이 된다. be 동사를 was로 한 것은 물론 과거이기 때문이다.
    이 뒤에 「MODFET의 그것과」가 들어가는 것이므로 이것이 「MODFET의 잡음 성능과」라는 의미인 것은 설명할 필요도 없을 것이다. 따라서 같은 명사의 반복을 피하기 위한 that을 사용하게 된다. 그렇게 하면, to 이하에는 that of MODFETs 놓여진다. MODFETs로 s가 붙은 것은 복수형으로 했기 때문이다.
    마지막으로 「게이트의 길이가 0.1μm인」의 처리를 하자. 이것에는 「소유」를 나타내는 전치사 with를 사용하면 좋다. 즉 「0.1μm의 게이트 길이를 가진」으로 해석하는 것이다. 그렇게 하면 with a 0.1μm gate length로 번역할 수가 있다. 그러면 to 아래를 요약해 보자
    (to) that of MODFETs with a 0.1μm gate length

【번역】 This noise performance was comparable to that of MODFETs with a 0.1μm gate length.

〈예제 6〉 이 구성은 종래의 반도체 집적회로 기술로 일반적으로 사용되고 있는 방법과 기능적으로는 동일하다.

〈단어〉 반도체 집적회로 → semiconductor integrated circuit

〈포인트〉

· 「기능적으로는 동일하다」는 be identical to이다.

〈착안점〉

처음에 「구성은～와 기능적으로는 동일하다」를 취급하지만, 「동일하다」는 be identical to를 사용하면 좋다. 「기능적으로는」은 부사인 functionally로 나타낸다. 따라서 아래와 같이 된다.

This architecture is functionally identical to～.

다음에 「종래의 반도체 집적회로 기술로 일반적으로 사용되고 있는 방법」이다. 「종래의」는 conventional이라는 형용사, 「일반적으로」는 commonly라는 부사를 사용하는 것으로 한다. 「방법」은 여러 가지가 있지만, 여기서는 approach를 사용하자. 이 approach를 「～에 사용되고 있다.」로 수식하는 것을 생각하면 좋다. 「～되다」로 수신 의미를 나타내는 과서분사가 곧 떠오르지 않으면 안 된다. 즉 과거분사의 형용사적 용법이다. 이 수식 어구를 approach라고 하는 명사의 뒤에 놓는 것이다. 이것조차 확실히 이해하고 있으면 이미 영역은 가능할 것이다. 그러면 해 보자.

the approach used commonly in conventional semiconductor integrated circuit technology

분사의 형용사적 용법은 표현을 간결하게 할 수 있기 때문에 기술영어에서 자주 사용되고 있는 것을 기억해 두자.

【번역】   This architecture is functionally identical to the approach used commonly in conventional semiconductor integrated circuit technology.

〈예제 7〉   이 연구에서 사용된 초전도 재료는 참고문헌 [1]의 실험에서 사용된 것과 같은 종류의 것 이었다.

〈단어〉   초전도 재료 → superconducting material

〈포인트〉

· 「~와 같은 종류의 것 이었다」에는 the same as를 이용한다.

〈착안점〉

「같은 종류의 것」이란 「초전도 재료」이다. 즉, 이 문장의 후반에는 「초전도 재료」가 생략되어 있는 것이다. 이것을 보충하여 바꾸어 쓰면,
「이 연구에서 사용된 초전도 재료는 참고문헌 [1]의 실험에서 사용된 초전도 재료와 같은 종류의 것 이었다」
가 된다. 이 문장에서 모양이 비슷한 곳을 빼 내 본다.

① 이 연구에서 사용된 초전도 재료

② 참고문헌 [1]의 실험에서 사용된 초전도 재료

모두 「초전도 재료」가 「~로 사용되었다」로 수식되고 있는 것을 알아 차렸을 것이다. 분사의 형용사적 용법을 이용하는 것이 최선이다. 「~되었다」로 수신을 나타내고 있으므로 물론 과거분사를 사용하지 않으면 안 된다.

① the superconducting materials used in this study

② the superconducting materials used in the experiment of Reference [1]

다음은 「~와 같은 종류의 것 이었다」이다. 밑줄 친 부분으로부터 과거시제인 것을 알 수 있다. 즉 동사는 과거형을 사용하는 것으로 된다. 동사는 be 동사로, 주어는 복수이므로 were이다. 이 뒤에 the same as를 계속하면 좋다. 요약하면 아래와 같이 된다.

The superconducting materials used in this study were the same as the superconducting materials used in the experiment of Reference [1]. 이것으로 우선 의미는 바르게 통하게 되었다. 그러나 이것으로 만족해서는 안 된다. 밑줄 친 부분의 명사는 이미 앞에서 나오고 있으므로 이 반복을 피하고 싶다. 이러한 경우에는 지시대명사 that(those)을 등장시켜보자. 앞의 명사가 단수의 경우는 that이지만, 본 예제에서는 복수(the superconducting materials) 이므로 those를 사용한다. 즉, those = the superconducting materials 의 관계가 성립되는 것이다. 밑줄 친 부분을 those로 바꾸어 놓지 않으면 안 된다.

【번역】 The superconducting materials used in this study were the same as those used in the experiment of Reference [1].

CHECK TEST 15

Fill in the blanks with the correct word.

(1) The design procedure is very _____ to ___ of a variable-structure system control. (이 설계 순서는 가변구조 시스템 제어의 경우와 대단히 비슷하다)

(2) The structure of this device is _____ to ___ of the SIT _____ that P^+ layer is added to the anode side. (이 소자의 구조는 P^+ 층이 양극 측에 더해지는 것을 제외하면 SIT의 구조와 유사하다)

(3) The number of design parameters in the linear state feedback is _____ to ___ of the state variables. (이 선형 되먹임 제어에 있어서 설계 유형 수는 상태변수의 수와 동등하다)

(4) This energy variation is _____ to a periodical change __ the nonlinear coefficient of the nonlinear Schrödinger equation. (이 에너지 변동은 비선형 시뢰딩거 방정식의 비선형계수의 주기적 변화와 동등하다)

(5) This noise performance was _____ to ___ of MODFETs ____ a $0.1\mu m$ gate length.(이 잡음 성능은 게이트의 길이가 $0.1\mu m$인 MODFET의 그것과 같은 정도였다)

(6) This architecture is functionally _____ to the approach ____ commonly in conventional semiconductor integrated circuit

technology. (이 구성은 종래의 반도체 집적회로 기술로 일반적으로 사용되고 있는 방법과 기능적으로는 동일하다)

(7) The superconducting materials used in this study were the _____ as _____used in the experiment of Reference [1]. (이 연구에서 사용된 초전도 재료는 참고문헌 [1]의 실험에서 사용된 것과 같은 종류의 것이었다.)

〈해답〉 (1) similar, that (2) analogous, that, except (3) equal, that, (4) equivalent, in, (5) comparable, that, with (6) identical, used (7) same, those

Expression

「다 름」의 표현

---

differ from   (~와 다르다)

be different from   (~와 다르다)

be distinct from   (~와 다르다)

as distinct from   (~와는 다른 것으로서)

contrast with   (~와 현저히 다르다)

in contrast to (with)   (~와 현저히 다르게, 대조적으로)

unlike   (~와 다르게)

dissimilar   (~와 다르다)

☞ differ from~과 be different from~이 가장 일반적으로 사용되고 있다. unlike는 자주 전치사로서 사용된다.

〈예제 1〉   본 논문의 상태 공간 법은 상태 공간 행렬을 사용하지 않는다 는 점에서 다른 방법과는 다르다.

〈단어〉   상태 공간법 → state-space method

〈포인트〉

· 「~와 다르다」에는 differ from을 이용할 것.

· 「~라는 점에서」를 어떻게 처리하면 좋을까 생각해 보자.

〈착안점〉

「(이) 상태 공간 법은 다른 방법과 다르다」로부터 시작하지만, 포인트에서 설명한 바와 같이 「~와 다르다」에는 differ from을 사용하자. 아래와 같이 수월하게 영역할 수 있다.

The state-space method differs from other methods.

method 대신에 approach를 사용해도 좋다.

「본 논문의」는 in this paper로 한다. 그러면 어떤 점에서 다른가 하면 「상태 공간 행렬을 사용하지 않다」라는 점이다. 이것은 하나의 문장이다. 「상태 공간 행렬은 사용되지 않다」로 바꾸어 쓰면 수동태로 된다. 앞부분에 no를 붙여 문장 전체를 부정하는 모양으로 영역해 보자.

no state-space matrices are used.

여기서 matrix(행렬)의 복수형은 matrices 또는 matrixes 인 것에 주의했으면 한다.

다음은 「~라는 점에서」인데 "in that~"이라는 표현을 기억하고 있는가? 전치사의 in에는 that의 유도되는 절을 붙인 모양으로 「~라는 점에서」의 의미를 나타내는 것이다. 이것을 사용하면, 「상태 공간 행렬을 사용하지 않는다는 점에서」는

in that no state-space matrices are used

로 영역할 수 있다. 「A는 ~의 점에서 B와 다르다」라는 표현을 꼭 기억했으면 한다. 즉 "differ from" 은 물론 "in that~" 도 사용되도록 했으면 한다.

【번역】　The state-space method in this paper differs from other methods in that no state-space matrices are used.

〈예제 2〉　Bi를 확산한 결과는 그림1에 보인 바와 같이 Ag를 확산한 결과와는 전혀 다르다.

〈단어〉　확산 → diffusion

〈포인트〉

· 「다르다」는 be different from~을 사용하자.
· 「Bi를 확산한 결과는」을 명사적으로 간결하게 번역 했으면 한다.

〈착안점〉

「Bi를 확산한 결과는」이 주어로 되므로,「확산한」을 동사 diffuse로 나타낼 필요는 없다. 즉「Bi 확산의 결과는」으로 명사적으로 해석해 놓으면 간결하게 영역할 수 있다.

이처럼 영어는 명사 중심의 구문을 취하는 것을 기억해서 손해는 없다. 역으로 한역할 경우는 동사 중심의 구문으로 풀어 읽으면 한국어답게 된다.

여기서는「결과」는 consequence를 이용해 보자. 그렇게 하면「Bi 확산의 결과는」은 The consequence of Bi diffusion으로 영역할 수 있다.「Ag를 확산한 결과」는 마찬가지로 the consequence of Ag diffusion으로 된다. 또「그림 1에 보인 바와 같이」는 as shown in Fig.1이다. 이 표현은 논문에서 다수 보인다.

그러면, 「다르다」에 be different from~을 이용하여 전체를 번역해 보자.

The consequence of Bi diffusion is quite different from the consequence of Ag diffusion as shown in Fig.1.

the consequence가 겹쳐 있다. 이것을 처리하지 않으면 안 된다. 이 명사의 반복을 피하는 데는 지시대명사 that (those)를 사용할 필요가 있다. 여기서는 단수명사(the consequence)를 받으므로 that을 채용하자. 그러면 아래에 완성 문장을 보인다.

【번역】   The consequence of Bi diffusion is quite different from that of Ag diffusion as shown in Fig.1.

〈예제 3〉   이 방정식을 푸는 일은 일반적으로는 곤란하다. 간단화 하기 위하여, a_i과 b_j는 상호 다른 것으로 가정하자.

〈단어〉　방정식 → equation

〈포인트〉

· 「다르다」에는 be distinct from을 사용할 것.
· 「~로 가정하자」는 "「조건・가정」의 표현"에서 학습하지만 여기서는 assume~을 사용했으면 한다.

〈착안점〉

「이 방정식을 푸는 일은 일반적으로는 곤란하다」의 영역은 어쩐지 어렵지 않을 것이다.

우선 처음에 머릿속에 떠오르는 것은, It is~to…라는 구문이다. 즉, 형식주어를 이용한 부정사로 번역한다는 것이다. 「이 방정식을 풀다」는 solve this equation이고, 「곤란하다」는 be difficult로 할 수 있다. 또 「일반적으로는」은 generally라는 부사를 사용하자. 영문을 완성시키면, 아래와 같이 된다.

It is generally difficult to solve this equation.

만약, 형식주어를 이용한다고 하면,

To solve this equation is generally difficult.

로 된다. 물론, 이 영문도 바르지만, 형식주어를 사용한 최초의 영문쪽이 깔끔할 것이다.

「간단화 하기 위하여」는 전치사와 명사로 나타낼 수가 있다. 즉 「~를 위하여(for)」+「간단 (simplicity)」= for simplicity라는 것이다.

「a_i과 b_j는 상호 <u>다른</u> 것으로 가정하자」의 밑줄 친 부분은 포인트에서 설명한 바와 같이 be distinct from이라는 표현을, 또 「가정하자」에는 assume라는 동사를 이용하는 것으로 한다.

「a_i과 b_j는 상호 다르다」의 주어는 「a_i과 b_j」이다. 즉, 주어가 복수형이므로 be 동사는 are로 하지 않으면 안 된다. 또 「상호」는 each other로 표현하자. 이 each other는 한역으로부터는 부사와 같이 보이지만, 사실은 부사가 아니라 대명사인 것이다. 따라서 from의 뒤에 그대로 놓는 것으로 한다. 요약하면,

a_r and b_j are distinct from each other.
이다.

마지막에 「~로 가정하자」가 남았다. 이것은 assume that~으로 하면 좋다.

이것으로, 「~로 가정 한다」 「~로 가정하자」라는 의미를 나타낼 수가 있다. 위의 영문과 함께 하면,

assume that a_r and b_j are distinct from each other.
로 된다.

【번역】　It is generally difficult to solve this equation. For simplicity, assume that a_r and b_j are distinct from each other.

〈예제 4〉　히드라진이나 EPW와는 대조적으로 KOH는 취급이 쉽고, 또 건강문제나 안전문제는 비교적 작다.

〈단어〉　히드라진 → hydrazine

〈포인트〉

· 「~와는 대조적으로」는 in contrast to를 사용한다.
· 「~는 취급하기 쉽고」를 영역하는 데는 형용사를 수식하는 부정사의 부사적 용법을 이용하면 좋다.

〈착안점〉

「히드라진이나 EPW와는 대조적으로」를 in contrast to를 이용하여 단숨에 영역 하자.

① In contrast to hydrazine and EPW,

다음에 「KOH는 취급이 쉽고, 또 건강문제나 안전문제는 비교적 작다」에 들어가지만, 밑줄 친 부분을 어떻게 처리하면 좋을까, 곧 알 수 있을까? 다음과 같이 바꾸어 쓰면 이해하기 쉬울 것이다.

「KOH를 취급하는 것은 쉬운 일이다」

라고 하면 easy(쉬운) 라는 형용사가 즉시 머릿속에 떠오를 것이다. 이 형용사를 부정사로 수식하면 좋다. 형용사를 수식하는 것이므로 부정사의 부사적 용법이다. 「취급」에는 handle이라는 동사를 사용하면 번역은 아래와 같이 된다.

② KOH is easy to handle,

이것은 또 It is easy to handle KOH,로 바꾸어 쓸 수가 있다.

남은 것은 「또 건강문제나 안전문제는 비교적 작다」이다. 「건강문제나 안전문제」를 주어로 하자. 「비교적」에는 relatively라는 부사를 사용한다. 그러나 「(문제가) 비교적 작다」는 어떻게 처리하면 좋을까? 고민되는 점이다. 여기서는 minimal(최소의)을 이용하여 즉 relatively minimal로 「비교적 작다」를 표현하는 것으로 한다. 요약해 보자.

③ and health and safety problems are relatively minimal.

로 되는 것이다. ①+②+③이 본 예제의 영역이다.

【번역】 In contrast to hydrazine and EPW, KOH is easy to handle, and health and safety problems are relatively minimal.

〈예제 5〉 압전변환기를 사용하는 초음파 기술과 다르게, 광섬유 감지는 초음파와는 간섭하지 않는다.

〈단어〉 압전변환기 → piezoelectric transducer

〈포인트〉

· 「~와 다르게」는 전치사 unlike를 사용하자.
· 「~와 간섭하다」는 interfere with이다.

〈착안점〉

우선 처음에 「압전변환기를 사용하는 초음파 기술과 다르게,」를 번역하자.

여기서 사용하려고 하는 unlike는 전치사이다. 전치사의 목적어로 되는 것은 원칙적으로 명사나 대명사이다. 여기서는「초음파 기술」을 목적어로 하는 것은 이해할 수 있을 것이다. 그러면「압전변환기를 사용하여」를 어떻게 처리하면 좋은 것일까?

「초음파 기술」을 수식하는 형용사절을 만들면 좋지 않을까? 라고 생각했으면 한다. 즉 관계대명사 that이 나올 차례다. 아래와 같이 될 것이다.

　Unlike ultrasonic techniques that use piezoelectric transducer,

　use 대신에 employ를 사용해도 좋다. 영어 실력이 있는 사람이라면, 이것만으로 만족하지는 않는다. 명사를 수식하는 형용사적인 용법이라면 분사도 있는 것은 아닐까? 현재분사 using을 사용해도 표현할 수 있는 것이다.

　Unlike ultrasonic techniques using piezoelectric transducer,

　그러면, 후반의「광섬유 감지는 초음파와는 간섭하지 않다」로 옮기자.「광섬유 감지」는 optical fiber sensing으로 좋다.「~와 간섭하다」는 interfere with이다. 여기까지 가르쳐 주었으면 영역할 수 있을 것이다. 아래에 보이자.

　optical fiber sensing does not interfere with ultrasonic waves.

여기서 does not = doesn't 이지만, 문어체이므로 doesn't 보다 does not 쪽이 적합하다.

【번역】　Unlike ultrasonic techniques that employ piezoelectric transducers, optical fiber sensing does not interfere with ultrasonic waves.

CHECK TEST 16

Fill in the blanks with the correct word.

(1) The state-space method in this paper _____ from other methods __ that no state-space matrices are used. (본 논문의 상태 공간 법은 상태 공간 행렬을 사용하지 않는다는 점에서 다른 방법과는 다르다)

(2) The consequence of Bi diffusion is quite _____ from ___ of Ag diffusion as shown in Fig.1. (Bi를 확산한 결과는 그림1에 보인 바와 같이 Ag를 확산한 결과와는 전혀 다르다)

(3) It is generally difficult to solve this equation. For simplicity, _____ that a_r and b_j are _____ from each other. (이 방정식을 푸는 일은 일반적으로는 곤란하다. 간단화 하기 위하여, a_r과 b_j는 상호 다른 것으로 가정하자)

(4) In _____ to hydrazine and EPW, KOH is easy __ handle, and health and safety problems are relatively minimal. (히드라진이나 EPW와는 대조적으로 KOH는 취급이 쉽고, 또 건강문제나 안전문제는 비교적 작다)

(5) _____ ultrasonic techniques that employ piezoelectric transducers, optical fiber sensing does not _____ with ultrasonic waves. (압전변환기를 사용하는 초음파 기술과 다르게, 광섬유 감지는 초음파와는 간섭하지 않는다)

〈해답〉 (1) differs, in (2) different, that (3) assume, distinct
(4) contrast, to (5) Unlike, interfere

Expression

「관 계」의 표현

> be concerned with   (~에 관계가 있다)
> be related to   (~에 관계가 있다)
> relate to   (~에 관련이 있다)
> relate~to with   (~을⋯와 관련짓다)
> be associate with   (~와 관련되다)
> be relevant to   (~와 관계가 있다)
> in (with) relation to   (~에 관하여)

〈예제 1〉   본 논문은 자기동조 AVR을 실현하는데 적합한 계산법 개발에
관계가 있다.

〈단어〉   자기 동조 → self-turning

〈포인트〉

· 「~에 관계가 있다」에는 be concerned with를 사용했으면 한다.
· 부정사의 형용사적 용법을 생각해 낼 것.

〈착안점〉

본 예제는 그다지 어렵지는 않을 것이다.「본 논문은~의 개발에 관계가 있다」의 밑줄 친 부분에 be concerned with를 이용하면,

This paper is concerned with the development of~.

로 영역할 수 있다.

「적합한 계산법」은 suitable algorithms으로 하자. 그러면 무엇에 적합한가 하면「자기동조 AVR을 실현하는데」이다. 바꾸어 말하면, 이 계산법은「자기 동조 AVI를 실현하다」하기 위한 계산법인 것이다.「~하기 위한」이란 의미를 나타내고 그 앞의 명사를 수식하는 것에 부정사의 형용사적 용법이 있다. 여기서는 이것을 이용하려고 한다.

「자기동조 AVR을 실현하는데 적합한 계산법」을「자기동조 AVR을 실현 하기 위한 적절한 계산법」으로 고쳐 쓰면 이상의 설명을 이해하기 쉬울 것 으로 생각한다.「실현하다」는 realize라는 타동사를 이용하는 것으로 한다. 그렇게 하면, 아래와 같이 영역이 될 것이다.

suitable algorithms to realize a self-tuning AVR

이 algorithms은 부정사의 의미상의 주어로 되는 것을 알 수 있을 것이다.

또한 이 계산법의「개발」이므로 suitable의 앞에는 the development of가 놓여지게 된다.

이상에서 설명은 끝나지만, 마지막에 하나, 덧붙여 두고 싶은 것이 있다. 여기서 「실현하다」에는 realize를 사용했지만, 전자공학의 분야에서는 같은 의미로 "implement"라는 동사가 자주 이용되고 있다. 사전에는「실행하다」 의 의미가 기재되고는 있어도「실현하다」는 보이지 않는다. 여기서「실현하 다」의미의 implement를 꼭 기억하자. 그러므로 다음과 같이도 영역할 수 있 다.

to implement a self-tuning AVR

【번역】   This paper is concerned with the development of suitable algorithms to realize a self-tuning AVR.

〈예제 2〉 이들 폐쇄 루우프·파라메타는 개방 루우프 회로에 관련이 있
는 4개의 전달함수에 관계가 있다.

〈단어〉 폐쇄 (개방) → closed (open) -loop
전달함수 → transfer function

〈포인트〉

· 「~에 관련이 있다」「~에 관계가 있다」로 관계의 표현이 두 개 등장
하고 있지만, 여기서는 be related to와 (be) relevant to의 두 가지를 이
용하여 영역했으면 한다.

〈착안점〉

우선 처음에 달라붙고 싶은 것은「이들 폐쇄 루우프·파라메타는 4개의 전
달함수에 관계가 있다」이다. 여기서는 be related to를 사용하여 영역해 보
자. 어렵지는 않을 것이다.

These closed-loop parameters are related to four transfer functions.

위에서 보인 4개의 전달함수는「개방 루우프 회로에 관련이 있다」이다.
독자 중에는 관계대명사를 이용하여「전달함수」라는 명사를 수식하려고 생
각하는 사람도 있을 것이다. 이 경우,「~에 관련이 있다」에 be relevant to
를 이용하여 영역을 시도하면 아래와 같이 된다.

(four transfer functions) that are relevant to the open-loop circuit.

이것은 이것으로 좋을 것이다. 그러나 좀 더 여기서 머물러 생각해 보고
싶은 것이 있다. 이것은 형용사의 용법에 대해서이다. 형용사는 보통은 명사
를 앞에서 수식하지만, 뒤로부터 수식하는 경우도 있다는 것은 알고 있다. 즉
형용사에 수식어구가 붙어 있는 경우가 그것이다.

여기서 relevant는 형용사이다. 게다가 to~로 수식어구가 붙어 있다. 그렇
게 되면 transfer functions 이라는 명사의 뒤에 그대로 relevant to~를 놓으
면 좋은 것은 아닐까? 이 경우의 영역을 아래에 보이자.

(four transfer functions) relevant to the open-loop circuit.

이쪽이 간결한 표현이 되고 있는 것을 알 수 있을 것이다.

【번역】   These closed-loop parameters are related to four transfer functions relevant to the open-loop circuit.

〈예제 3〉   이들 환경감도의 배후에 있는 물리적 메커니즘에 대하여 고찰하고, 그리고 이 메커니즘을 실제의 루비듐 주파수 표준 성능과 관련짓는다.

〈단어〉   환경감도 → environmental sensitivity
루비듐 → rubidium
주파수 표준 → frequency standard

〈포인트〉

· 「~의 배후에 있다」는 어려울지도 모른다. 전치사인 behind를 사용하여 잘 번역했으면 한다.
· 「~을…와 관련짓다」는 relate~to…를 이용한다.

〈착안점〉

원문은 길기 때문에 두 개로 나누어 생각하자.
우선 전반의 「이들 환경감도의 배후에 있는 물리적 메커니즘에 대하여 고찰하다」이다. 이 문장에는 주어가 빠져 있기 때문에 We를 보충하는 것으로 한다. 그러면 We consider~ 쓰기 시작할 수 있다.
「이들 환경감도의 배후에 있는 물리적 메커니즘」은 「물리적 메커니즘은 이들 환경감도의 배후에 있다」로 해석하면 좋다. 즉 「물리적 메커니즘」을 주어로 할 수 있다. 그런데 「~의 배후에 있는」은 어떻게 영어로 표현하면 좋을지 알 수 있을까? 답을 말하면 lie behind를 사용하면 좋다. lie (있다) + behind (~의 배후에)라는 것이다. 영한사전에 있어서는 숙어로서 기재되고 있는 것도 있다.

한편, consider의 목적어도 또「물리적 메커니즘」으로 겹쳐버린다. 그렇게 되면 관계대명사가 나올 차례이다. 선행사는 물론「물리적 메커니즘」이다. that을 이용하여 선행사 이하를 번역하면 아래와 같이 된다.

(the physical mechanisms) that lie behind these environmental sensitivities.

동사 lie에는 s를 붙이지 않도록 주의하자. 동사는 선행사의 인칭·수에 일치시키지 않으면 안 된다. 요약해 본다.

① We consider the physical mechanisms that lie behind these environmental sensitivities.

다음은 후반의「그래서 이 메커니즘을 실제의 루비듐 주파수 표준 성능과 관련짓다」로 옮기자.

이 문장에도 주어가 없지만, 문장으로부터 제1문장과 같은 (we)라는 것을 알 수 있다. 그러나「그리고」and로 문장이 연결되고 있는 것이므로 생략하는 것으로 한다. 「~를…로 관련짓다」는 relate~to…를 이용한다. 여기서「~」에는「이(물리적) 메커니즘」이 그리고「…」에는「실제의 루비듐 주파수 표준 성능」이 온다. 「이(물리적) 메커니즘」은 앞에서 나오고 있기 때문에 them으로 대용하자. 「실제의 루비듐 주파수 표준 성능」은 아래와 같이 번역하는 것이 가능할 것이다.

the performance of actual rubidium frequency standards

이 두 개를 대입하여 후반을 영역해 본다.

② and then relate them to the performance of actual rubidium frequency standards.

밑줄 친 부분의 then은 "순서"를 나타내기 위하여 삽입했다. ①+②가 본 예제의 전체 번역이다.

【번역】 We consider the physical mechanisms that lie behind these environmental sensitivities, and then relate them to the performance of actual rubidium frequency standards.

〈예제 4〉 HVDC 송전선에 관련되는 중요한 문제의 하나가 심선에 코로 나가 발생하기 때문에 생긴다.

〈단어〉 송전선 → transmission line, 심선 → line conductor
코로나 → corona

〈포인트〉

· 「~와 관련되다」에는 be associated with를 사용할 것.
· 코로나가 발생하는 것은 심선 속이 아니라 심선 <u>위</u>라고 생각하여 전치사 를 정할 것.

〈착안점〉

수식 어구를 제거한 "골격"은 「중요한 문제의 하나가 생기다」이다. 이 영 역은 쉽다. 「생기다」에 arise를 사용하면 아래와 같이 번역된다.

One of the important problems arises.

problem은 복수형으로 하는 것을 잊어서는 안 된다.

다음에 "살"을 붙이자. 우선 처음은 「HVDC 송전선에 관련되는」이지만, 이것은 「중요한 문제의 하나」를 수식하고 있다. 포인트에서 설명한 바와 같 이 be associated with를 사용하는 것으로 한다. 관계대명사를 이용하면, 다음 과 같이 영역할 수 있을 것이다.

(~problems) <u>which are</u> associated with HVDC transmission lines

선행사는 물론 problems이다.

그러면 여기서 한발 디디어 생각했으면 하는 것이 있다. 위의 번역의 밑줄 친 부분은 제거할 수 있는 것은 아닐까? 하는 것이다. associated는 과거분사 이다. 과거분사에는 형용사적 용법이 있기 때문에 which are를 제거해도 아 마 문제가 없다. 게다가 영문이 간결하게 되는 것은 아닐까.

(~problems) associated with HVDC transmission lines

로 하자.

남은 것은 「심선에 코로나가 발생하기 때문에」이지만, 코로나는 심선<u>위</u>에

발생한다고 해석 하자. 밑줄 친 부분에는 전치사로는 on을 선택하는 것이 적절하다.「~하기 위해서」라는「원인」을 나타내는 표현에는, owing to를 사용해 본다. 영역은 아래와 같다.

owing to the occurrence of corona on the line conductors

이것을 arise의 뒤에 놓으면 전체 번역을 완성하게 된다.

【번역】 One of the important problems associated with HVDC transmission lines arises owing to the occurrence of corona on the line conductors.

〈예제 5〉 본 논문의 목적은 이산시간 장치를 위하여 안정화와 극배치에 관한 주기 되먹임을 연구하는 것이다.

〈단어〉 이산시간 장치 → discrete-time plant
극배치 → pole placement

〈포인트〉

· 「~에 관하여」에는 in relation to를 사용할 것.
· 「본 논문의 목적은~하는 것이다」는 "「목적」의 표현" 이다. 여기서는 purpose로 처리했으면 한다.

〈착안점〉

「본 논문의 목적은~하는 것이다」라는 표현에 대해서이지만 "「목적」의 표현"을 배운 학생이라면 곧 영문의 구조가 떠오름에 틀림이 없다. purpose를 사용하면 The purpose of this paper is to~. 로 되는 것이다. 이 표현 패턴은 하나의 정해진 문구로서 기억해 둘 필요가 있다.

이 to 뒤에는 동사의 원형이 온다(즉 부정사).「~를 연구하는」이라는 동사는 study로, 연구하는 대상은「주기 되먹임」이다. 이것이 목적어이다. 요약해 보면, to study a periodic feedback이 된다.

「주기 되먹임」은「안정화와 극배치」에 관계가 있는 것이므로 포인트에서 설명한 바와 같이 「~에 관하여」에는 in relation to를 이용 하자. 「안정화와 극배치」를 영어로 번역하면 stabilization and pole placement로 된다.

마지막은 「이산시간 장치를 <u>위하여</u>」이지만, 밑줄 친 부분은 전치사 for를 사용해 간결하게 표현 하자. for a discrete-time plant이다. 요약하면,

in relation to stabilization and pole placement for a discrete-time plant

로 된다. 이것을 feedback의 뒤에 놓으면 좋다.

【번역】   The purpose of this paper is to a periodic feedback in relation to stabilization and pole placement for a discrete-time plant.

CHECK TEST 17

Fill in the blanks with the correct word.

(1) This paper is _____ with the development of _____ algorithms to realize a self-tuning AVR. (본 논문은 자기동조 AVR을 실현하는데 적합한 계산법 개발에 관계가 있다)

(2) These closed-loop parameters are _____ to four transfer functions _____ to the open-loop circuit. (이들 폐쇄 루우프·파라메타는 개방 루우프 회로에 관련이 있는 4개의 전달함수에 관계가 있다)

(3) We consider the physical mechanisms that __ behind these environmental sensitivities, and then _____ them __ the performance of actual rubidium frequency standards. (이들 환경감도의 배후에 있는 물리적 메커니즘에 대하여 고찰하고, 그리고 이 메커니즘을 실제의 루비듐 주파수 표준 성능과 관련짓는다)

(4) One of the important problems _____ with HVDC transmission lines arises _____ to the occurrence of corona on the line conductors. (HVDC 송전선에 관련되는 중요한 문제의 하나가 심선에 코로나가 발생하기 때문에 생긴다)

(5) The purpose of this paper is __ a periodic feedback in _____ to stabilization and pole placement for a discrete-time plant. (본 논문의 목적은 이산시간 장치를 위하여 안정화와 극배치에 관한 주기 되먹임을 연구하는 것이다)

172

〈해답〉 (1) concerned, suitable　(2) related, relevant　(3) lie, relate, to
(4) associated, owing　(5) to, relation

Expression

「비 교」의 표현

비교급 + than~   (~보다…)

[the +] 최상급 [+ of (in) ~]   ([~중에서] 가장)

less + 원급 + than…   (…정도~는 아니다)

one of the + 최상급 + 명사   (가장~중의 하나는)

as~as…   (…와 같은 정도~)

not as (so) ~as…   (…정도~는 아니다)

비교급 + and + 비교급   (차차~, 점점 더~)

the + 비교급~, the + 비교급…   (~하면 할수록…)

superior to ~   (~보다 우수하다)

inferior to ~   (~보다 열등하다)

☞ 프랑스어에서 유래하는 superior나 inferior는 than이 아니라 to가 붙는다.

〈예제 1〉   전류의 측정값에 보이는 추정 오차는 I가 15kA를 넘을 때
10% 미만 이었다.

〈단어〉   추정오차 → estimated error

〈포인트〉

· 「~을 넘다」 「~미만」 과 비교 표현이 두 개 있다.
· 「~로 보이다」를 간단히 잘 처리할 것.

〈착안점〉

「측정값」이 오면 measured values가 떠오를지도 모르지만, 좀더 간단히 measurements로 한 단어로 해결되는 것도 알았으면 한다.

그러면 원문으로부터 수식 어구를 제거하여, "골격"으로 하자. 아래와 같이 된다. 「추정 오차는 10% 미만 이었다.」

「~미만」은 less than~을 사용한다. 이것은 이대로 기억 했으면 한다. 결코 fewer than~로서는 하지 않는다. 「10% 미만」은 물론 10%는 포함되지 않는다. 만약 포함하고 싶다면, 즉 「~이하」로 하고 싶다면 ~or less나 not more than~으로 하면 좋다. 그러면 영역 하자.

The estimated error was less than 10%.

이것에 "살"을 붙이자. 처음에 「추정오차」에 「전류의 측정값에 보이는」을 덧붙여 보자. 여기서 밑줄 친 부분을 어떻게 처리하면 좋을까 망설일지도 모른다. 그러나 in 이라는 전치사 한 개로 충분한 것을 이해했으면 한다. 「보이다」에 망설여서는 안 된다.

지금 부분까지 정리해 보자.

「전류의 측정값에 보이는 추정오차는 10% 미만 이었다」

The estimated error in the current measurements was less than 10%.

다음에 「I가 15kA를 넘을 때」를 해결하자. 「때」는 when으로 정리한다. 또 「넘을 때」는 「클 때」가 된다. 이 예제와 같이 수 값이 큰 경우는 great 라는 형용사를 사용하면 좋다. 이 비교급은 greater이다. 따라서 greater than~ 이란 모양으로 되는 것이다. 영역을 보이면 when I was greater than 15kA 로 된다. be 동사는 과거형으로 하는 것에 주의할 것. 이것으로 전체번역이 완성된다.

【번역】 The estimated error in the current measurements was less than 10% when I was greater than 15kA.

> 〈예제 2〉   조지프슨 접합은 현재 이용할 수 있는 가장 **빠른** 개폐 소자인
> 것은 일반적으로 알려져 있다.

〈단어〉   조지프슨 접합 → Josephson junction
　　　　　개폐 소자 → switching device

〈포인트〉

· 「가장 **빠른**~」는 최상급으로 표현한다.

〈착안점〉

　「조지프슨 접합」을 주어로 한 수동태로 영역해 보자. know(~을 알고 있
다)라는 동사는 수동태에서는 be known to do로 되므로「조지프슨 접합은
~인 것은 일반적으로 알려져 있다」는 다음과 같이 된다.

　　Josephson junctions are generally known to~
to 이하에는 동사의 원형이 오지만, 어떠한 동사인가는 뒤에서 설명하기로 하
고 앞서「현재 이용할 수 있는 가장 **빠른** 개폐 소자」에 달라붙자.「이용할
수 있는」은 형용사인 available을 이용하는 것으로 하자. 이 말은「입수할 수
있는」이라는 의미로도 사용할 수가 있다. 「현재」는 형용사를 수식하므로,
부사의 currently를 사용하면 좋다. 따라서「현재 이용할 수 있는」은 이 2단
어를 붙인 currently available로 된다.

　다음은「가장 **빠른** 개폐 소자」이지만, 이것은 최상급을 사용하자.「빠르
다」fast라는 형용사의 최상급은 fastest이다. 형용사의 최상급 앞에는 반드시
the를 붙이지 않으면 안 된다. 한편, 부사의 최상급에는 the를 붙이지 않는
경우도 있다는 점을 기어해 두기 바란다. 요약하면 the fastest switching
devices로 된다.

　그러면「현재 이용할 수 있는 가장 **빠른** 개폐 소자」는「조지프슨 접합」
이다. 이것을 연결하여「조지프슨 접합은 현재 이용할 수 있는 가장 **빠른** 개
폐 소자이다」를 번역해 보자. 지금까지의 설명으로부터 이 영역은 무난히
될 것이다.

Josephson junctions <u>are</u> the fastest switching devices currently available.

슬슬 완성에 가까워 졌다. 처음 부분에서 are generally known to 뒤에는 동사의 원형이 온다고 한 것을 기억해 냈으면 한다. 어떤 동사인지는 위에 보인 영문으로부터 알 것이다. 밑줄 친 부분의 are의 원형인 be가 그것이다. 그러면 전체 번역을 아래에 보이자.

【번역】 Josephson junctions are generally known to be the fastest switching devices currently available.

⟨예제 3⟩   이 순환양식은 2상류의 가장 중요한 특성중의 하나이다. 2상류의 여러 가지 파라메타의 측정은 순환양식에 의존한다.

⟨단어⟩   순환양식 → flow pattern
          2상류 → two-phase flow

⟨포인트⟩

·「가장~중의 하나」는 물론 one of the + 최상급 + 명사를 사용한다.
·「~에 의존하다」는 depend on을 사용하여 표현할 것.

⟨착안점⟩

제 1문장의 「이 순환양식은 2상류의 가장 중요한 특성중의 하나이다」로부터 달라붙자.

이 문장에는 포인트에서 설명한 바와 같이 one of the + 최상급 + 명사의 표현을 사용하지 않으면 안 된다. 여기서 「최상급」에 상당하는 것은 「가장 중요한」으로 「명사」에 상당하는 것은 「특성」이다. 「중요한」을 의미하는 형용사는 important이지만, 이 단어는 3음절의 단어이므로 이 단어의 앞에 most를 붙여 최상급을 만드는 것으로 한다. 절대로 est를 붙여서는 안 된다.

「특성」에는 characteristic을 사용하지만, 이대로의 모양으로는 안 되어, 복수형 즉 characteristics으로 하지 않으면 안 된다. 그러면 영역을 만들어 보자.

The flow pattern is one of the most important characteristics of two-phase flow.

다음은 제2문장인 「2상류의 여러 가지 파라메타의 측정은 순환양식에 의존하다」의 영역을 시도하자.

「~에 의존하다」는 포인트에서 설명한 바와 같이 depend on 이라는 표현을 빌리기도 한다. 「2상류의 여러 가지 파라메타」는 단순히 various two-phase flow parameters로 좋다. two-phase flow는 명사로 parameters도 또 명사이다. 이처럼 명사를 나열하는 것으로 앞의 명사 뒤의 명사를 수식하는 역할을 가지게 할 수가 있다. 즉, 명사를 형용사로서 사용할 수가 있다. 이 경우, 형용사적 용법의 명사는 복수형으로 하지 않는 것이 원칙이다. 그러면 영역해 보자.

The measurement of various two-phase flow parameters depends on the flow pattern.

이 예제의 영역은 결코 어렵지는 않을 것이다.

【번역】　The flow pattern is one of the most important characteristics of two-phase flow. The measurement of various two-phase flow parameters depends on the flow pattern.

〈예제 4〉　초음파 시험은 핵공학, 항공학, 의학용 초음파 검사법을 위한 비파괴평가라는 몇 가지 분야에서 점점 더 중요하게 되어 왔다.

〈단어〉　초음파 시험 → ultrasonic testing
　　　　핵공학 → nuclear engineering,　항공학 → aeronautics
　　　　의학용 초음파검사법 → medical echography
　　　　비파괴 평가 → nondestructive evaluation

〈포인트〉

· 「점점 더~」에는 "비교급 + and + 비교급"으로 나타낼 것.
· 현재진행형으로 영역했으면 한다.

〈착안점〉

「초음파 시험은 몇 가지 분야에서 <u>점점 더</u> 중요하게 되어 왔다」라는 문장을 우선 처음에 채택해 보자.

밑줄 친 부분의 「점점 더」는 서서히 늘어나는 것을 나타내는 표현으로, "비교급 + and + 비교급"으로 표현하지 않으면 안 된다. 「중요한」이란 형용사는 important로, 이 비교급은 more important로 되는 것은 알고 있을 것이다.

이와 같이 비교급이 more~라는 모양 일 때는 "more and more"라는 모양이 된다. 따라서 「~로 되다」에는 become을 사용하면 「~는 점점 더 중요하게 되다」는

　　~become more and more important

로 번역할 수가 있다.

거듭 포인트에서 설명한 바와 같이 이 문장은 현재진행형으로 번역하고 싶다. 말할 필요도 없이 현재진행형은 "be동사 + 현재분사"의 모양을 하고 있다. 주어를 「초음파 시험」 ultrasonic testing으로 하고, 남은 「몇 개 분야에서」 in some fields를 덧붙이면,

　　Ultrasonic testing is becoming more and more important in some
　　fields.

로 영역이 되는 것을 이해할 수 있을 것이다.

다음에 「핵공학, 항공학, 의학용 초음파 검사법을 위한 비파괴평가라는」의 영역을 진행하는 것으로 한다.

여기서 「비파괴평가」는 「핵공학, 항공학, 의학용 초음파 검사법을 위한」으로 수식되고 있다. 즉 「비파괴 평가」라는 명사의 뒤에 형용사구가 놓여지는 것이 된다. 「~를 위한」에 전치사 for를 이용하면 전치사로 시작하는 형용사구가 만들어진다. 이것에 의해 「핵공학, 항공학, 의학용 초음파 검사법을

위한 비파괴평가」를 영역하면 아래와 같이 된다.

nondestructive evaluation for nuclear engineering, aeronautics, and medical echography

마지막은 「~라는」이지만, 이것은 「~와 같은」과 같은 의미이다. 즉 such as를 이용할 수 있는 것을 알아차릴 것이다. 이 such as는 nondestructive의 앞에 놓으면 좋다. 물론 이것들은 fields의 뒤에 온다. 즉,

~fields such as nondestructive evaluation…

로 되는 것이다.

【번역】 Ultrasonic testing is becoming more and more important in some fields such as nondestructive evaluation for nuclear engineering, aeronautics, and medical echography.

〈예제 5〉 따라서, 주파수가 높아지면 질수록 이 비선형 시스템을 제어하는 일은 보다 곤란하게 된다.

〈단어〉 비선형 시스템 → nonlinear system

〈포인트〉

· "the + 비교급~, the + 비교급…"으로 번역할 것.

〈착안점〉

「~하면 할수록, 점점 더…이다」라는 문장은 "the + 비교급~, the + 비교급…"으로 표현할 수 있다. 이 예문의 영역에 들어가기 전에 이 구문에 대하여 설명해 두고 싶다.

이 구문의 the는 정관사가 아니고, 부사이다. 처음의 the는 「~할수록」뒤의 that은 「그것만」이라는 의미를 나타낸다. 그리고 앞의 "the + 비교급~"이 종속절이고, 뒤의 "the + 비교급…"이 주절이다. 또 이 구문은 일종의 도치구문이라고 할 수 있다.

그러면 예문의 영역을 개시하자. 전반의 「주파수가 높아지면 질수록」에

달라붙자. 처음에「주파수는 높다」라는 문장을 번역해 보자. 아래와 같이 된
다.

　　The frequency is high

이 high의 비교급은 higher이다. 이것을 문장 앞에 내어 the를 붙이면,

　　The higher the frequency <u>is</u>.

로 된다. 이 구문에는 술어 동사나 "주어＋술어"가 자주 생략된다. 여기서도
밑줄 친 부분의 is를 생략해도 오해가 생기지 않으므로 생략해 두는 것으로
한다.

　다음은 후반의「이 비선형 시스템을 제어하는 일은 보다 곤란하게 되다」
이지만 밑줄 친 부분을 제외한 문장의 영역을 해보고 싶다.

　이 문장은 부정사를 포함한 "It is~to…"의 구문을 이용하여 번역해야 할
것이다. 이 It는 물론 형식주어이다.「제어하다」는 control이라는 동사를 사
용한다. 그러면 영역을 시도하자.

　　It is difficult to control this nonlinear system.

한편, difficult의 비교급은 more difficult이다. 이것에 the를 붙여 문장 앞에
내자. 그렇게 하면.

　　The more difficult it is to control this nonlinear system

으로 되어, 영역이 완성된다. 이 문장을 전체 문장 뒤에 놓아, 남은「따라
서」thus를 덧붙인 것이 본 예제의 전체 번역이다.

【번역】　Thus, the higher the frequency, the more difficult it is to control this
　　　　nonlinear system.

〈예제 6〉　바르게 분류된 입력 벡터의 백분율로부터 이 특수한 문제의
　　　　　경우, CP모델은 BP모델보다도 우수한 것을 알 수 있다.

〈단어〉　입력 벡터 → input vector
　　　　백분율 → percentage

〈포인트〉

· 「~보다도 우수하다」에는 superior to를 사용한다.
· 「~를 알다」라는 뉘앙스는 어떻게 해서 나오는가?

〈착안점〉

「바르게 분류된 입력 벡터의 백분율로부터」에 밑줄 친 부분은 전치사인 from 으로 나타낼 수가 있다.「입력 벡터」는「바르게 분류되었다」로 수식되고 있다. 이것은 과거분사의 형용사적 용법을 이용하면 해결할 수 있다.「분류하다」classify의 과거분사는 classified이다. 이것에「바르게」correctly 라는 부사가 붙지만, 이 경우와 같이 분사가 간단한 부사를 동반 할 때에는 「부사 + 분사」가 수식하는 명사의 앞에 온다고 하는 것에 주의했으면 한다. 따라서「바르게 분류된 입력 벡터」는 correctly classified input vectors 로 표현할 수 있게 된다. 그러면 번역해 보자.

From the percentage of correctly classified input vectors,
「이 특수한 문제의 경우, CP모델은 BP모델보다도 우수한 것을 알 수 있다」로 옮기자.

우선,「CP모델은 BP모델보다도 우수하다」를 정리한다.「~는…보다도 우수하다」는 "~is superior to…"로 표현할 수 있으므로,

the CP model is superior to the BP model.
로 번역할 수가 있다.

또,「이 특수한 문제의 경우」에 밑줄 친 부분은「에 대해서는」과 같은 의미이다. 그렇게 하면 전치사는 for가 사용 될 것이다. 따라서 for this specific problem이 가능하다.

마지막은「~보다 우수한 것을 알다」의 밑줄 친 부분의 뉘앙스는 어떻게 하면 나올 수 있을까? 하는 것이다. 본 예제의 경우 그래프나 어떤 것을 보고 그 결과「알다」라는 느낌이다. 이와 같이 눈으로 보고 아는 경우에는 see 를 이용하면 좋다.「주어 + see + that 절」로「~라는 것을 알다」를 표현할 수 있다.「누가」아는가 하면「우리들」we로 생각해야 할 것이다.

그러면 정리해 보자.

we see that the CP model is superior to the BP model for this specific problem.

본 예제에서는 superior to (~보다 우수하여)를 배웠지만, 무심코 to 대신에 that을 이용하는 일이 없도록, 주의 할 것. 이것은 inferior to (~보다 열등하여)에도 같다. 이것들은 라틴어에서 유래하는 비교급으로, 이대로의 모양으로 기억했으면 한다.

【번역】   From the percentage of correctly classified input vectors, we see that the CP model is superior to the BP model for this specific problem.

CHECK TEST 18

Fill in the blanks with the correct word.

(1) The estimated error in the current measurements was ___ than 10% when I was _____ than 15kA. (전류의 측정값에 보이는 추정 오차는 I 가 15kA를 넘을 때 10% 미만이었다)

(2) Josephson junctions are generally known to be the _____ switching devices currently _____. (조지프슨 접합은 현재 이용할 수 있는 가장 빠른 개폐 소자인 것은 일반적으로 알려져 있다)

(3) The flow pattern is one of the ____ important characteristics of two-phase flow. The measurement of various two-phase flow parameters _____ on the flow pattern. (이 순환양식은 2상류의 가장 중요한 특성중의 하나이다. 2상류의 여러 가지 파라메타의 측정은 순환 양식에 의존한다)

(4) Ultrasonic testing is becoming ____ and ____ important in some fields such as nondestructive evaluation for nuclear engineering, aeronautics, and medical echography. (초음파 시험은 핵공학, 항공학, 의학용 초음파 검사법을 위한 비파괴평가라는 몇 가지 분야에서 점점 더 중요하게 되어 왔다.)

(5) Thus, the _____ the frequency, the ____ difficult it is to control this nonlinear system. (따라서, 주파수가 높아지면 질수록 이 비선형 시스템 을 제어하는 일은 보다 곤란하게 된다.)

(6) From the percentage of correctly _____ input vectors, we ___ that the CP model is _____ to the BP model for this specific problem. (바르게 분류된 입력 벡터의 백분율로부터 이 특수한 문제의 경우, CP모델은 BP모델보다도 우수한 것을 알 수 있다.)

〈해답〉   (1) less, greater   (2) fastest, available   (3) most, depends
           (4) more, more   (5) higher, more   (6) classified, see, superior

Expression

「비례 · 비율」의 표현

> be proportional to　(～에 비례하다)
> be directly proportional to　(～에 정비례하다)
> be inversely proportional to　(～에 반비례하다)
> in proportion to　(～에 비례하여)
> in a proportion of　(～에 비례하여)
> the ratio of ～ to …　(～와 …의 비)
> The rate of　(～의 비는)
> at (in) a rate of　(～의 비율로)

☞ 비례 = 정비례이므로 directly는 생략할 수 있다.

〈예제 1〉　이 주파수에 비례하는 표피효과는 본 기술의 중요한 요소의 하나이다.

〈단어〉　표피효과 → skin effect

〈포인트〉

· 「～에 비례하다」에는 be proportional to를 사용할 것.
· 관계대명사의 계속 용법을 삽입적인 설명에 사용해 보자

〈착안점〉

원문을 「표피효과는 이 주파수에 비례하지만, 본 기술의 중요한 요소의 하나이다」로 바꾸어 써 보는 것으로 한다. 그리고 「표피효과는 본 기술의 중요한 요소의 하나이다」와 「표피효과는 이 주파수에 비례하다」의 2가지의 문장으로 나누어 영역을 시도해 보는 것으로 한다.

① 「표피효과는 본 기술의 중요한 요소의 하나이다」

이 영역은 간단하므로 단숨에 번역해 보자.

① The skin effect is one of the important factors in this technique.

단, 「요소」는 factors로 복수형으로 하지 않으면 안 된다.

② 「표피효과는 이 주파수에 비례하다」

「~에 비례하다」에는 포인트에서 설명한 바와 같이 be proportional to~ 사용하는 것으로 한다. 이 영역도 쉽다.

② The skin effect is proportional to the frequency.

위에서 보인 ①과 ②를 합하면 좋겠지만 「표피효과」the skin effect의 겹침으로부터 관계대명사를 이용하면 좋은 것을 알아차린다.

관계대명사에는 "제한용법"과 "계속용법"이 있지만, 여기서 이용하려고 하는 것은 계속용법 쪽이다. 이것은 관계대명사의 앞에 콤마를 붙여, 선행사를 보충적으로 설명하는 용법이다. 이 용법을 사용하여 ①과 ②를 연결하면

　　~effect, which is proportional to the frequency, is~

로 되는 것을 이해할 수 있을 것이다. 계속 용법을 삽입적인 설명에 사용한 것이다.

【번역】　The skin effect, which is proportional to the frequency, is one of the important factors in this technique.

〈예제 2〉　직류전동기에서는 회전 우력은 전기자전류에 정비례하고, 속도는 실지로 적용된 전압에 정비례 한다.

〈단어〉　회전 우력 → torque
　　　　전기자 → armature

실지로 적용된 전압 → applied voltage

〈포인트〉

· 「~에 정비례 하다」는 be directly proportional to이다.
· 등위접속사 and를 사용한 중문으로 쉽게 영역할 수 있다.

〈착안점〉

「직류전동기에서는」은 전치사인 in을 이용하여 In a dc motor로 영역할
수 있다. dc는 direct current를 생략한 것.

그러면 이 문장에는 「~에 정비례하다」가 두 개 있는데 이것에는 be
directly proportional to~을 이용하면 좋다. 그리고 아래의 두 가지 문장, 즉,

① 회전 우력은 전기자전류에 정비례한다.

② 속도는 실지로 적용된 전압에 정비례한다.

를 등위접속사 and 로 연결하면 그것으로 완성이다. 양쪽 문장 모두 같은 모
양으로 하고 있고, 게다가 수식 어구를 수반하고 있으므로 영역은 쉽다. 이러
한 두 개 이상의 "주어＋술어"가 등위접속사(and, but, or 등)에 의해 연결되
어 있는 문장을 중문이라는 것을 기억해 두자. 그러면 번역해 본다.

① The torque is directly proportional to the armature current.

② The speed is directly proportional to the applied voltage.

결국, In a dc motor, ① and ②가 전체 번역이 된다.

【번역】 In a dc motor, the torque is directly proportional to the armature current
and the speed is directly proportional to the applied voltage.

〈예제 3〉 이들 위상변환기에 이용되는 석류석 자재의 경우 임계전력 수
준에서는 포화 자기화에 반비례한다.

〈단어〉 위상변환기 → phase shifter
석류석 → garnet

포화 자기화 → saturation magnetization

〈포인트〉

· 「~에 반비례하다」는 be inversely proportional to이다.

〈착안점〉

우선 「이들 위상변환기에 이용되는 석류석 자재의 경우」까지의 영역을 시도 하는데 밑줄 친 부분은 use (~을 이용하다)의 과거분사 used로 처리 할 수 있을 것이다. 즉 명사를 수식한다. 과거분사의 형용사적 용법을 사용하면 좋다. 말할 필요도 없이 「~되다」로 수신의 표현이므로 과거분사를 이용하게 된다. 「~의 경우」이라는 표현에는 in the case of (~의 경우에는, ~에 관해서는)도 있지만, 간단히 전치사 for로 끝낼 수 있다. 그러면 번역을 아래에 보인다.

For the garnet materials used for these phase shifters

이것으로 전반이 완성되게 된다. 다음에 후반으로 옮긴다.

「임계전력 수준에서는 포화 자기화에 반비례 하다」의 「~에 반비례 하다」는 be inversely proportional to~를 사용한다. 「임계전력 수준」은 critical power level, 「포화자기화」는 saturation magnetization 이다.

the critical power level is inversely proportional to the saturation magnetization.

이것으로 영역이 완성되게 된다.

【번역】 For the garnet materials used for these phase shifters, the critical power level is inversely proportional to the saturation magnetization.

〈예제 4〉 공진 변환기의 출력은 개폐 주파수와 공진 주파수의 비를 바꾸는 것으로 제어할 수 있다.

〈단어〉 공진 변환기 → resonant converter

〈포인트〉

· 「~와…의 비」는 the ratio of~to…를 이용하자.
· 「출력」을 이 문장의 주어로 했으면 한다.

〈착안점〉

"골격"은 「출력은 제어할 수 있다」이다. 그러면 이 문장의 주어는 「출력」인가하면 그렇지가 않다. 만약 「출력」이 주어라면, 이것이 제어하는 상대가 없지 않으면 안 된다. 「제어하는」은 control이라고 하는 타동사를 사용하기 때문이다(타동사는 목적어를 필요로 한다). 따라서 숨어 있는 주어를 보충하면 「우리들」을 생각하는 것이 자연적일 것이다.

즉, 「(우리들은) 출력을 제어할 수 있다」로 우리말 문장을 고쳐서 생각하는 것이다. 이 「우리들」은 그다지 중요하지는 않기 때문에 생략해 버리고 싶다. 그렇게 되면 「출력은 제어 된다」로 수동태를 이용할 수밖에 없다.

당연한 것을 설명한 것은 주어 선택의 중요성과 주어에 의해 능동태나 수동태가 자동적으로 정해진다는 것을 여기서 확인시켰으면 하기 때문이다.

The outputs are controlled.
"살" 붙이기에 들어간다. 「출력」에 「공진변환기」를 결합시키자.

The outputs of resonant converters are controlled.
다음은 「~와…의 비」의 표현에 달라붙는데 이것에는 the ratio of~to…를 이용하면 좋다. 따라서 「개폐 주파수와 공진 주파수의 비」는 아래와 같이 된다.

the ratio of the switching frequency to the resonant frequency
「~로 변하는 것으로」는 vary를 이용해 보자. 물론 vary의 앞에는 전치사 by가 오므로 동명사 varying으로 한다(동명사의 "전치사의 목적어"의 용법). 그러면 by 아래를 영역해 본다.

by varying the ratio of the switching frequency to the resonant frequency

【번역】   The outputs of resonant converters are controlled by varying the ratio of the switching frequency to the resonant frequency.

〈예제 5〉   이 신호 레이저는 1 Gbit/s의 비율로, 직접 주파수 변조된다.

〈단어〉   신호 레이저 → signal laser

〈포인트〉

· 「~의 비율로」는 at a rate of 이다.
· 「주파수 변조되다」를 어떻게 처리할까?

〈착안점〉

이 예문은 언뜻 보아, 쉽게 보인다. 그리고 "어떤 하나의 것" 조차 알고 있다면 사실 곧바로 라도 영역할 수 있다. 그러면 "어떤 하나의 것"이란 무엇일까?

그에 앞서 「1 Gbit/s의 비율로」를 처리해 둔다. 밑줄 친 부분에는 at a rate of를 사용하면 at a rate of 1 Gbit/s로 되는 것은 의문의 여지가 없을 것이다. 다음에 문제가 되는 「주파수 변조되다」로 옮긴다.

「변조하다」는 modulate이라는 타동사를 사용하면 좋다. 여기서는 「변조되다」이므로 수동태로 되어 be modulated 라는 모양이 된다. 여기까지는 아무런 문제가 없다. 그런데 이것에 「주파수」가 붙으므로 일은 귀찮게 된다. 어떻게 처리하면 좋을까 생각할 점이다.

「주파수 변조」라는 명사를 영어로 하면 frequency modulation이 된다. 「FM방송」의 FM의 일이다. 이것은 frequency라는 명사와 modulation이라는 명사가 결합된 이른바 복합명사이다.

동사에도 복합동사라는 것이 있는데 앞에서 설명한 "어떤 하나의 것"이란 사실은 복합동사의 일이다. 문법책에도 그다지 다루고 있지 않기 때문에 알지 못하는(혹은 기억하고 있지 않은) 사람도 있을 것으로 생각된다.

이 예제의 「주파수 변조되는」에서는 modulate라는 동사에 frequency라는 명사가 결합된 모양, 즉 frequency modulate를 한 단어의 동사로서 사용하면

좋다. 그렇게 하면, be frequency modulated로 번역되는 것을 알 수 있다. 이
것마저 알고 있으면 이 예제의 영역은 쉬울 것이다.

One Point Advice

● 복합동사

복합동사라는 것은 동사가 다른 단어와 결합되어 하나의 동사
로 된 것을 말 한다. 복합동사의 예를 몇 개인가 보이자.

진폭 변조하다   amplitude modulate

물로 냉각하다   water cool

전자 빔 가공하다   electron beam machine

표면 마무리하다   surface finish

【번역】   This signal laser is directly frequency modulated at a rate of 1 Gbit/s.

192

CHECK TEST 19

Fill in the blanks with the correct word.

(1) The skin effect, which is _____ to the frequency, is one of the important _____ in this technique. (이 주파수에 비례하는 표피효과는 본 기술의 중요한 요소의 하나이다)

(2) In a dc motor, the torque is _____ proportional to the armature current and the speed is directly _____ to the applied voltage. (직류전동기에서는 회전 우력은 전기자전류에 정비례하고, 속도는 실지로 적용된 전압에 정비례한다)

(3) For the garnet materials ____ for these phase shifters, the critical power level is _____ proportional to the saturation magnetization. (이들 위상변환기에 이용되는 석류석 재의 경우 임계전력 수준에서는 포화 자기화에 반비례한다)

(4) The outputs of resonant converters are controlled by varying the ____ of the switching frequency _ the resonant frequency. (공진 변환기의 출력은 개폐 주파수와 공진 주파수의 비를 바꾸는 것으로 제어할 수 있다)

(5) This signal laser is directly _____ modulated at a ___ of 1 Gbit/s. (이 신호 레이저는 1 Gbit/s의 비율로, 직접 주파수 변조된다)

〈해답〉 (1) proortional, factors　(2) directly, proportional　(3) used, inversely　(4) ratio, to　(5) frequency, rate

Expression

「조건 · 가정」의 표현

---

if (만약~라면)
unless (만약~가 아니라면)
on condition [that] (~라는 조건으로)
provided [that] (만역~라면)
providing [that] (만약~라면)
assume (~을 가정하다)
suppose (~을 가정하다)
presume (~을 가정하다, 추정하다)

☞ provided [that]은 if 나 providing [that] 보다도 문어적. assume은
Assuming that, suppose는 Suppose that이라는 모양을 자주 취한다. 모
두「~을 가정하면」이라는 의미이다.

〈예제 1〉 만약 이 수신기 내의 협대역 필터에 의해 피변조신호가 일그
러지면 틀린 비율은 부호 사이 간섭의 영향을 받는다.

〈단어〉 수신기 → receiver
협대역 필터 → narrow-band filter
부호 사이 간섭 → intersymbol interference

〈포인트〉

· 본 예제는 단순한 가정이다. 가정법 현재를 사용해도 영역이 되지만, 기술영어에서는 직설법 현재를 이용하는 것이 보통이다.
· 「협대역 필터」를 주어로 하여 영역해 보자.

〈착안점〉

가정법 현재라는 것은 동사의 원형을 사용하여 현재 또는 미래에 관한 가정이나 상상을 나타내는 것이다. 우선, If 절에 가정법 현재를 사용하여 영역해 보자. 「만약 이 수신기내의 협대역 필터에 의해 피변조신호가 <u>일그러지면</u>」이 if 절에 상당한다. 밑줄 친 부분에는 동사 distort를 사용하지만, 이 동사는 「~를 일그러뜨리다」라는 타동사이다. 따라서 「피변조 신호」를 주어로 하면 수동태로 하지 않으면 안 된다. 그러나 여기서는 「협대역 필터」를 주어로 가져와 능동태로 번역하는 것으로 한다. 즉, 「협대역 필터가 피변조신호를 일그러뜨리다」로 해석하는 것이다.

「피변조 신호」는 「변조된 신호」라는 것이므로 modulate (~을 변조하다)라는 동사를 과거분사형으로 하여 「신호」 signal의 앞에 놓으면 좋다. 즉 분사의 형용사적 용법이다. 이 조건절을 가정법 현재를 사용하여 영역하면 아래와 같이 된다.

If a narrow-band filter in the receiver <u>distort</u> the modulated signal,

밑줄 친 부분이 동사의 원형인 것에 주목 했으면 한다.

만약 밑줄 친 부분이 distorts로 s가 붙으면 가정법 현재가 아니라 직설법 현재로 된다(주어가 3인칭 단수이므로 distort에 s가 붙는다). 그리고 오늘날에는 가정법 현재가 아니라 직설법현재를 이용하는 것이 보통이 되고 있다. 이것은 가정법 현재(동사의 원형) 대신에 직설법현재(동사의 현재형)를 사용해야 한다는 것이다.

그런데 지금까지 당연한 것으로 하여 직설법 현재하는 말을 사용해 왔지만, 직설법이란 무엇인지 기억하고 있는가? 어떤 사항을 사실로서 그대로 말하는 법을 직설법이라고 한다. 즉 보통의 문장이다. 그러므로 동사의 모양은 주어의 인칭이나 수, 혹은 시제에 의해 변화하는 것이다.

다음은 「틀린 비율은 부호 사이 간섭의 영향을 받다」 인데, 이것은 문제가 없을 것이다. 「영향을 받다」 에는 affect라는 동사를 사용하여, 수동태로 영역하여 보자. 번역을 아래에 보인다.

the error probability is affected by intersymbol interference.

affect는 「~에 영향을 미치다」 라는 의미의 타동사 이다. 같은 의미를 갖는 동사에 influence가 있지만, 이것도 또 타동사이다. 또 이 influence에는 「영향」 이라는 명사가 있지만, affect에는 이 의미로의 명사는 없다는 것을 확인해 두자(명사에는 「감정, 정서」 라는 의미).

【번역】   If a narrow-band filter in the receiver distorts the modulated signal, the error probability is affected by intersymbol interference.

〈예제 2〉   어떤 종의 저역통과 필터를 도입하지 않으면 이 샘플 값 시스템은 결코 안정되지 않는다.

〈단어〉   저역통과 필터 → low-pass filter
샘플 값 시스템 → sampled-data system

〈포인트〉

· 「~을 도입하지 않으면」 에는 unless를 사용할 것.
· 우선 「저역통과 필터」 는 복수형, 즉 low-pass filters로 번역했으면 한다.

〈착안점〉

「이 샘플 값 시스템은 결코 안정되지 않다」 를 먼저 번역하고, 그 뒤에 「어떤 종의 저역통과 필터를 도입하지 않으면」 을 덧붙이는 모양으로 하자.

① 「이 샘플 값 시스템은 결코 안정되지 않다」 는 「이 샘플 값 시스템은 안정되다」 는 긍정문에 「결코~아니다」 가 결합된 문장이라고 해석 될 것이다. 「결코~아니다」 는 never라는 부사로 표현할 수 있는 것은 누구나 알고 있는 일이다. 이 never를 긍정문에 삽입하면 좋다. 그러면 우선은 긍정문을

만들어 보자.

    This sampled-data system is stable.

    stable은「안정된」이란 의미의 형용사이다. 즉, 위의 영문은 제2문형(S＋V ＋C)로 C가 형용사의 경우인 것을 이해할 수 있을 것이다.「안정하게 되다」 의 밑줄 친 부분으로부터 become을 떠오른 사람도 있을 것으로 생각되지만, be동사로 충분하다. never와 같은 "빈도"를 나타내는 부사는 be 동사의 뒤에 오기 때문에 여기서는 is의 뒤에 삽입하면 좋다. 결국,

    This sampled-data system is never stable.

로 된다.

    ②「어떤 종의 저역통과 필터를 도입하지 않으면」에서는 unless를 이용하 여 번역을 시도해 보자.

    「어떤 종의」는 certain 한 단어로 나타낼 수 있으므로 이 형용사를 사용하 는 것으로 한다. 이 형용사가 수식하는 것은「저역통과 필터」이지만, 원문으 로부터는 이 필터의 수를 알 수가 없다. 여기서는 우선 복수형 즉 low-pass filters로 해 두자.

    또 원문에는 이 필터가 어디에 도입되는 가는 쓰여 있지 않다. 그러나 문 장의 뜻으로부터「어떤 종의 저역통과 필터를 시스템에 도입하지 않으면」으 로 밑줄 친 부분을 보충 하면 좋은 것을 알 수 있을 것이다. "~를 …에 도입 하다"는 "introduce ~into (to)…" 이다. 여기서는「~」의 부분, 즉「저역통과 필터」를 주어로 한 수동태로 영역하는 것으로 한다. 그러면 번역을 보이자.

    unless certain low-pass filters are introduced into the system.

【번역】   This sampled-data system is never stable unless certain low-pass filters are introduced into the system.

〈예제 3〉   어떤 인자를 고려한다면 실험결과와 이론값은 좋은 일치를 보 인다.

〈단어〉   이론값 → theoretical value

〈포인트〉

· 「어떤 인자를 고려한다면」에는 provided that을 사용할 것.
· "「일치」의 표현"을 사용하면 여러 가지 영역이 가능하다.

〈착안점〉

우선 처음에 「실험결과와 이론값은 좋은 일치를 보이다」를 영역하고, 그 후에 「어떤 인자를 고려한다면」을 덧붙이는 모양의 문장으로 하자.

「실험결과와 이론값은 좋은 일치를 보이다」는 "「일치」의 표현"을 사용하면 여러 가지 번역이 가능하지만 원문을 그대로 솔직하게 번역하면 아래와 같이 된다.

The experimental results and the theoretical values show good agreement.

즉, 「~는 좋은 일치를 보이다」를 show good agreement로 번역했다.

예를 들면 원문을 「실험결과는 이론값과 좋을 일치를 보이다」로 해석하면

The experimental results show good agreement with the theoretical values.

혹은 「실험결과는 이론값과 잘 일치 한다」로 취하면

The experimental results are in good consistency with the theoretical values.

라는 표현도 가능하다.

모두 의미상으로는 같지만, 여기서는 처음의 영역을 채용하자.

다음은 「어떤 인자를 고려한다면」이다. 물론 if를 사용할 수도 있지만, 이 것보다도 문어적인 provided that을 이용하는 것으로 한다. providing that 이라는 것도 있지만, 영문을 쓸 때는 이쪽이 선호 된다. 또 「~를 고려한다면」은 take into~account라는 숙어를 생각해 냈으면 한다. 이 「~」에는 「어떤 인자」 certain factors가 들어가지만, 이것을 주어로 하면 수동태로 되는 것을 이해할 수 있을 것이다. 즉, 「어떤 인자가 고려되면」으로 생각할 수 있다. 그러면 번역해 보자.

provided that certain factors are taken into account

that은 생략해도 좋다.

【번역】 The experimental results and the theoretical values show good agreement, provided that certain factors are taken into account.

〈예제 4〉 이 방법에서는 비화갈륨의 열전도율은 온도의 상승에 따라 변화하지 않는다고 가정한다.

〈단어〉 비화칼륨 → gallium arsenide
열전도율 → thermal conductivity

〈포인트〉

· 「~로 가정하다」는 assume을 이용할 것
· 「~에 따라서…하지 않다」를 어떻게 표현하면 좋을까?

〈착안점〉

이 예제에는 주어가 보이지 않는다. 이러한 경우에는 we를 주어로 하는 것이 보통이다. 「~로 가정하다」에는 assume을 사용하지만, 이 동사는 that 절을 취할 수가 있다. 따라서 글의 첫머리는

In this method, we assume that~

로 된다.

다음에 「비화갈륨의 열전도율은 온도의 상승에 따라 변화하지 않다」의 영역에 달라붙는데 밑줄 친 부분에 대해서는 나중에 고찰하고 싶다.

이 문장에서는 「비화갈륨의 열전도율」이 주어로, 이것은 the thermal conductivity of the gallium arsenide로 번역한다. 「변화하다」는 change를 이용하면 좋다. 이것을 부정하는 것이므로 당연히 change의 앞에 does not을 놓지 않으면 안 된다. 요약해 보자.

the thermal conductivity of the gallium arsenide does not change.

이것이 밑줄 친 부분을 제외한 번역이다. 조금도 어려운 곳은 없다.

그러면 마침내 남은 밑줄 친 부분「온도의 상승에 따라」로 들어가자. 이 부분이 본 예제에서 가장 중요한 부분이다. 독자 중에는「～에 따라서」가 오면 as를 떠오르는 사람이 많은 것은 아닐지? 물론 as를 사용해도 이 영역은 가능하다. 이 경우「온도가 상승하는데 따라」로 아래와 같이 절로서 표현하게 된다.

    as temperature increase

이것은 이것으로 좋지만, with를 사용해도「～에 따라서」를 나타낼 수가 있다. 여기서는 이 with를 사용하는 표현에 대하여 조금이나마 검토해 보고 싶다.

사실은 이 with를 이용하여「～하는데 따라서」를 나타내는 데는 여러 가지 쓰는 방법이 이루어지고 있는데 그런 이유로 우리들은 그 중 어떤 사용법을 사용하면 좋은가 갈피를 못 잡는 경우이기도 하다. 몇 개 예를 들어 보자.

    with temperature…(a)

    with increasing temperature…(b)

    with increased temperature…(c)

    with an increasing in temperature…(d)

이 중에서 영문의 논문에서 어떤 사용법이 많이 보이는가는 의견이 나누어지고 있지만, (a)내지 (b)를 사용하는 것이 무난하지 않을까 생각한다. 이런 것은 (a)와 (b)가 사용빈도가 높다고 생각되기 때문이다. 영문의 논문 등을 읽을 때 이 부분을 관찰했으면 한다.

【번역】   In this method, we assume that the thermal conductivity of the gallium arsenide does not change with [increasing] temperature.

〈예제 5〉   조종기 선단부의 위치는 접합 각도로부터 계산되는 것으로 가정한다.

〈단어〉   조종기 → manipulator,   선단부 → tip

〈포인트〉

· 「~로 가정하다」는 Suppose that~으로 쓰기 시작할 것.

〈착안점〉

포인트에서 설명한 바와 같이 「~로 가정하다」는 Suppose that~으로 시작 할 수가 있다는 것을 알았으면 한다. 이것은 모양 상으로는 명령어이지만, 이 예제와 같이 「~로 가정하다」나, 혹은 「~로 가정하자」라는 경우에 이용할 수 있는 것이다. 실제, suppose는 명령형으로 사용되는 일이 많으므로, 이 기회에 이 모양을 기억했으면 한다.

that 절에서는 주어부는 「조종기 선단부의 위치는」이다. 이것은 the position of the manipulator tip으로 번역할 수가 있다. 그리고 수동태이므로 「계산되다」는 computed로 된다. compute에는 「~를 계산하다」라는 타동사가 있기 때문에 당연히 수동태로 될 수 있다. 그 뒤에 「접합 각도로 부터」가 이어지는데 밑줄 친 부분은 전치사 from으로 나타낼 수 있다. 따라서 from the joint angles 라는 번역이 된다.

요약하면 「조종기 선단부의 위치는 접합 각도로부터 계산되다」는

the position of the manipulator tip is computed from the joint angles. 로 된다.

이상으로 본 예제의 영역이 끝났지만, 「~로 가정하다」는 반드시 Suppose that ~이란 모양이 아니면 안 되는 것이 아니라, We suppose that~ 이라도 좋다.

【번역】 Suppose that the position of the manipulator tip is computed from the joint angles.

202

CHECK TEST 20

Fill in the blanks with the correct word.

(1) _ a narrow-band filter in the receiver _____ the modulated signal, the error probability is affected by intersymbol interference. (만약 이 수신기 내의 협대역 필터에 의해 피변조신호가 일그러지면 틀린 비율은 부호사이 간섭의 영향을 받는다)

(2) This sampled-data system is _____ stable _____ certain low-pass filters are introduced into the system. (어떤 종의 저역통과 필터를 도입하지 않으면 이 샘플 값 시스템은 결코 안정되지 않는다)

(3) The experimental results and the theoretical values _____ good agreement, _____ that certain factors are taken into account. (어떤 인자를 고려한다면 실험결과와 이론값은 좋은 일치를 보인다)

(4) In this method, we _____ that the thermal conductivity of the gallium arsenide does not change ____ (increasing) temperature. (이 방법에서는 비화갈륨의 열전도율은 온도의 상승에 따라 변화하지 않는다고 가정한다)

(5) _____ that the position of the manipulator tip is computed ____ the joint angles. (조종기 선단부의 위치는 접합 각도로부터 계산되는 것으로 가정한다)

〈해답〉 (1) If, distorts　(2) never, unless　(3) show, provided　(4) assume, with　(5) Suppose, from

Expression

「구성(요소)」의 표현

compose   (~을 구성하다)
comprise   (~을 구성하다, 포함하다)
constitute   (~을 구성하다)
form   (구성하다, 형성하다)
consist of   (~로 이루어지다)
be composed of   (~로 이루어지다)
be made up of   (~로 이루어지다)
contain   (~를 포함하다)
include   (~를 포함하다)
incorporate   (~를 포함하다)
involve   (~를 포함하다)

☞ be composed of는 compose의 수동태이다.

〈예제 1〉   그림 1은 2개의 연산증폭기를 포함한 발진기의 회로를 보이고
있다.

〈단어〉   연산증폭기 → operational amplifier
발진기 → oscillator

〈포인트〉

· 「~을 포함하다」에는 compose를 사용할 것.

〈착안점〉

본 예제는 쉬운 영역이 가능하다. 확실히 하여 학습의 탄력이 되었으면 한다.

「그림 1은~을 보이고 있다」는 주어를「그림 1」Fig.1로 하여 이것이「~을 보이다」로 하자. 즉 Fig. 1 shows~라는 쓰는 법이 된다. 목적어는「발진기의 회로」이다. 이것은 oscillator circuit으로 좋다. 따라서 Fig.1 shows the oscillator circuit이 된다.

그런데 이「발진기의 회로」는「두 개의 연산증폭기를 포함하고 있는」으로 하여「그림 1은 발진기의 회로를 보이고 있다」+「이 회로는 두 개의 연산증폭기를 포함하다」로 문장을 두개로 나눌 필요는 없다. 관계대명사를 이용하면 좋은 것이다. 관계대명사는「접속사 + 대명사」의 작용을 한다는 것은 말 할 필요도 없을 것이다.

「~을 포함하다」에는 포인트에서 설명한 바와 같이 comprise를 사용하는 것으로 한다. 이 말은「~를 구성하다」라는 의미로도 사용된다는 것도 기억해 두지 않으면 안 된다. 그러면 번역 해보자.

~circuit which comprises two operational amplifiers.

이것으로 끝이다. 단지, 아무리 쉬운 문장이라고 해도 방심하여 comprises 혹은 amplifiers의 s를 붙이는 것을 잊어버리면 창피를 당하므로 마지막까지 방심하지 않는 일이다.

【번역】 Fig.1 shows the oscillator circuit which comprises two operational amplifiers.

〈예제 2〉 TlBaCaCuO 두꺼운 막을 세라믹·솔-겔 법을 사용하여 MgO 기판 위에 형성하여 고온에서 열처리 했다.

〈단어〉　세라믹・솔-겔 법 → ceramic sol-gel process
　　　　　기판 → substrate

〈포인트〉

· 「~에 형성하여,」에는 form을 사용한다.
· 「열처리한」은 복합동사로 표현할 것.

〈착안점〉

처음에 「TlBaCaCuO 두꺼운 막을 세라믹・솔-겔 법을 사용하여 MgO 기판 위에 형성했(다)」로부터 달라붙자.

「TlBaCaCuO 두꺼운 막」을 주어로 하면, 「~두꺼운 막은…위에 형성되었다」로 수동태로 번역하게 된다. 「세라믹・솔-겔 법을 사용하여」는 뒤로하여 영역하면 아래와 같이 된다.

The TlBaCaCuO thick film was formed on an MgO substrate.

TlBaCaCuO thick film은 thick TlBaCaCuO film으로 해도 좋다.

또 「~기판 위에」의 밑줄 친 부분은 물론 전치사인 on의 작용이다. on의 원래 뜻은 「접촉」이지만, 만약 독자 중에는 접촉하는 것은 「위에」로 제한되어 있다고 생각하고 있는 사람도 있을지도 모른다. 이 예제에서는 정말로 「위에」이지만 접촉하는 것이 「아래에」이더라도 「옆에」이더라도 요컨대 접촉되고 있으면 on으로 표현할 수가 있다. 예를 들면 「벽에 걸려 있는 그림」이라면 a picture on the wall이 된다.

그러면 남겨 두었던 「세라믹・솔-겔 법을 사용하여」로 옮기자. 이것은 부대 상황을 나타내는 분사구문을 이용하자. 이것은 「~하면서」의 의미를 나타내는 것은 알고 있을 것이다. using~이라는 모양이 된다. 아래에 보이자.

using ceramic sol-gel process

이것을 「기판」substrate의 뒤에 놓으면 좋다. 이상으로 제1문장이 완성되었다.

The TlBaCaCuO thick film was formed on an MgO substrate using ceramic sol-gel process.

마지막은 「고온에서 열처리 했다」 이지만, 이것에는 주어가 보이지 않는다. 그렇다고 해도 문장의 뜻으로부터 「TlBaCaCuO 두꺼운 막」 이 주어로 되는 것은 당연한 일이다. 「(TlBaCaCuO 두꺼운 막은) 고온으로 열처리 되었다」 로 생각하여 수동태로 한다.

그러면 「열처리 하다」 는 어떻게 처리하면 좋을까? 이것에는 복합동사를 사용하면 좋다. 복합동사란 동사가 다른 단어와 결합되어 한 단어의 동사로 된 것이다. 여기에는 heat-treat(열처리하다)가 그것에 해당한다. 수동태이므로 ~was heat-treated라는 모양으로 된다. 이것에 「고온으로」 at high temperatures를 붙이자. 이것으로 완성이다.

, and was heat-treated at high temperatures.
주어는 제1문장과 공통해 있으므로 물론 생략했다.

【번역】   The TlBaCaCuO thick film was formed on an MgO substrate using ceramic sol-gel process, and was heat-treated at high temperatures.

〈예제 3〉   이 콤팩트디스크 기구는 전자기력으로 작동하는 고정밀도의 기계부품과 광학부품으로 이루어진다.

〈단어〉   콤팩트디스크 → compact disc
전자기력 → electromagnetic force

〈포인트〉

· 「~로 이루어지다」 에는 consist of를 사용할 것.
· 「작동하다」 라는 의미는 run, operate, work이라는 동사로 표현할 수 있지만, actuate도 같은 의미로 사용된다.

〈착안점〉

우선 「이 콤팩트디스크 기구는 고정밀도의 기계부품과 광학부품으로 이루어지다」 를 정리하자.

「~로 이루어지다」에는 consist of를 사용한다.「콤팩트디스크 기구」는 compact disc mechanism이고, 기계부품과 광학부품은 각각 mechanical component와 optical component로 한다(단, 이들을 and로 연결하면 mechanical and optical components로 한다).「고정밀도」는 high-precision으로 좋다. 이것으로「부품」은 갖추어졌으므로 즉시 영역을 조립해 보자.

  This compact disc mechanism consists of high-precision mechanical
  and optical components.

남은 것은「전자기력으로 작동하다」이다. 작동하는 것은「고정밀도의 기계부품과 광학부품」이지만, 이들의 부품은 스스로 동작하는 것이 아니라「작동되어 지는 」것이다.「전자기력」에 의해 움직여지는 것이므로「~되다」라는 수동적인 의미를 갖고 있는 것으로부터 과거분사의 형용사적 용법의 이용이 떠오를 것이다. 이 분사는 어구를 수반하므로 명사의 뒤에 놓지 않으면 안 된다.

그러면「작동하다」에 actuate를 이용하여 영역해 보자.

  (~components) actuate by electromagnetic force.

「작동하다」에 actuate를 사용한다고 했지만, 이 동사는「~을 작동시키다, 시동시키다」라는 의미를 갖는 타동사인 것에 주의했으면 한다.

【번역】 This compact disc mechanism consists of high-precision mechanical and
    optical components actuated by electromagnetic force.

〈예제 4〉 이 페이딩 신호는 자동차를 둘러싼 건조물로부터 반사하는 많
      은 다중파로부터 이루어지고 있기 때문에, P_s (τ)와 P_i (τ)의
      모양은 다중파의 도달 각도 및 진폭의 분포에 영향된다.

〈단어〉 페이딩 → fading, 다중파 → multipath wave
    도달 각도 → arrival angle

〈포인트〉

· 「~로 이루어지고 있다」에는 be composed of를 사용할 것.

- 형용사적 용법의 분사를 이용하는 곳이 두 곳 있다. 각각 현재분사와 과거분사를 사용할 것.

〈착안점〉

제법 긴 문장이다. 처음은「이 페이딩 신호는 <u>자동차를 둘러싼 건조물로부터 반사하는</u> 많은 다중파로부터 이루어지고 있기 때문에」에 달라붙자. 우선, 밑줄 친 부분을 제외한 문장을 영역해 보면 아래와 같이 된다.

Since the fading signal is composed of many multipath waves.

여기서는「~로 이루어지고 있다」에는 be composed of를 이용했다.

다음은 밑줄 친 부분이다. 문장의 뜻으로부터 밑줄 친 부분은「다중파」를 수식하고 있는 것을 알 수 있을 것이다. 즉「자동차를 둘러싼 건조물로부터 반사 되었다 (많은) 다중파」로 해석될 수 있다.「반사 된~」에는 분사의 형용사적 용법을 생각 했으면 한다. 이 경우 수신적 의미이므로 과거분사를 사용하는 것으로 된다. 또한 이 분사는「건조물로부터」라는 수식 어구를 수반하고 있으므로 명사(다중파)의 뒤에 놓지 않으면 안 된다. 따라서

(multipath waves) reflected from buildings

로 된다. reflected는「~를 반사하다」reflected의 과거분사 인 것은 설명 할 필요도 없을 것이다.

남은 것은「자동차를 둘러싼 (건조물)」이지만, 이것에도 형용사적 용법의 분사가 필요하게 된다. 분사라고 해도, 이번은 능동적인 의미를 갖고 있으므로 현재분사가 아니면 안 된다. 그리고 이 분사는 목적어를 수반하고 있으므로, 여기서도 명사(건조물)의 뒤에 놓는 것으로 한다. 라는 것으로,

(buildings) surrounding the automobile

이 된다. surrounding은「~를 둘러싸다」surround의 현재 분사이다.

그러면 이상을 요약해 보자.

Since the fading signal is composed of many multipath waves reflected from buildings surrounding the automobile,

그러면 후반의「P_s (τ)와 P_i (τ)의 모양은 다중파의 도달 각도 및 진폭의 분포에 영향되다」로 옮기자.

이 문장은「P_s (τ)와 Pi (τ)의 모양」이「영향되었다」는 것이므로 수동태의 문장이 되는 것은 명백하다.「영향되었다」에는 동사 affect를 사용하면 be affected by의 모양이 된다.「P_s (τ)와 P_i (τ)의 모양」은 the shapes of P_s (τ) and P_i (τ)로 좋다. 즉,

the shapes of P_s (τ) and P_i (τ) are affected by~

이다.

이 by 아래에는「다중파의 도달 각도 및 진폭의 분포」가 온다. 여기서 「분포」distribution은「도달 각도」arrival angle과「진폭」amplitude의 양쪽에 걸려 있다고 해석하고 싶다. 그렇게 하면 번역은 아래와 같이 된다.

the distributions of arrival angle and amplitude of the multipath waves

그렇게 되는 것으로 후반 문장의 영역은 다음과 같이 된다.

the shapes of P_s (τ) and P_i (τ) are affected by the distributions of arrival angle and amplitude of the multipath waves.

본 예제는 긴 문장이기는 하지만, 분사의 형용사적 용법마저 잘 처리하면 그렇게 어렵지는 않을 것이다.

【번역】 Since the fading signal is composed of many multipath waves reflected from buildings surrounding the automobile, the shapes of P_s (τ) and P_i (τ) are affected by the distributions of arrival angle and amplitude of the multipath waves.

〈예제 5〉 이 안테나는 반경 r_1, 유전율 $ε_1$의 절연 유전체에 둘러싸인 반경 r_2의 내부 도체로부터 이루어지고 있다.

〈단어〉 반경 → radius, 유전율 → permittivity
절연 유전체 → insulating dielectric
내부 도체 → inner conductor

〈포인트〉

· 「~로 이루어지고 있다」에는 be made up of를 사용할 것.

〈착안점〉

우선, 「반경 r_1, 유전율 ε_1의 절연 유전체에 둘러싸였다」를 무시하고, 「이 안테나는 반경 r_2의 내부 도체로부터 이루어지고 있다」의 영역에 달라붙자. 밑줄 친 부분에는 be made up of를 이용하면 아래와 같이 번역될 수 있을 것이다.

This antenna is made up of an inner conductor of radius r_2.

이와 같이 「반경 r_2의 내부 도체」는 「내부 도체」inner conductor의 뒤에 of radius r_2를 가볍게 놓는 것만으로 좋다.

다음에 남겨 두었던 「반경 r_1, 유전율 ε_1의 절연 유전체에 둘러싸였다」로 옮기지만, 무엇이 둘러싸여 있는가 하면 물론 「내부 도체」이다. 「내부 도체」는 「~에 둘러 싸였다」로 수식되고 있는 것이다. 「~을 둘러싸다」라는 의미의 동사는 surround이다. 이 타동사를 과거분사로 하여 「내부 도체」의 뒤에 놓으면 과거 분사의 형용사적 용법을 이용할 수 있게 된다.

그러나 inner conductor의 뒤에는 of radius r_2가 놓여져 있어 이 양자는 떨어 질수가 없다. 따라서 of radius r_2 뒤에 과거분사를 놓지 않을 수가 없게 된다. 즉 「~에 둘러싸였다, 반경 r_2의 내부도체」는

inner conductor of radius r_2 surrounded by~

라는 번역이 된다. inner conductor와 surrounded가 떨어져 있어도 문장의 이해에 지장을 초래하는 일은 없다.

마지막은 「반경 r_1, 유전율 ε_1의 절연 유전체」인데 이것도 of를 사용하여 insulating dielectric of radius r_1 and permittivity ε_1으로 하면 좋다. 이것을 by 아래에 놓으면 전체 번역은 완성된다.

【번역】 This antenna is made up of an inner conductor of radius r_2 surrounded by insulating dielectric of radius r_1 and permittivity ε_1.

〈예제 6〉 신호 s(t)는 IQ법, 혹은 이산 힐버트 변환을 이용하는 것으로 추출할 수 있는 위상정보를 포함하고 있다.

〈단어〉 이산 힐버트 변환 → discrete Hilbert transform

〈포인트〉

· 「~을 포함하고 있다」에는 contain을 이용할 것.

〈착안점〉

이 예제는 다음의 두개의 문장으로 나누고 그 뒤에 관계대명사 that을 이용하여 하나의 문장으로 하면 좋다.

① 「신호 s(t)는 위상정보를 포함하고 있다」

② 「이 위상정보는 IQ법, 혹은 이산 힐버트 변환을 이용하는 것으로 추출할 수 있다」

①의 「~를 포함하고 있다」는 contain을 사용하는 것으로 한다. 그렇게 하면,

① The signal s(t) contains the phase information.

으로 번역할 수가 있다. 「정보」 information은 생각하지 않고 informations로 복수형으로 해 버리고 싶지만, 불가산명사이므로 항상 단수로 다루고 있다. 또 부정관사도 붙이지 않으므로 an information은 불가능하므로 주의하자.

다음은 ②이다. 「이 위상 정보」가 무엇인가를 「추출」하는 것이 아니라 「이 위상 정보」가 「추출」되는 것이다. 따라서 「이 위상 정보」를 주어로 하면 수동태로 쓰여 지는 것을 이해할 수 있을 것이다. 「추출 하는」이라는 동사는 extract를 이용하면 좋다. 그렇게 하면 영역은 다음과 같은 첫머리가 된다.

The phase information can be extracted~

이 뒤에 「IQ법, 혹은 이산 힐버트 변환을 이용하는 것으로」가 올 것이다.

이것을 처리하는 데는 "「수단·방법」의 표현"이 필요로 된다. 가장 간단한 것은 by를 사용하는 것으로, by IQ-technique or discrete Hilbert transform으로 된다. 그러나 이것으로는 시시한 기분이 들지는 않을까? 조금 궁리해 보자. 그래서 여기서는 by means of와 by using을 활용하려고 생각한다. 그렇게 하면

　　by means of IQ-technique or <u>by</u> using discrete Hilbert transform

으로 번역할 수가 있다. 여기서 밑줄 친 부분의 by를 깜박 잊지 않도록 주의했으면 한다. 그러면 ②를 아래에 보인다.

　② The phase information can be extracted by means of IQ-technique or
　　 by using discrete Hilbert transform

이상으로 두개의 영문이 완성되었다. 최초에 설명한 바와 같이 관계대명사 that을 사용하여 이 두 문장을 하나로 요약하는 것으로 한다. 이것은 간단한데 ②의 The phase information을 that에 바꾸어 놓는 것만으로 좋다. 전체 번역은 아래와 같이 된다.

【번역】　The signal s(t) contains the phase information that can be extracted by means of IQ-technique or by using discrete Hilbert transform.

〈예제 7〉　가시광 레이저는 바코드 주사, 광학 데이터 기록, 인쇄 등을 포함한 많은 용도로 상당한 사람의 관심을 끌고 있다.

〈단어〉　가시광 레이저 → visible laser
　　　　바코드 주사 → bar code scanning
　　　　광학 데이터 기록 → optical data storage

〈포인트〉

・「~을 포함한…」에는 include를 분사로 하여 사용할 것.
・「사람의 관심을 끌고 있다」는 be interesting이라도 좋지만, "of + 추상명사 = 형용사"의 표현으로 나타내 보자.

〈착안점〉

「가시광 레이저는 많은 용도로 사람의 관심을 끌고 있다」를 처음에 번역

해 본다.

interesting이라는 형용사에는 「사람의 관심을 끌다」라는 의미가 있으므로

Visible lasers are interesting for numerous applications.

로 번역 할 수가 있다. 물론 이것으로도 좋으나, 여기에서는 "of + 추상명사 = 형용사"라는 모양으로 번역해 보고 싶다.

interesting의 명사형은 interest이다. 따라서 "of + 추상명사 = 형용사"의 적용시키면 of interest = interesting 이라는 관계가 성립하게 된다. 위 영문의 interesting을 interest로 바꾸어 놓으면 좋다.

다음에 이 영문에 「상당히」를 덧붙이고 싶은데 그것에는 형용사인 considerable을 사용하면 좋다. 이 형용사가 명사 interest를 수식하는 것이다. 따라서 considerable은 of와 interest의 사이에 오게 된다. 정리하면,

Visible lasers are of considerable interest for numerous applications.

로 된다.

남은 것은 「바코드 주사, 광학 데이터 기록, 인쇄 등을 포함한」이다. 여기서 포인트에서 설명한 바와 같이 분사의 형용사적 용법을 사용하는 것으로 하자. 「~을 포함한」은 include를 사용하는 것이므로, 이용하는 현재분자는 including이다. 이 분사에는 목적어가 붙어 길어지므로, 명사 즉 applications의 뒤에 놓는 것으로 된다. 요약해 보자.

(numerous applications) including bar code scanning, optical data storage, and printing

여기서 including을 includeing으로 틀려서는 안 된다.

【번역】 Visible lasers are of considerable interest for numerous applications including bar code scanning, optical data storage, and printing.

〈예제 8〉 안정평가를 퍼지·멤버십 함수를 퍼셉트론·계산법에 추가한 유형 인식법을 사용하는 것에 의해 실행하였다.

〈단어〉 안정평가 → stability evaluation
         퍼지·멤버십 함수 → fuzzy membership function

퍼셉트론 → perecptron

유형 인식 → pattern recognition

〈포인트〉

· 「~를 추가하다」는 incorporate～into…이다.

〈착안점〉

「안정평가를 유형 인식법을 사용하는 것에 의해 실행하였다」를 처음에 번역해 본다.

「안정평가」를 주어로 하면「안정평가는~에 의해 실행되었다」로 해석하게 된다. 즉 수동태로 되는 것이다. 번역은 아래와 같이 된다.

① The stability evaluation was performed by using a pattern recognition approach.

여기서는「실행하다」에는 perform이라는 동사를 사용했다. by 뒤에 동명사인 using이 오고 있는 것은 설명할 필요도 없을 것이다.

그러면「퍼지·멤버십 함수를 퍼셉트론·계산법에 추가한」으로 옮기자.

「~를 … 에 추가하다」는 incorporate～into…로 표현할 수 있으므로 이것을 사용하는 것으로 한다.「~」에는「퍼지·멤버십 함수」가,「…」에는「퍼셉트론·계산법」이 들어간다. 따라서

② incorporate fussy membership functions into the perecptron algorithm

이 가능하다.

그러면, 다음은 ②를 ①에 연결하고 싶다. 관계대명사를 사용하는 방법도 있으나, 형용사적 용법의 분사를 이용하여「유형 인식법」을 수식하는 것으로 하자. 분사라고 해도 여기서는「~을 하다」라고 하는 능동적 의미가 있으므로 현재분사를 사용하지 않으면 안된다. 따라서 incorporate을 incorporating이라는 모양으로 하면 좋다. 그리고 ①의 뒤에 놓으면 전체 번역이 완성되게 된다.

【번역】 The stability evaluation was performed by using a pattern recognition approach incorporating fussy membership functions into the perecptron algorithm.

CHECK TEST 21

Fill in the blanks with the correct word.

(1) Fig.1 _____ the oscillator circuit which _____ two operational amplifiers. (그림 1은 2개의 연산증폭기를 포함한 발진기의 회로를 보이고 있다)

(2) The TlBaCaCuO thick film was _____ on an MgO substrate using ceramic sol-gel process, and was _____ at high temperatures. (TlBaCaCuO 두꺼운 막을 세라믹·솔-겔 법을 이용하여 MgO 기판 위에 형성하여 고온에서 열처리했다)

(3) This compact disc mechanism _____ of high-precision mechanical and optical components _____ by electromagnetic force. (이 콤팩트디스크 기구는 전자기력으로 작동하는 고정밀도의 기계부품과 광학부품으로 이루어진다)

(4) Since the fading signal is _____ of many multipath waves _____ from buildings _____ the automobile, the shapes of P_s (τ) and P_i (τ) are affected by the distributions of arrival angle and amplitude of the multipath waves. (이 페이딩 신호는 자동차를 둘러싼 건조물로부터 반사하는 많은 다중파로부터 이루어지고 있기 때문에, P_s (τ)와 P_i (τ)의 모양은 다중파의 도달 각도 및 진폭의 분포에 영향된다)

(5) This antenna is _____ up of an inner conductor of radius r_2 _____ by insulating dielectric of radius r_1 and permittivity ε_1. (이

안테나는 반경 r_1, 유전율 ε_1의 절연 유전체에 둘러싸인 반경 r_2의 내부 도체로부터 이루어지고 있다)

(6) The signal s(t) _____ the phase information that can be extracted by _____ of IQ-technique or by ____ discrete Hilbert transform. (신호 s(t) 는 IQ법, 혹은 이산 힐버트 변환을 이용하는 것으로 추출할 수 있는 위상 정보를 포함하고 있다)

(7) Visible lasers are __ considerable interest for numerous applications _____ bar code scanning, optical data storage, and printing. (가시광 레이저는 바코드 주사, 광학 데이터 기록, 인쇄 등을 포함한 많은 용도로 상당한 사람의 관심을 끌고 있다)

(8) The stability evaluation was performed by using a pattern recognition approach _____ fussy membership functions ____ the perecptron algorithm. (안정평가를 퍼지 · 멤버십 함수를 퍼셉트론 · 계산법에 추가한 유형 인식법을 사용하는 것에 의해 실행하였다)

〈해답〉 (1) shows, comprises   (2) formed, heat-treated   (3) consists, actuated   (4) composed, reflected, surrounding   (5) made, surrounded   (6) contains, means, using   (7) of, including   (8) incorporating, into

Expression

「만들다」의 표현

---

make   (~을 만들다, 제작하다)

manufacture   (~을 제조하다)

produce   (~을 생산하다, 제조하다)

construct   (~을 조립하다)

build   (~을 만들다, 조립하다)

create   (~을 만들어 내다, 창작하다)

fabricate   (~을 조립하다, 제작하다)

assemble   (~을 조립하다)

turn out   (~을 생산하다)

put together   (~을 조립하다)

☞ make는 「만들다」라는 의미의 가장 일반적인 말. manufacture는 기계·설비를 사용하여 대규모로 제조할 때에 사용된다. produce는 사람·공장 등이 제품을 생산하는 경우의 말. construct는 설계에 따라 주로 건축물이나 구조물 등의 조립 때에 이용된다. 또 build는 construct와 같은 의미의 보다 일반적인 말. create는 새로운 물건을 만들어 내거나 창조할 때에 사용된다. fabricate는 주로 규격 부품을 사용하여 제작할 때의 말. assemble은 부품 등으로부터 기계 등을 조립할 때의 말. turn out은 produce와, 그리고 put together는 build와 거의 같은 의미의 말.

<예제 1>　이 실험에서 사용된 광섬유는 두 종류의 재료로 만들어지고 있다. 즉 중심부에는 규소, 피복에는 중합체이다.

<단어>　규소 → silica,　중합체 → polymer,
　　　　피복 → coating

<포인트>

· 「~로 만들어져 있다」에는 make를 이용할 것. 이 다음에 붙는 전치사는 of와 from의 어느 쪽이 적당할까?
· 「즉」에는 콜론(:)을 사용했으면 한다.

<착안점>

　우선 처음에 「이 실험에서 사용된 광섬유는 두 종류의 재료로 만들어지고 있다」부터 달라붙기로 한다.

　이 문장의 영역은 「이 실험에서 사용된 광섬유」를 주어로 한 수동태로 되는 것은 이해할 수 있을 것이다. 「광섬유」는 「이 실험에서 사용되었다」로 수식되고 있는 것이므로 이것은 분사의 형용사적 용법으로 처리할 수 있다. 밑줄 친 부분부터 과거분사를 사용하면 좋은 것을 알 수 있다. 즉 used이지만, 이것에는 「이 실험에서」라는 어구가 수반되어 있다. 이것은 명사의 뒤로부터 수식하는 경우이다. 번역해 보자.

　The optical fiber used in this experiment

　수동태는 말할 필요도 없이 "be동사 + 과거분사"의 모양이다. make의 과거분사형은 made로 된다. 그러면 이 made의 뒤에는 전치사 of나 from 어느 것이 오게 된다. 답은 뒤에서 하기로 하고 우선 괄호로 둘러싸 보자. 「두 종류의 재료」는 two types of material로 좋다. 그러면 요약해 두자.

　The optical fiber used in this experiment is made ( ) two types of material.

　다음은 「즉 중심부에는 규소, 피복에는 중합체이다」인데 포인트에서 설명한 바와 같이 여기서는 콜론을 이용하는 것으로 한다. 콜론에 의해 「즉」을 의미하는 것이 가능한 것을 확인하고 싶다. 이 예제에는 앞 문장의 내용을 설명하는 것으로 된다. 즉「두 종류의 재료로 만들어져 있는」것을 구체적으로 중심부는 규소로 피복은 중합체로 만들어지고 있는 것을 설명하고 있는 것이다. 그러면 번역해 보자.

: silica for the core and polymer for the coating.

여기서 전치사에 for를 사용한 것은「중심부를 위한 규소, 피복을 위한 중합체」로 해석했기 때문이다. 이것으로 괄호를 남겨두고 모든 영역은 완성된 것이 된다. 정리해 본다.

The optical fiber used in this experiment is made ( ) two types of material : silica for the core and polymer for the coating.

그러면, 마침내 최후의 단계이다. 이 괄호에는 of나 from 어느 것이 들어가게 된다. 답을 하면 of가 들어가는 것이다. of를 사용하는 것은 제품이 재료의 모습을 남기고 있어 보아서 아는 경우이고, 이 예제도 이것에 적용된다. 한편, from은 재료의 모습을 남기지 않는 경우에 이용되는 것이다. 상기 했으면 한다.

【번역】   The optical fiber used in this experiment is made of two types of material : silica for the core and polymer for the coating.

〈예제 2〉   어느 제조업자도 한정된 경제상의 자원의 허락 범위 내에서 양질의 부품을 생산하는 것에 흥미를 갖고 있다.

〈단어〉 부품 → parts

〈포인트〉

· 「~을 생산하다」에는 produce를 사용할 것.
· 「한정된」은 어떻게 하여 표현하면 좋은가?
· 「~의 허락 범위 내에서」는 전치사 하나로 충분하다.

〈착안점〉

「제조업자」는 manufacture이다. 이것에「어느」가 붙어 있는 것이지만, 이 것에는 every 라고 하는 형용사를 사용하면 좋다. every는 단수명사를 수식하여「모든, 어느~도」의 의미를 나타낸다. 이 "every + 명사"는 단수 취급이 되는 것에 주의하자.

「~에 흥미를 갖고 있다」는 익숙한 be interested in~이다. 이 뒤에「양질의 부품을 생산하는 것」이 온다. 밑줄 친 부분에 produce를 사용하자. in의 뒤에는 동사를 놓지 않으므로 동명사로 할 필요가 있다. 즉 producing으로 하는 것이다.「양질의 부품」은 quality parts로 한다. quality는 명사이지만, 형용사적으로「양질의」이라고 하는 의미로 사용되는 일이 많다. 이 quality 에 high를 붙여 high-quality로 해도 좋을 것이다. 이상을 요약해 보자.

Every manufacturer is interested in producing quality parts.

마지막은「한정된 경제상의 자원의 허락 범위 내에서」인데, 밑줄 친 부분에 상당하는 단어를 즉각 생각해 낼 수 있을까? 답은 형용사 limited이다. 이것이「경제상의 자원」economic resources를 수식하게 된다.「자원」resource는 통상 복수형으로 하기 때문에 여기서도 s를 붙이자.「~의 허락 범위 내에서」는 전치사 within 한 단어로 나타낼 수가 있다.「~의 허락」이라는 말에 사로잡히어 생각하다 지칠 필요는 없다. 요약하면,

within limited economic resources

로 된다.

그러나 이「자원」은 누구의 것인가 하는 의문이 일어나지는 않은가? 이것 은 물론「제조업자」의「자원」이다. every~는 보통 his로 받으므로 여기서 도 그렇게 하자. 결국,

within his limited economic resources

로 된다.

【번역】 Every manufacturer is interested in producing quality parts within his limited economic resources.

〈예제 3〉   이 방법은 전문가 시스템을 위한 지식 베이스에 관련하는 규
칙을 구축하는 데는 효율적인 것처럼 생각된다.

〈단어〉   전문가 시스템 → expert system
지식 베이스 → knowledge base

〈포인트〉

· 「~을 구축하다」에는 construct를 이용할 것.
· 「~에 관련하다」는 "「관계」의 표현"인 be related to를 이용해 보자.

〈착안점〉

"골격"을「이 방법은 규칙을 구축하는 데는 효율적인 것처럼 생각되다」로
하여 우선은 이것부터 달라붙는 것으로 하자.

여기서「~인 것처럼 생각되다」는 seem [to be]를 사용하자. 비슷한 말로
appear와 look이 있지만, 이것들은 주로 외관이나 모습이「~와 같이 보이
다」로 시각에 의한 판단의 경우에 이용한다. 그것에 대하여 seem은 말하는
사람의 주관에 기반하여「~같다」로 판단하는 경우에 이용된다. 여기서는
시각적인 판단이 아니면 안 되므로 seem을 사용하려고 한다.

그러면「이 방법은」this method를 주어로 하면 영역은 아래와 같은 말머
리가 된다.

This method seems to be efficient for~

efficient는「효율적인」이란 의미에서는 전치사에는 for를 취한다. 이 뒤에
는「규칙을 구축하다」가 온다. 여기서는 construct라는 동사를 사용하면
construct rules가 가능하지만, 전치사 뒤이므로 동명사로 하지 않으면 안 된
다. 즉 for constructing rules로 된다. 요약하자.

This method seems to be efficient for constructing rules.

다음에 "살"을 붙이자. 위에 보인 영문에「전문가 시스템을 위한 지식 베이
스에 관련하는」에「규칙」을 수식하는 것이지만, 밑줄 친 부분에는 포인트
에서 설명한 바와 같이 be related to를 이용하는 것으로 한다. 원래 관계대

명사를 사용할 필요는 없고 rules related to~로 하면 좋다.

이 뒤에「전문가 시스템을 위한 지식 베이스」가 온다. 이것은 a knowledge base for expert systems로 한다. 이것으로 영역은 완성이다.

【번역】 This method seems to be efficient for constructing rules related to a knowledge base for expert systems.

〈예제 4〉 본 논문의 목적은 주파수 선택성 페이딩에 대처할 수 있는 실용적인 음성대역 HF 모뎀을 설계하여 세우는 것이다.

〈단어〉 주파수 선택성 페이딩 → frequency selective fading
음성대역 → voiceband, 모뎀 → modem

〈포인트〉

· 「세우다」에는 build를 사용할 것.
· 「본 논문의 목적은~하는 것이다」는「목적」의 표현이다. The aim of~ 으로 시작해 보자.

〈착안점〉

「본 논문의 목적은~하는 것이다」는 "「목적」의 표현"으로 채택한 표현으로 아직 학습하지 않은 사람은 그 항목도 참고 했으면 한다.「목적」을 aim으로 하면 이 문장은

The aim of this paper is to~

라는 모양이 된다. to 직후에「설계하여, 세우다」가 온다. 이것은 design and build로 한다. 목적어는「실용적인 음성대역 HF 모뎀」이다.「실용적인」은 practical 이라는 형용사를 사용한다. 「음성대역 HF 모뎀」은 voiceband HF modem이다. 지금까지를 요약하면,

The aim of this paper is to design and build a practical voiceband HF modem.

이 된다.

그런데, 이 모뎀은 「주파수 선택성 페이딩에 대처할 수 있다」라는 이점을 갖고 있다. 그렇다고 해서 두개의 문장으로 하는 것은 아니다. 관계대명사를 이용하자. 「~로 대처할 수 있다」는 can cope with로 대처할 수 있다. 이 다음에는 「주파수 선택성 페이딩」 frequency selective fading을 놓는다. 이것에 의해

(modem) that can cope with frequency selective fading.

로 되는 것이다. 이것으로 본 예문의 영역은 완성되게 된다. 이 책으로 기술 영어를 처음부터 학습해 온 사람이라면 본 예문을 읽으면 곧 영문의 구조가 눈에 떠오름에 틀림이 없다. 다음은 어휘, 전문용어를 조금씩 늘이는 노력을 해 가면 좋다.

【번역】 The aim of this paper is to design and build a practical voiceband HF modem that can cope with frequency selective fading.

〈예제 5〉 이 전류 센서는 전류에 의해 생기는 자장을 이용하는 것으로 기능하는 호올 효과 소자이다.

〈단어〉 호올 효과 소자 → Hall effect device

〈포인트〉

· 「생기다」는 create를 사용할 것.

〈착안점〉

「이 전류 센서는 호올 효과 소자이다」를 처음에 번역해 보지만, 이것은 간단히

This current sensor is a Hall effect device.

로 번역할 수가 있다.

단, 여기서 부정관사 a는 「일종의」라는 의미가 포함되어 있다고 생각할

것. 즉 호올 효과를 이용한 소자에는 여러 가지 종류가 있지만, 여기서의 전류 센서는 그중 하나이다. 라는 것이다. 「일종의」는 원문에는 쓰여 있지 않지만, 위에서 말한 것과 같은 숨겨진 의미가 있는 것이라고 이해했으면 한다.

다음은 「전류에 의해 생기는 자장을 이용하는 것으로 기능하다」를 덧붙이고 싶다. 그러기 위해서는 관계대명사를 이용하는 것으로 하자. 「기능하다」는 operate를 사용한다. 또 「자장을 이용하는 것으로」는 by using the magnetic field로 가능하다. by는 수단을 나타내기 위하여 사용한 것으로 물론 수동태의 동작주어를 나타내는 by는 아니다. 또 by의 뒤에는 동사는 놓지 않고, 동명사로 하지 않으면 안 되는 것은 말할 필요도 없는 것이다. 요약해 보면

which operates by using the magnetic field

로 된다.

한편, 「자장」은 「전류에 의해 생기다(만들어 내어지다)」이다. 「생기다」에는 동사 create를 사용하는 것으로 한다. 이것을 관계대명사를 이용하여 번역하면

(the magnetic field) <u>which is</u> created by a current.

로 되지만, 밑줄 친 부분은 생략하는 편이 좋다. 즉 과거분사로 직접 「자장」을 수식하는 것이다. 이미 관계대명사는 사용하고 있는 것이므로 여기서도 이것을 사용하면 영문이 번거롭게 되기 때문이다.

【번역】 This current sensor is a Hall effect device which operates by using the magnetic field created by a current.

〈예제 6〉 최근 20년에 걸쳐 SQUID는 전이 온도가 23K 이하인 종래의 초전도체 즉 저온초전도체로 제작되어 왔다.

〈단어〉 전이 온도 → transition temperature
초전도체 → superconductor

〈포인트〉

· 「~로 제작되어 왔다」에는 fabricate를 사용할 것. 또 과거의 동작이 현
재와 연결을 갖고 있다고 생각하여 현재완료형을 사용하여 번역하여 보
자.

〈착안점〉

「최근 20년에 걸쳐」를 단숨에 번역하는 것이 가능 할까? 「~에 걸쳐서」
는 over로 나타낼 수가 있다. 그러면 「최근 20년간」은 어떻게 생각하면 좋
을까 하면 이것은 「과거 20년간」 혹은 「최근의 20년간」과 같은 의미라고 알
아차릴 것이다. 그러면 past라는 형용사를 생각해 낸다. 결국 영역은 아래와
같이 된다.

　Over the past 20 years

다음에 「SQUID는 전이 온도가 23K 이하인 종래의 초전도체 즉 저온초전
도체로 제작되어 왔다」에 달라붙자.

SQUID는 superconducting quantum interference device (초전도 양자 간
섭소자)의 약어이다. 이것을 복수형 즉 ~devices로 하면, 약어 쪽도 복수형으
로 하지 않으면 안 된다. 그 때문에 SQUID를 SQUIDs로 하게 된다. 약어의
복수형은 's(아포스트로피)를 붙이는 것이 원칙이라고 이야기 되고 있지만, 실
제로는 아포스트로피를 생략하는 일이 많다. 여기서는 일단 생략해 둔다(물론
SQUID's로 해도 좋다). 이 SQUIDs가 주어이다.

「~로 제작되어 왔다」는 fabricate 이라는 동사를 사용하거나 현재완료형
을 이용하여 번역해 보자. 그렇게 하면

　(SQUIDs) have been fabricated from~

이 된다. have been + 과거분사로 된 것은 수동태의 완료형이기 때문이다.

또한 「~로」는 전치사 from으로 나타내고 싶다. 이 from은 원료와 그것으
로부터 만들어진 것과의 사이에 격차가 있는 경우, 바꾸어 말하면 원료가 그
형태를 남기고 있지 않을 때 사용되는 전치사 이지만, fabricate는 from과 궁
합이 좋은 것을 기억해 두기를 바란다.

남은 것은 「전이 온도가 23K 이하인 종래의 <u>초전도체 즉 저온초전도체</u>」

인데, 밑줄 친 부분을 먼저 번역해 둔다.

「종래의」는 conventional 이라는 형용사를 사용하면 좋지만「고전적인, 예로부터의」로 생각하면 classical도 사용할 수가 있다. 또「즉」에는 or를 사용하자. 그러면 밑줄 친 부분은,

conventional for low temperature superconductors

로 영역할 수 있다.「종래의 초전도체」=「저온초전도체」라는 관계가 되지만, 역으로 영문을 한역할 때에 이 or를「혹은」으로 번역하면 오역이 되므로 주의 했으면 한다.

그런데「전이 온도가 23K 이하의」이지만, 이것은「23K 이하의 전이온도를 갖고 있다」로 고쳐 쓰면 영역이 쉽게 된다. 현재분사를 이용하면

having transition temperatures below 23k

로 번역할 수가 있고, 이것을 superconductors의 뒤에 놓으면 좋다.

여기서 below는「미만」이므로「이하」에는 사용할 수 없을 것이라고 하는 사람도 있을 것이라고 생각되지만 엄밀히 묻지 않으면 below를「이하」에 사용해도 좋다. 여기서는 이것으로 충분할 것이다. 아무리해도 엄밀한 의미의「이하」에 구애되고 싶으면 23 k or (and) below로 하면 좋다.

【번역】 Over the past 20 years SQUIDs have been fabricated from conventional or low temperature superconductors having transition temperatures below 23k.

228

CHECK TEST 22

Fill in the blanks with the correct word.

(1) The optical fiber used in this experiment is _____ __ two types of material : silica for the core and polymer for the coating. (이 실험에서 사용된 광섬유는 두 종류의 재료로 만들어지고 있다. 즉 중심부에는 규소, 피복에는 중합체이다)

(2) Every manufacturer is interested in _____ quality parts within __ limited economic resources. (어느 제조업자도 한정된 경제상의 자원의 허락 범위 내에서 양질의 부품을 생산하는 것에 흥미를 갖고 있다)

(3) This method _____ to be efficient for _____ rules _____ to a knowledge base for expert systems. (이 방법은 전문가 시스템을 위한 지식 베이스에 관련하는 규칙을 구축하는 데는 효율적인 것처럼 생각된다)

(4) The ___ of this paper is to design and _____ a practical voiceband HF modem that can cope with frequency selective fading. (본 논문의 목적은 주파수 선택성 페이딩에 대처할 수 있는 실용적인 음성대역 HF 모뎀을 설계하여 세우는 것이다)

(5) This current sensor is a Hall effect device which operates by _____ the magnetic field _____ by a current. (이 전류 센서는 전류에 의해 생기는 자장을 이용하는 것으로 기능하는 호올 효과 소자이다)

(6) _____ the past 20 years SQUIDs have been _____ from conventional __ low temperature superconductors having transition temperatures below 23k. (최근 20년에 걸쳐 SQUID는 전이 온도가 23K 이하인 종래의 초전도체 즉 저온초전도체로 제작되어 왔다)

〈해답〉 (1) made, of (2) producing, his (3) seems, constructing, related
(4) aim, build (5) using, created (6) Over, fabricated, or

Expression

「**의 존**」의 표현

---

depend on (upon)   (~에 의존하다, 의지하다)

be dependent on (upon)   (~에 의존하다, 의지하고 있다)

rely on (upon)   (~에 의존하다, 의지하다)

rest on (upon)   (~에 의존하다, 의지하다)

☞ 이 들 모두 전치사는 on(upon)을 취한다.

〈예제 1〉   이들 추정치는 힘의 방향과 크기 어느 쪽에도 의존하지 않는다.

〈단어〉   추정치 → estimated values

〈포인트〉

· 「A도 B도 ~ 아니다」라는 전체 부정이다.

· 「의존하지 않다」는 depend on (upon)을 사용할 것.

〈착안점〉

이 문제는 「~어느 쪽에도 의존하지 않다」라는 전체 부정의 문장이다. 「A도 B도 아니다」라고 하면 "neither A nor B"를 생각해 낼 것이다. 이것을 이용하여 영역해 보자.

The estimated values depend on neither the direction nor the
magnitude of the force.

이것으로 영역은 완성이다. 너무나 싱거우므로 다음은「A나 혹은 B」의
"either A or B"를 사용해서 영역을 시도해 보고 싶다. 이 상관어구의 앞에
부정어를 놓으면 전체 부정이 되는 것을 알아차렸으면 한다. 그러면 나타내
자.

The estimated values do not depend on either the direction or the
magnitude of the force.

그런데 "neither A nor B" 혹은 "either A or B"가 주어로 되면 동사는 nor
(or)의 뒤의 맞춘다는 것을 기억하고 있는가? 잊고 있는 사람은 여기서 확실
히 기억했으면 한다.

【번역】 1. The estimated values depend on neither the direction nor the
magnitude of the force.
2. The estimated values do not depend on either the direction or the
magnitude of the force.

〈예제 2〉 광전지 에너지 변환효율은 소수 운반자의 수명에 크게 의존한다.

〈단어〉 광전지 → photovoltaic cell
변환효율 → conversion efficiency
소수 운반자 → minority carrier

〈포인트〉

· 「의존하다」에 depend on과 be dependent on을 사용하여, 두 가지의 영
역을 마련할 것.

〈착안점〉

처음에는 depend on을 이용한 영역을 시도하자.
「광전지 에너지 변환효율은」까지가 주어로 되지만, 이것은 간단할 것이다.

The energy conversion efficiency of photovoltaic cells이다.

그러면「소수 운반자의 수명에 크게 의존하다」의「크게」는 어떠한 부사를 이용하면 좋을 것인가? 조금 생각하면 이 의미하는 곳은「강하게」라는 것을 알 수 있을 것이다. 즉 strongly이다. 이와 같이 한국어의 진정한 의미를 정확히 이해한다고 하는 것은 영역에 있어서 상당히 중요한 것이다. 영역도 우선은 한국어로부터 이다.

「소수 운반자의 수명」은 그 어순대로 번역하면 좋다. the minority carrier life-time이다. 그러면 요약해 보자.

The energy conversion efficiency of photovoltaic cells depends strongly on the minority carrier life-time.

strongly는 depends on의 사이에 끼울 것. 또 depends의 s를 넣는 것을 잊지 않을 것. 곧바로 눈앞에 cells 라는 복수형이 취해져서 s를 빠뜨리는 사람이 없다고는 말할 수 없기 때문이다.

다음은 be dependent on을 이용하여 영역해 보자.

지금까지 설명한 것이 완전히 이해가 되었으면 쉽게 영역할 수 있을 것이다. depends strongly on을 is strongly dependent on으로 바꾸어 놓는 것뿐이다. 단, strongly를 dependent on의 사이에 놓지 않도록 주의하자. 그러면 영역을 보인다.

【번역】 1. The energy conversion efficiency of photovoltaic cells depends strongly on the minority carrier life-time.
2. The energy conversion efficiency of photovoltaic cells is strongly dependent on the minority carrier life-time.

⟨예제 3⟩   이 방법은 심박 압력장을 계산하는 Tupholme-Stepanishen법에 의존하고 있는데, 연속파도 다룰 수가 있다.

⟨단어⟩   심박 압력장 → pulsed pressure field
연속파 → continuous wave

〈포인트〉

· 「~에 의존하고 있다」에는 rely on을 이용할 것.
· 「~을 계산하기 <u>위한</u>…」과 밑줄 친 부분을 보충하면 적당한 전치사로 처리할 수 있는 것을 눈치 챌 수 있을 것이다.

〈착안점〉

「이 방법은 Tupholme-Stepanishen법에 의존하고 있다」를 우선 처음에 번역해 보자. 포인트에서 설명한 바와 같이 rely on을 사용하는 것으로 한다. 그렇게 하면 아래와 같이 번역할 수 있을 것이다.

This method relies on the Tupholme-Stepanishen method.

이 Tupholme-Stepanishen method는 「심박 압력장를 계산하다」를 위한 것이다. 따라서 「~을 계산하기 <u>위한</u>」으로 밑줄 친 부분을 보충하면 목적을 나타내는 전치사 for가 보여 질 것이다.

「계산하다」라는 동사는 calculate이다. 전치사 뒤에는 동사는 놓지 않으므로 동명사 즉 calculating으로 하지 않으면 안 된다. 무엇을 계산하는가 하면 「심박 압력장」이다. 요약하면,

for calculating pulsed pressure field

로 된다. 이것은 Tupholme-Stepanishen method를 수식하는 형용사구이다.
지금까지의 부분을 정리하면,

This method relies on the Tupholme-Stepanishen method for calculating pulsed pressure field.

라는 영역이 된다.

다음은 「연속파도 다룰 수가 있다」로 옮기는데, 이것은 아무런 문제도 없을 것이다. 「다루다」는 handle이라는 타동사를 사용하면 좋다. 밑줄 친 부분은 부사인 also를 이용하자. 번역은 아래와 같이 된다.

and can also handle the continuous wave.

【번역】 This method relies on the Tupholme-Stepanishen method for calculating pulsed pressure field, and can also handle the continuous wave.

234

CHECK TEST 23

Fill in the blanks with the correct word.

(1) 1. The estimated values _____ on _____ the direction ___ the magnitude of the force.

    2. The estimated values do not _____ on _____ the direction _ the magnitude of the force. (이들 추정치는 힘의 방향과 크기 어느 쪽에도 의존하지 않는다)

(2) 1. The energy conversion efficiency of photovoltaic cells _____ strongly _____ the minority carrier life-time.

    2. The energy conversion efficiency of photovoltaic cells _ strongly _____ on the minority carrier life-time. (광전지 에너지 변환효율은 소수 운반자의 수명에 크게 의존한다)

(3) This method _____ on the Tupholme-Stepanishen method for _____ pulsed pressure field, and can also handle the continuous wave. (이 방법은 심박 압력장을 계산하는 Tupholme-Stepanishen법에 의존하고 있는데, 연속파도 다룰 수가 있다)

〈해답〉 (1) ①depend, neither, nor ②depend, either, or (2) ①depends, on ②is, dependent (3) relies, calculating

Expression

「**유지 · 보유**」의 표현

---

maintain (~을 유지하다, 보유하다)

keep (~을 유지하다, 보유하다)

hold (~을 유지하다, 보유하다)

preserve (~을 유지하다, 보유하다)

retain (~을 유지하다, 보유하다)

sustain (~을 유지하다)

〈예제 1〉 이들 레이저 주파수 안정도는 아무런 조정하는 일 없이 며칠 간 유지 되었다.

〈단어〉 주파수 안정도 → frequency stability

〈포인트〉

· 「유지되었다」에는 maintain을 사용할 것.

· 「아무런 조정 하는 일 없이」는 어떻게 표현 하면 좋을까?

〈착안점〉

「주파수 안정도」를 주어로 하면 당연히 수동태의 문장이 된다. 이 주어는

「이들 레이저의」로 수식되고 있으므로 주어부는 아래와 같이 된다.

The frequency stabilities of these lasers

이것이 「아무런 조정하는 일 없이, 며칠간 <u>지속되었다</u>」인데 밑줄 친 부분에는 maintain이라는 동사를 사용하는 것으로 한다. 과거시제의 수동태이므로 were maintained라는 모양으로 되는데, 이 뒤에는 「며칠간」 또는 「아무런 조정하는 일 없이」가 이어지게 된다. 「며칠간」은 for several days이다. 그러면 「아무런 조정하는 일 없이」는 어떻게 표현하면 좋은 것일까?

「<u>아무런 조정하는 일 없이</u>」의 밑줄 친 부분의 뉘앙스는 any를 사용하여 나타낼 수가 있다. any는 부정문 (not~)과 함께 이용하면 「조금도, 어느 것도~아니다」라는 의미를 나타낸다. 그러나 여기서는 부사구를 덧붙이는 모양으로 한다.

그러면 부정의 의미를 갖는 전치사에는 무엇이 있는가 하면 without (~없이)을 생각할 것이다. 즉, without any~로 하면 좋다. 이것으로 「(아무런)~하는 일 없이)」라는 의미를 표현할 수 있는 것이다. 따라서 「아무런 조정하는 일 없이」는 without any adjustment로 번역할 수가 있다.

【번역】   The frequency stabilities of these lasers were maintained for several days without any adjustment.

〈예제 2〉   피변조 광 파워는 광 굴절효과를 저감시키기 위하여 낮게 유지 되었다.

〈단어〉   피변조광 파워 → modulated optical power
         광 굴절효과 → photorefractive effect

〈포인트〉

· 「유지되었다」에는 keep를 사용할 것.
· 본 예제는 "S+V+O+C" 문형으로, O를 주어로 하여 번역하는 것으로 한다.

〈착안점〉

처음에「피변조 광 파워는 낮게 유지되었다」의 영역에 달라붙는 것으로 한다. 원문으로부터「피변조 광 파워」modulated optical power가 주어로 되는 것을 알지만, 곧장 원문의 영역을 시작하기 전에「우리들은 피변조 광 파워를 낮게 유지했다」라는 문장을 영역하는 것으로 한다. 그러한 단계를 밟는 편이 영역하는 과정이 명확하게 된다고 생각되기 때문이다.

그런데 이 문장은 제5문형 (S+V+O+C)로 번역하지 않으면 안 된다. 즉「O를 C에 유지하다」라는 것으로 여기서 O는「피변조 광 파워」라는 명사, C는「낮은」이라는 형용사이다. 그리고「유지하다」에는 keep을 사용한다. 이와 같이 이 동사는 제5문형에 이용된다.

We kept the modulated optical power low.

다음에 이것을 the modulated optical power를 주어로 한 수동태로 바꾸어 쓰자. 이것이 원문의 영역이 된다.

The modulated optical power was kept low.

we와 같이 막연한 일반 사람을 나타내는 경우에는 by~가 생략되는 것은 알고 있는 바와 같다. 이와 같이 동사와 문형의 관계를 말끔히 파악하는 것으로 영역에 확신을 갖게 되는 것을 명심하기 바란다.

남은「굴절효과를 저감시키기 위하여」는 목적을 나타내는 부정사를 사용하여 영역하면 좋다. 밑줄 친 부분에는 reduce라는 동사를 사용하자. 이것은「~을 저감하다」라는 타동사이므로 목적어가 필요하다. 이것이「광굴절 효과」이다.

to reduce the photorefractive effect

목적의 의미를 명확히 하기 위하여 in order to 나 so as to를 이용할 수가 있지만, 여기서는 to만으로 충분할 것이다.

【번역】 The modulated optical power was kept low to reduce the photorefractive effect.

〈예제 3〉 이들 시험을 위해서는 고온에 있어서 샘플을 안정한 상태인 채로 유지하는 것이 필요하다.

〈단어〉 샘플 → sample

〈포인트〉

· 「~상태인 채로 유지하다」에는 hold를 이용할 것.

〈착안점〉

「이들 시험을 위해서는」의 밑줄 친 부분은 전치사 for를 이용하면 좋다.

　　For theses tests

다음은 「고온에 있어서 샘플을 안정한 상태인 채로 유지하는 것이 필요하다」이다. 밑줄 친 부분은 at high temperatures로 좋지만, high는 higher로 해도 좋다. 여기서 왜 비교급이 나왔는가를 생각하는 사람도 있을지 모르겠으나 이것은 바른 용법이다. 이 비교급을 절대 비교급이라고 하는데 비교의 대상이 명확하기 않고, 막연하고 정도가 높은 경우에 이용한다. higher education(고등교육)이나 the greater part of the city(시의 대부분)등도 이 예이다.

　그런데 「샘플을 안정한 상태인 채로 유지하는 것이 필요하다」인데 여기서는 hold를 사용하여 영역하는 것으로 하고 싶다. 이 hold라고 하는 동사는 "hold + (대) 명사 + 형용사 (구)"의 구문으로, 「~을…상태로 해 두다」라는 의미를 나타낸다. 즉, 「샘플을 안정한 상태인 채로 유지하다」는

　　hold the samples stable

로 번역할 수가 있다.

　마지막은 「~하는 것이 필요하다」인데 이것은 형식주어 it을 이용한 to부정사를 이용하면 좋다. 문장 정말의 주어, 즉 진주어는 to~이하이다.

　　it is necessary to (hold)

【번역】　For theses tests, it is necessary to hold the samples stable at high temperatures.

〈예제 4〉　이 광섬유는 편광을 보전하지 않으므로 A점에 있어서 출력 SOS는 반드시 선형이라고는 할 수 없다.

〈단어〉　광섬유 → optical fiber

　　　　편광 → polarization

　　　　SOS = state of polarization

〈포인트〉

· 「~을 유지하지 않기 때문에」에는 preserve를 사용할 것.
· 「반드시~라고는 할 수 없다」는 부분 부정이다.

〈착안점〉

「이 광섬유는 편광을 <u>보전하지 않으므로</u>」를 처음에 정리하자. 밑줄 친 부분에는 preserve를 사용하는 것으로 한다. 「이」는 the를 이용하지만, this라도 좋다.

　Since the optical fiber does not preserve the polarization,

　다음은 「A점에 있어서 출력 SOS는 반드시 선형이라고는 할 수 없다」에 달라붙자. 「<u>A점에 있어서</u> 출력 SOS」가 주어부이지만, 밑줄 친 부분은 at point A로 하면 좋다. 따라서 the output SOS at point A로 할 수 있다. 또 「반드시~라고는 할 수 없다」라는 일부분을 부정하는 방법을 포인트에서 설명한 바와 같이 부분부정이라고 한다. 본 예제에서는 not necessarily를 사용하는 것으로 한다.

One Point Advice ···

● 부분부정

「반드시~라고는 할 수 없다」라고 하는 부분을 부정하는 방법을 부분부정이라고 한다. all, both, every, quite, always, necessarily라는 「전부」「반드시」의 의미를 나타내는 말이 부정되면 「전부가~라고는 할 수 없다」「반드시~라고는 할 수 없다」의 의미를 나타내는 것이다. 몇 개인가의 예를 들어보자.

not all (every) ···모두 ~라고는 할 수 없다.

not both··· 양쪽 모두~라고는 할 수 없다.

not necessarily (always)··· 반드시~라고는 할 수 없다.

not quite (altogether)··· 전부~라고 하는 것은 아니다.

동사는 be 동사이고, 주어가 3인칭 단수이므로 is로 한다. 또 보어는 「선형의」 linear이라는 형용사를 이용하면 좋다. 그러면 요약해 보자.

the output SOS at point A is not necessarily linear.

【번역】   Since the optical fiber does not preserve the polarization, the output SOS at point A is not necessarily linear.

CHECK TEST 24

Fill in the blanks with the correct word.

(1) The frequency stabilities of these lasers were _____ for several days _____ any adjustment. (이들 레이저 주파수 안정도는 아무런 조정하는 일 없이 며칠간 유지 되었다)

(2) The modulated optical power was ____ ___ to reduce the photorefractive effect. (피변조 광 파워는 광 굴절효과를 저감시키기 위하여 낮게 유지 되었다)

(3) For theses tests, it is necessary to ____ the samples _____ at high temperatures. (이들 시험을 위해서는 고온에 있어서 샘플을 안정한 상태인 채로 유지하는 것이 필요하다)

(4) Since the optical fiber does not _____ the polarization, the output SOS at point A is not _____ linear. (이 광섬유는 편광을 보전하지 않으므로 A점에 있어서 출력 SOS는 반드시 선형이라고는 할 수 없다)

〈해답〉 (1) maintained, without (2) kept, low (3) hold, stable (4) preserve, necessarily

Expression

「변 화」의 표현

change (~을 바꾸다)
change~into… (~을…로 바꾸다)
be changed into (~로 변화하다)
alter (~로 바꾸다)
alter~into… (~을…로 바꾸다)
be altered into (~로 바꾸어지다)
vary (~을 바꾸다)
convert (~을 바꾸다)
convert~ into … (~을…로 바꾸다, 변환하다)
turn~into (to)… (~을…로 바꾸다)

☞ change는 「바꾸다」라는 의미의 가장 일반적인 말. 단 가치판단은 포함되
어 있지 않다. alter는 부분적인 곳을 변경하는 의미로 이용된다. vary는
부분적으로 서서히 바뀐다는 의미. convert는 이전과는 다른 목적 · 기능을
위하여 상태나 내용을 바꿀 때 사용된다. turn은 형태 · 성질 · 방향 등을
바꾼다는 의미.

〈예제 1〉   이 변환 필터는 진폭변동을 위상변동으로, 위상변동을 진폭변
동으로 바꾼다.

〈단어〉　변환 필터 → conversion filter

　　　　진폭 (위상) 변동 → amplitude (phase) fluctuation

〈포인트〉

· 「~을 …로 바꾸다」에는 change ~into…를 사용할 것.
· 난잡하게 늘어놓는 영역은 피하고 가능한 말끔한 영역을 시도 했으면 한다.

〈착안점〉

「이 변환 필터는 진폭변동을 위상변동으로 바꾸다」를 처음으로 영역해 보자. 아래와 같이 될 것이다.

This conversion filter changes amplitude fluctuation into phase fluctuation.

「이 변환 필터는 위상변동을 진폭변동으로 바꾸다」도 마찬가지로,

This conversion filter changes phase fluctuation into amplitude fluctuation.

로 번역된다. 이 두개의 영문을 and로 결합하면,

This conversion filter changes amplitude fluctuation into phase fluctuation and changes phase fluctuation into amplitude fluctuation.

으로 된다. 이것으로 일단 영역은 이루어졌다. 그러나 사실은 이것으로 만족하고 싶지 않다. 너무 난잡하게 어질러져 있어 치졸한 영문이라고 생각 들지 않는가? 「변동」(fluctuation)이 네 곳에서 나오므로 어떻게든 궁리하여 줄여보자.

이렇게 생각하면 어떨까? 즉「진폭 및 위상변동을 각각 위상 및 진폭 변동으로 바꾸다」라고 해석하는 것이다. 그렇게 하면「동작」을 두 곳으로 줄일 수가 있다.

「진폭 및 위상 변동」은 amplitude and phase fluctuations「위상 및 진폭 변동」은 phase and amplitude fluctuations로 가능하기 때문이다. 「각각」의 작용을 하는 것은 respectively이다. 이것을 문장의 마지막에 놓으면 좋다.

This conversion filter changes amplitude and phase fluctuations into phase and amplitude fluctuations, respectively.
어떤가? 처음의 영역에 비교하여 산뜻해 지고 있는 것을 느낄 수 있을 것이다. 이것이 창의궁리라고 하는 것이다. "궁리하여 보다 능숙한 영역을 하자" 라는 마음가짐을 갖고 싶다.

【번역】 This conversion filter changes amplitude and phase fluctuations into phase and amplitude fluctuations, respectively.

〈예제 2〉 전이온도가 상당히 높은 초전도 재료가 최근 발견되었기 때문에 초전도 전자공학에 대한 예측은 근본적으로 바뀌었다.

〈단어〉 전이온도 → transition temperature
초전도 재료 → superconducting material
초전도 전자공학 → superconductive electronics

〈포인트〉

· 여기서는 alter를 사용하여 능동태로 영역 했으면 한다. 그러기 위해서는 원문을 상당히 바꾸어 쓸 필요가 있다.
· 원문에서는 과거에 생긴 일 같지만, 현재의 상태로 생각하여 현재시제로 영역할 것.

〈착안점〉

이 예제에서 「~로 바뀌었다」로 과거에 일어난 일 같지만 오히려 현재의 사정으로 번역하는 편이 좋을 것 같다.
바꾸어 말하면 영문이 현재시제라고 하여 「~로 바뀌다」로 한국어로 번역하면 한국어로서 부자연스럽게 된다. 따라서 현재로부터 떨어진 과거의 일에 한정하는 것이 아니라 현재의 상태로 생각하여 현재시제로 영역하자.
그런데 본 예제에서는 alter를 사용하고 능동태로 영역하는 것을 시도해 보

사. 그를 위해서는 한국어 문장을 바꾸어 쓸 필요가 있다. 기술영어에서는 명사표현이 많이 이용되는데 여기서도「초전도 재료가 최근 발견되었기 때문에」라는 동사표현을「초전도 재료의 최근 발견」으로 명사 표현으로 바꾸어 써 보자. 그리고「~의 발견이…을 바꾸다」로 생각하는 것이다. 즉,「발견」을 주어로 하는 것이다. 이「초전도 재료」는「전이온도가 상당히 높다」로 수식되고 있다. 이것도 또「전이온도가 상당히 높다」를 「상당히 높은 전이온도를 갖는」으로 바꾸어 쓰자. 전치사 with가 보여 질 것이다.

그러면 지금까지의 부분을 정리해 보자.

「전이온도가 상당히 높은 초전도 재료가 최근 발견되었기 때문에」

→「상당히 높은 전이온도를 갖는 초전도 재료의 최근 발견은」

다음은 영역이다.

상당히 높은 전이온도를 갖는…with very high transition temperatures

초전도 재료의 최근 발견…the discovery of superconducting materials

이것을 하나로 하면,

The discovery of superconducting materials with very high transition temperatures

로 된다. 이것이 주어부이다.

이 주어부를 고려하면「초전도 전자공학에 대한 예측은 근본적으로 바뀌었다」는「초전도 전자공학에 대한 예측을 근본적으로 바꾸다」로 바꾸어 써진다.「예측」은 (바람직한 일이 일어나는) 가능성, 예상으로 생각하여 prospects(보통은 복수형으로 한다)를 사용하면 뒤에 붙는 전치사는 of나 for이다.「근본적으로」는 fundamentally라는 부사를 사용한다.

~fundamentally alters the prospects of superconductive electronics.

이것을 주어부분의 뒤에 놓으면 전체 번역이 완성된다.

【번역】 The discovery of superconducting materials with very high transition temperatures fundamentally alters the prospects of superconductive electronics.

〈예제 3〉　이 출력 파장은 파장가변 CW원을 사용하는 것으로 쉽게 바꿀
수가 있다. 이 일에 의해 고립파 전송에 최적인 파장에 동조
될 수 있을 것이다.

〈단어〉　파장가변 CW원 → wavelength tunable CW source
고립파 → soliton

〈포인트〉

· 「바꾸다」에는 vary를 사용할 것.
· 세미콜론(;)의 사용법을 알고 있는가?

〈착안점

전반의 「이 출력 파장은 파장가변 CW원을 사용하는 것으로 쉽게 바꿀 수
가 있다」의 영역으로부터 시도하는 것으로 한다.

이 문장의 영역은 쉬울 것이다. 처음에 「이 출력 파장은 쉽게 바꿀 수가
있다」를 vary를 사용해 번역해 보자. 「이 출력 파장」을 주어로 하여 수동
태로 번역해 본다.

The output wavelength can be easily varied.

「파장가변 CW원을 사용하는 것으로」는 「수단」의 표현이다. by를 사용하
자. 이 by의 뒤에는 동명사를 가지고 올 수가 있다. 여기서는 using을 가지고
오면 좋다. 그렇게 하면 아래와 같이 된다.

by using a wavelength tunable CW source

지금까지의 부분을 요약해 본다.

① The output wavelength can be easily varied by using a wavelength
tunable CW source.

다음은 「이 일에 의해, 고립파 전송에 최적인 파장에 동조될 수 있을 것이
다」에 넣자.

「이 일」을 주어로 하는데 이것은 this로 좋다. 이미 설명한 사항을 가리키
는데 this가 이용되기 때문이다. 「가능하게 될 것이다」의 밑줄 친 부분은
will로 좋지만, 「가능하게 되다」에는 enable을 사용하는 것으로 한다. 이

enable은 "enable ~to do" (~에 …하는 것을 가능하게 하다)라는 모양으로 자주 사용되지만, 여기서는 단순한 타동사 즉 「~을 가능하게 하다」로 사용된다. enable의 뒤에는 「동조」 tuning을 놓으면 좋다. 정리하자.

This will enable tuning~

그런데 「동조되다」라는 동사 tune은 "tune ~to…"로 「~을…에 동조시키다」라는 의미를 나타내지만, 지금부터 추측할 수 있는 바와 같이 전치사 to에는 일치(~에 맞추어)의 용법이 있다. 여기서도 tuning 뒤의 전치사는 to가 적당하다. 그렇다고 해도 "enable ~to do"의 구문과는 다르므로 주의했으면 한다. to의 뒤는 동사가 아니라 명사가 오는 것이다. 「고립파 전송에 최적인 파장」은 the optimum wavelength for soliton transmission으로 좋다. 요약하면 아래와 같이 된다.

② This will enable tuning to the optimum wavelength for soliton transmission.

①+②로 전체 번역이 된다.

One Point Advice

● 세미콜론(;)

독자는 세미콜론의 이용법을 알고 있는가? 알고는 있어도 좀처럼 사용할 용기가 없는 것은 아닐까? 여기서는 세미콜론의 용법을 요약해 둔다.

(1) 두 개 이상의 독립절을 등위접속사(and, but, for 등)를 이용하지 않고 연결 될 경우.

(2) 독립절이 접속부사 (therefore, however, accordingly, thus, then, so, also 등)로 연결 될 경우.

(3) 보통은 콤마로 끝날 곳을 절속에 이미 콤마가 이용되고 있기 때문에 읽기 쉽게 하기 위해 접속사의 앞에 둔다.

본 예제의 경우 (2)의 용법에 세미콜론을 사용할 수 있는 것을 이해할 수 있을 것이다.

【번역】   The output wavelength can be easily varied by using a wavelength tunable CW source; this will enable tuning to the optimum wavelength for soliton transmission.

〈예제 4〉   D급 증폭이라는 원리를 사용하는 것으로 전 디지털전력 증폭 기를 세울 수 있다. 이 증폭기에서는 가청신호는 심박 폭 변 조 신호로 변환된다.

〈단어〉   D급 증폭 → class D amplification
전력증폭기 → power amplifier, 가청신호 → audio signal
심박 폭 변조신호 → pulse-width modulated signal

〈포인트〉

· 본 예제는 두 개의 문장으로부터 되고 있는데 관계대명사(전치사의 목적 어로 되는 경우)의 계속 용법을 이용하여 영역했으면 한다.
· 「~는…로 변환되다」에는 convert~into…를 사용할 것.

〈착안점〉

처음에 「D급 증폭이라는 원리를 사용하는 것으로 전 디지털전력 증폭기를 세울 수 있다」를 해결해 두자. 주어를 「전 디지털 전력 증폭기」로 하면

An all-digital power amplifier can be constructed ~

로 쓰기 시작할 수 있다. 수동태로 한 이유는 설명할 필요도 없을 것이다. 이 것에 「D급 증폭이라는 <u>원리를 사용하는 것으로</u>」를 더하면 좋겠는데 밑줄 친 부분은 by using~으로 좋다.

여기까지는 순조롭게 왔는데 남은 「D급 증폭이라고 하는 원리」의 영역에 곤란을 겪는 사람도 있을 것으로 생각된다. 사실은 이것은 전치사 of로 표현 할 수 있는 것이다. 즉, the A of B (B라는 A)라는 동격을 나타내는 of의 용 법을 이용하면 좋다. 그렇게 하면 「D급 증폭이라는 원리」는 the principle of class D amplification으로 번역할 수가 있다. 이상을 요약해 보자.

An all-digital power amplifier can be constructed by using the principle of class D amplification.

다음은 「이 증폭기에서는 가청신호는 심박 폭 변조 신호로 변환되다」로 들어가자.

포인트에서 설명한 바와 같이 여기서는 관계대명사 (전치사의 목적어로 되는 경우)의 계속 용법을 이용하는 것으로 한다(전치사 + 관계대명사의 제한 용법은" 「일으키다」의 표현에서 다룸").

처음은 관계대명사를 이용하지 않고 영역해 본다. 「~는…로 변환되다」에 는 convert~ into…를 사용하지만, 「~」의 부분이 주어로 되기 때문에 수동 태로 하지 않으면 안 된다. 이 문장의 영역은 어렵지는 않으므로 번역을 단 숨에 보이자.

A audio signal is converted into a pluse-width modulated signal <u>in the amplifier</u>.

밑줄 친 부분은 문장 앞에 놓아도 좋다. 문장 앞에 놓으면,

In <u>the amplifier</u>, the audio signal~

이라는 모양으로 된다. 다음은 관계대명사가 나올 차례이다. 밑줄 친 부분을 which로 바꾸어 놓는다. 즉, in which로 한다. 그리고 계속 용법이므로 이 앞 에 콤마를 붙인다. 이것으로 앞 문장에 이어지는 것이 가능하게 된 것이다.

전치사 + 관계대명사의 전치사는 in에 한정되는 것은 아니지만 앞에서 설 명한 바와 같이 절차를 밟으면 적절한 전치사를 찾아낼 수가 있기 때문이다.

【번역】 An all-digital power amplifier can be constructed by using the principle of class D amplification, in which the audio signal is converted into a pluse-width modulated signal.

250

CHECK TEST 25

Fill in the blanks with the correct word.

(1) This conversion filter _____ amplitude and phase fluctuations ____ phase and amplitude fluctuations, respectively. (이 변환 필터는 진폭변동을 위상변동으로, 위상변동을 진폭변동으로 바꾼다)

(2) The discovery of superconducting materials ____ very high transition temperatures fundamentally _____ the prospects of superconductive electronics. (전이온도가 상당히 높은 초전도 재료가 최근 발견되었기 때문에 초전도 전자공학에 대한 예측은 근본적으로 바뀌었다.)

(3) The output wavelength can be easily _____ by using a wavelength tunable CW source; this will _____ tuning to the optimum wavelength for soliton transmission. (이 출력 파장은 파장가변 CW원을 사용하는 것으로 쉽게 바꿀 수가 있다. 이 일에 의해 고립파 전송에 최적인 파장에 동조될 수 있을 것이다)

(4) An all-digital power amplifier can be constructed by using the principle _ class D amplification, in which the audio signal is _____ into a pluse-width modulated signal. (D급 증폭이라는 원리를 이용하는 것으로 전 디지털전력 증폭기를 세울 수 있다. 이 증폭기에서는 가청신호는 심박 폭 변조 신호로 변환된다)

〈해답〉 (1) changes, into (2) with, alters (3) varied, enable (4) of, converted

Expression

「**일으키다**」의 표현

---

cause (~을 일으키다, ~의 원인이 되다)
induce (~을 일으키다, 유도하다)
produce (~을 일으키다, 초래하다)
bring about (~을 일으키다, 성취하다)
give rise to (~을 일으키다, 생기다)

〈예제 1〉 본 논문은 고주파에 의해 원인이 되는 위상 일그러짐이 용량성 변환기의 출력신호에 미치는 영향의 이론적 해석에 관계한다.

〈단어〉 고주파 → higher harmonic(s), 위상 왜곡 → phase distortion
용량성 변환기 → capacitive transducer

〈포인트〉
· 「원인이 되는」에는 cause를 사용할 것.

〈착안점〉
「~에 관계하다」는 "「관계」의 표현"인 be concerned with를 이용하자.

주어는「본 논문」이므로 앞머리는 다음이 된다.

    This paper is concerned with~

다음에「고주파에 의해 원인이 되는 위상 일그러짐이 용량성 변환기의 출력신호에 미치는 영향」의 영역을 시도해 보자.

「~가…에 미치는 영향」에는 "the effect of~on…"이라는 모양이 있다. 「~」의 부분에는「고주파에 의해 원인이 되는 위상 일그러짐」이 그리고 「…」에는「용량성 변환기의 출력신호」가 들어간다. 각각 번역해 보자

① 「고주파에 의해 원인이 되는 위상 일그러짐」의 밑줄 친 부분은 cause 라는 동사를 이용하는 것으로 하지만, 이 동사를 형용사적 용법의 과거분사로 하면 좋은 것에 생각이 이를 것이다. 그렇게 하면

① phase distortion caused by the higher harmonics

가 가능하다.

② 「용량성 변환기의 출력신호」이것은 쉬울 것이다.

② the capacitive transducer's output signals

로 좋다. 그러면 ①과 ②를 the effect of ~on…에 대입하자.

    the effect of phase distortion caused by the higher harmonics on the capacitive transducer's output signals.

남은 것은「~영향의 이론적 해석」이다. 이것은 theoretical analysis of the effect~로 간단하게 번역할 수가 있다. 정리하여 아래의 번역으로 확인했으면 한다.

【번역】   This paper is concerned with the theoretical analysis of the effect of phase distortion caused by the higher harmonics on the capacitive transducer's output signals.

〈예제 2〉   이들의 측정법과 비교하면 Mössbauer 기술에는 감자성계를 유도하지 않는다는 장점이 있다.

〈단어〉   메스바우어 기술 → Mössbauer technique
            감자성계 → demagnetizing field

〈포인트〉

· 「~와 비교하면」에 숨겨져 있는 주어는 「메스바우어 기술」이다. 분사 구문으로 쓰기 시작할 수 있을 것이다.
· 「~을 유도하지 않다」에는 induce를 사용할 것.
· 「감자성계를 유도하지 않는다는」은 that절로 처리할 수 있을까?

〈착안점〉

본 예제는 영어의 기초를 갖고 있지 않는 사람이라면 어려울지도 모른다. 여기서는 분사구문과 동격을 나타내는 that 절이 중요한 포인트가 된다.

우선 처음은 「이들 측정법과 비교하면」이다. 이것에는 주어가 보이고 있지 않지만, 문장의 뜻으로부터 「메스바우어 기술」인 것은 당연히 알 수 있을 것이다. 주어를 보충하여 영역하여 보면,

When Mössbauer techniques are compared to these measuring methods,

로 될 것이다. 「메스바우어 기술」(복수형으로 했다)은 「비교되는」것이므로 물론 수동태로 하지 않으면 안 된다. 또, compared to의 to는 with라도 좋지만, 수동태의 경우에는 to 쪽이 선호되므로 to를 이용했다.

그런데 이 뒤의 문장(주절)에서는 역시 「메스바우어 기술」이 주어가 되고 있다. 그리고 종속절은 「때(when)」를 나타내고 있다. 이러한 경우에는 분사구문을 이용하여 문장을 간결하게 할 수가 있다.

One Point Advice

● 과거분사의 분사구문

과거분사의 분사 구문 만드는 방법을 설명하자.
① 우선은 접속사와 주어를 생략.
② 그렇게 하면 are가 앞부분에 오는데 이것은 being으로 바꾸지 않으면 안 된다.

③ 그 때문에 Being compared~라는 모양이 되지만, 보통은 being은 생략되므로, 결국 단지 Compared~로 되는 것이다. 원래 이런 순서를 취하지 않고, 단숨에 Compared~로 시작되도록 되지 않으면 안 된다.

위에서 보인 과거분사의 분사구문은 종속절이 보이는 "때"와 주절이 보이는 "때"가 일치하는 경우 이다. (예문의 주절은 아직 번역되고 있지 않지만, 일치되고 있는 것은 알 수 있을 것이다). 만약, 종속절의 "때"가 주절의 "때" 보다도 앞이라면 "Having been + 과거분사"의 모양으로 된다는 것도 기억해 두자.

그러면 주절의 「Mössbauer 기술에는 감자성계를 유도하지 않는다는 장점이 있다」에 달라붙자.

밑줄친 부분은 「라는 장점을 갖고 있다」로 생각하여, have the advantage 로 한다. 원래 have the advantage of (~라는 장점을 갖다)라는 표현이 있다는 것을 알고 있는 사람도 많을 것이다. 그러나 여기서는 advantage의 뒤에 of를 놓지 않고, that을 놓아 절을 유도하는 것으로 한다. 여기서 이용되는 that은 대명사가 아니고 앞의 명사와 동격의 관계를 나타낼 때에 이용되는 접속사 이다. 「감자성계를 유도하지 않다」이퀄「장점」이라는 관계가 성립되므로 알 수 있을 것이다. 「메스바우어 기술」을 주어로 하면

Mössbauer techniques have the advantage that~

이라는 모양이 된다.

그런데 이 that절에는 주어가 필요하다. 「감자성계를 유도하지 않다」는 「메스바우어 기술」이지만, 이미 화제가 되고 있으므로 they로 받으면 좋다. 그렇게 하면 that절은 아래와 같이 된다.

that they do not induce a demagnetizing field.

induce는 「~을 유도하다」라는 의미의 동사이다.

【번역】 Compared to these measuring methods, Mössbauer techniques have the advantage that they do not induce a demagnetizing field.

<예제 3> 심박에 대한 레이더 단면적을 간단히 정의하는 것은 산란파를
일으키지 않는 반사기에 의해 신호가 반사한다면 가능하다.

<단어> 레이더 단면적 → radar cross section
산란파 → scattered wave, 반사기 → reflector

<포인트>

· 「~을 일으키다」에는 produce를 이용할 것.
· 「~을 간단히 정의 하는 것은」은 명사적 표현으로 하여 이것을 주어부
로 보자.

<착안점>

포인트에서 설명한 바와 같이 「심박에 대한 레이더 단면적을 간단히 정의
하는 것은」을 주어부로 하는데 이 원문을 명사적 표현으로 고치면 아래와
같이 된다.

「심박에 대한 레이더 단면적의 간단한 정의는」

「심박에 대한」의 밑줄 친 부분은 「관련」을 나타내는 전치사 for를 이용
하면 좋다. 「정의」는 definition, 「레이더 단면적」은 radar cross section이
다. 요약하면,

A simple definition of a radar cross section for pulses

로 된다. 이 명사적 표현은 영어다운 표현이라고 할 수 있을 것이다.

이 「정의」는 「가능하다」이므로 주어의 뒤에 is possible을 놓자. 단, 개중
에는 "It is possible to~"의 모양으로 하는 사람도 있을 것으로 생각하지만,
여기서는 영어의 하나의 특징인 명사적 표현을 표면으로 내고 싶으므로 아래
와 같은 모양의 영역으로 하고 싶다.

A simple definition of a radar cross section for pulses is possible.

그런데 다음은 이 문장에 「산란파를 일으키지 않는 반사기에 의해 신호가
반사한다면」을 덧붙이는 것으로 하자.

「~라면」은 조건을 나타내는 if를 사용하는 것으로 한다. 주어를 「신호」

로 하면 「반사기에 의해 신호가 반사하다」는

the signals are reflected by a reflector

로 가능하다.

마지막은 「산란파를 일으키지 않다」인데, 이 주어는 「반사기」이다. 관계대명사를 이용하여 앞에 있는 reflector를 수식하면 좋은 것을 눈치 챘을 것이다. 「~을 일으키지 않다」는 produce (~를 일으키다)를 부정하는 모양으로 한다.

(a reflector) that does not produce scattered waves.

【번역】 A simple definition of a radar cross section for pulses is possible if the signals are reflected by a reflector that does not produces scattered waves.

〈예제 4〉 본 논문에서는 비선형 역학계가 무질서한 행동을 일으키는 조건을 결정하는 문제에 대하여 고찰한다.

〈단어〉 역학계 → dynamical system
무질서한 행동 → chaotic behavior

〈포인트〉

· 「~을 일으키다」에는 give rise to를 사용할 것.
· "전치사 + 관계대명사" (관계대명사가 전치사의 목적어로 되는 경우)의 모양을 사용하는 것일 가능할까?

〈착안점〉

본 예제는 give rise to는 말할 것도 없고, "전치사 + 관계대명사"의 사용법을 학습할 목적으로 만든 것이다. 영역하기 쉽도록 원문을 바꾸어 써 본다.

「본 논문에서는 이 조건을 결정하는 문제에 대하여 고찰 한다. 이 조건 아래에서는 비선형 역학계는 무질서한 행동을 일으키다」

이와 같이 원문을 두 문장으로 분해하여 생각하면 영문의 구조가 이해하기 쉽게 될 것이다. 또 밑줄 친 부분을 덧붙인 것에 주의 했으면 한다.

그러면 제1문장「본 논문에서는 이 조건을 결정하는 문제에 대하여 고찰하다」로부터 달라붙자.

「본 논문」을 주어로 하면,

This paper considers~

라는 영문의 모양이 보여 올 것이다. 고찰하는 것은「이 조건을 결정하는 문제」이다.「결정하다」는 determine이라는 동사를 사용하는 것으로 한다. 그러면「~의 문제」는 the problem of~로 하면 좋은 것이므로 이 of 이하에「이 조건을 결정하다」가 오는 것으로 된다. 그러나 전치사 of의 뒤에는 동사는 놓지 않으므로 동명사의 모양으로 하지 않으면 안 된다. 그렇게 하면 of 이하는 (of) determining the conditions로 될 수 있다. 이상을 정리 하자.

① This paper considers the problem of determining the conditions.

다음은 제2문장「이 조건 아래에서는 비선형 역학계가 무질서한 행동을 일으키다」로 옮긴다.

「~을 일으키다」에는 give rise to를 사용하는 것으로 한다.「이 조건의 아래에서는」은 전치사 under를 사용하여 under the conditions로 한다.「비선형 역학계」를 주어로 하여 영역을 하면 아래와 같이 된다.

A nonlinear dynamical system can give rise to a chaotic behavior under the conditions.

can은 그런 조건하에서는 이론상 무질서한 행동을 일으킨다고 하는 순수의 가능성을 나타내기 위하여 이용했다.

마침내 재미있는 대목에 들어간다. 이 밑줄 친 부분을 문장 앞에 내면

② under the conditions a nonlinear dynamical system can give rise to a chaotic behavior.

라는 모양이 된다. ②를 ①과 비교하여 알 수 있는 것은 the conditions가 겹쳐져 있는 것이다. 그래서 관계대명사 which를 이용하여 하나의 문장으로 하고 싶은 것이다. 제2문장의 the conditions를 which로 바꾸어 놓고 연결시킨다.

이와 같이 전치사 under는 관계대명사와 행동을 같이 한다. 또 "전치사 + 관계대명사" 의 모양을 취하는 것은 which와 whom으로 that은 이 모양을 취

하지 않으므로 주의할 것.

【번역】 This paper considers the problem of determining the conditions under which a nonlinear dynamical system can give rise to a chaotic behavior.

CHECK TEST 26

Fill in the blanks with the correct word.

(1) This paper is concerned with the theoretical analysis of the _____ of phase distortion _____ by the higher harmonics on the capacitive transducer's output signals. (본 논문은 고주파에 의해 원인이 되는 위상 일그러짐이 용량성 변환기의 출력신호에 미치는 영향의 이론적 해석에 관계한다)

(2) _____ to these measuring methods, Mössbauer techniques have the advantage that they do not _____ a demagnetizing field. (이들의 측정법과 비교하면 Mössbauer 기술에는 감자성계를 유도하지 않는다는 장점이 있다)

(3) A simple definition of a radar cross section for pulses is _____ if the signals are reflected by a reflector that does not _____ scattered waves. (심박에 대한 레이더 단면적을 간단히 정의하는 것은 산란파를 일으키지 않는 반사기에 의해 신호가 반사한다면 가능하다)

(4) This paper considers the problem of determining the conditions _____ which a nonlinear dynamical system can give ___ to a chaotic behavior. (본 논문에서는 비선형 역학계가 무질서한 행동을 일으키는 조건을 결정하는 문제에 대하여 고찰한다)

〈해답〉 (1) effect, caused　(2) Compared, induce　(3) possible, produces
(4) under, rise

Expression

「공 급」의 표현

provide　(～을 공급하다)
provide～with…　(～에…을 공급하다)
provide～for…　(…에～을 공급하다)
supply　(～을 공급하다)
supply～with…　(～에…을 공급하다)
supply～to (for)…　(…에～을 공급하다)
furnish　(～을 공급하다)
furnish～with…　(～에…을 공급하다)
furnish～to…　(…에～을 공급하다)
serve　(～을 공급하다)
serve～with…　(～에…을 공급하다)
feed　(～을 공급하다)
feed～into (to)…　(～을…에 공급하다)

☞ provide, supply, furnish에 있어서「～」와「…」의 번역 순서에 주의 할 것.

〈예제 1〉　측정을 완전 자동화하기 위하여 이 증폭기는 자동범위 조절능 력을 갖추고 있다.

〈단어〉 증폭기 → amplifier

　　　　자동범위 조절 → autoranging

〈포인트〉

· 이 예제는 provide (with)를 사용해 영역했으면 한다.
· 「측정을 완전 자동화하기 위하여」를 동사 allow를 사용하여 번역해 보자.

〈착안점〉

우선 「측정을 완전 자동화하기 위하여」를 해결해 두자. 「~을 자동화하다」에는 automate이라는 타동사가 있지만, 여기서는 우리 한국인이 사용하기 어려운 allow라는 동사를 이용하여 영역을 시도해 보고 싶다.

이 allow는 영한사전을 보면 「용서하다, 허가하다, 주다」라는 번역이 기재되어 있을 것이다. 그러나 예를 들면 「A allow B」라는 영문을 「A는 B를 용서하다」로 한역한 경우에는 부자연스러운 한국어가 이루어지는 것이 특히 기술영어의 경우 많다. 이럴 때에는 「A에 의해 B가 가능하다 (B가 가능하게 되다)」라는 해석이 자주 적당한 번역이 된다. 이 예제에서도 밑줄 친 부분의 번역어를 채용하려고 한다. 그러기 위해서는 원문을 고쳐쓰지 않으면 안 된다. 아래와 같이 바꾸어 쓴다.

「측정을 완전 자동화하기 위하여」

→「완전 자동화 된 측정이 될 수 있도록」

이것으로 영역의 모양이 보여 졌다고 생각한다. 아래에 보이자.

In order to allow completely automated measurements,

여기서 조금 주의해 두고 싶은 것이 있다. 「측정」measurement는 본래는 추상명사이지만 보통명사로 전용되고 있는데 위에서 설명한 번역과 같이 자주 복수형으로 이용되고 있다. 또 역으로 영문을 한역하는 경우 measurements를 「측정값」으로 번역하지 않으면 안 되는 경우도 있으므로 이것도 머리 속에 넣어 두었으면 한다.

다음에 「이 증폭기는 자동범위 조절능력을 갖추고 있다」로 옮기자. 이것은 provide~ with… (~에…을 공급하다)을 이용해서 영역할 수 있다. 즉 provide에는 「공급하다, 주다」 뿐만 아니라 「설치하다」 라는 의미도 있는 것이다. 「이 증폭기」 this amplifier를 주어로 하면 be provided with라는 모양으로 되는 것을 알 수 있을 것이다.

그러면 아래에 영역을 보이기로 한다.

this amplifier is provided with an autoranging capability.

여기서도 capability는 추상명사가 보통명사로 전용된 것을, 즉 가산명사로서 사용했다. 이것은 「자동범위 조절」 의 능력으로 구체적이기 때문이다.

【번역】 In order to allow completely automated measurements, this amplifier is provided with an autoranging capability.

〈예제 2〉 동작전력은 이 전원회로에 의해 상부전극의 중심에 공급된다.

〈단어〉 동작전력 → operating power
전원회로 → power circuit
전극 → electrode

〈포인트〉

· 「…에 공급되다」 에는 supply (to)를 사용할 것.
· 「상부전극」 의 상부는 어떻게 나타내면 좋을까?

〈착안점〉

본 예제는 「동작전력」을 주어로 한 수동태로 영역을 하면 좋다는 것은 곧 알 수 있을 것이다. 「…에 공급되다」 에는 supply를 사용 하면 아래와 같은 첫머리가 된다.

Operating power is supplied to…

여기서 supplied의 뒤에 전치사인 to가 오는 것은 표에 예를 든 "supply~ to…" (즉 「~」 의 부분을 앞에 내면), "~be supplied to…"라는 모양으로 되기 때문이다.

다음은 「이 전극 회로에 의해 <u>상부전극 중심</u>」인데, 밑줄 친 부분을 우선하여 번역하기로 한다.

「상부전극」의 상부는 upper(상부의)라는 형용사를 이용하면 좋다. 이것은 다른 것과 구체적으로 비교하는 것은 아니고 단지 막연한 정도의 높은 것을 나타낸다. 이른바 "절대비교급"이다. "「유지 (보유)」의 표현"에서도 설명하고 있으므로 참고했으면 한다. 결국 「상부전극」은 the upper electrode라는 것이 된다. 또 「~의 중심」은 the center of 로 하자. 요약하면

 (~to) the center of the upper electrode

로 된다.

남은 것은 「이 전원회로<u>에 의해</u>」인데 밑줄 친 부분은 "「수단·방법」의 표현"중의 via를 사용해 보면,

 via this power circuit

으로 간단히 해결된다. 이것을 마지막에 가지고 가면 좋다.

【번역】 Operating power is supplied to the center of the upper electrode via this power circuit.

〈예제 3〉 이 높은 pH 시험에 의해 히터의 보호피막은 부식 환경에 노출되게 된다.

〈단어〉 보호피막 → protective coating
    부식 환경 → corrosive environment

〈포인트〉

· 본 예문은 furnish ~to…을 이용하여 영역했으면 한다. 그러기 위해서는 원문을 고쳐 써 생각하면 좋다.

〈착안점〉

이 예문의 어디에 furnish ~to…을 사용하면 좋을까, 독자는 의심스레 생

각할지도 모른다. 그러면 원문을 아래와 같이 고쳐 써 보자.

「이 높은 pH 시험은 히터의 보호피막에 부식 환경을 주다」

이것은 정말로 직역조의 한국어이다. 이처럼 자연스러운 한국어를 일부러 직역조로 바꾸어 쓰는 것에 의해 영역의 구조가 보여 지는 일이 많다(원래 영문을 한역할 때는 직역조는 안 된다). 이 고쳐 쓴 문장에서는 「~에 노출되다」가 소실되어 있다. 그 대신에 「…에~을 주다」 라는 표현이 새롭게 생겼지만, 이것으로 furnish~ to… 라는 표현이 사용되는 것을 알 수 있을 것이다.

그러면 영역에 달라붙자. "부품"을 아래에 보인다.

① 이 높은 pH 시험 … this high-pH test

② 히터의 보호피막 … the protective coating of the heater

③ 부식 환경 … a corrosive environment

다음은 이 "부품"을 조립하는 순서이다. 물론 furnish~ to… 라는 "틀"을 맞추는 것이 된다.

This high-pH test furnishes a corrosive environment to the protective coating of the heater.

이것이 전체의 번역이다. 이 번역과 원문을 대조하면 상당히 다르다고 생각될 것이다. 역으로 말하면 이 영역을 만드는데 영어적 발상이 필요하다. 본 예에 한정되지 않고, 때에 따라서는 발상을 대담하게 전개하는 것도 영어능력의 향상에 도움이 될 것이다.

【번역】　This high-pH test furnishes a corrosive environment to the protective coating of the heater.

〈예제 4〉　이 실험에서는 신경망으로 공급되는 입력의 수는 시행착오에 의해 결정되었다.

〈단어〉　실험 → experiment

실행착오 → trial and error

〈포인트〉

· 「~로 공급되다」에는 feed를 사용할 수가 있다.

〈착안점〉

「이 실험에서는」은 간단할 것이다. 전치사 in을 사용하여

　In this experiment,

로 번역 될 것이다. this는 the 라도 좋다.

　다음의 「신경망으로 공급되는 입력의 수는 시행착오에 의해 결정되었다」
로 밑줄 친 부분은 포인트에서 설명한 바와 같이 feed 라는 동사를 사용 할
수가 있다. 이 동사는 컴퓨터에 데이터 등을 넣을 경우에 이용할 수 있다. 그
것은 어떠하든 우선 「입력의 수는 시행착오에 의해 결정되었다」를 번역해
본다. 「~의 수」는 the number of~이다. 그 뒤에 「입력」 input이 오는데 당
연히 복수형(inputs)으로 하지 않으면 안 된다. 이 「입력의 수」가 결정되었
다 이므로 수동태로 된다. 「~을 결정하다」라는 동사는 determine을 사용
하자. 「시행착오」는 trial and error이다. 요약하자.

　　the number of inputs was determined by trial and error.

　그러면 남겨 놓은 「신경망으로 공급되다」를 덧붙이도록 한다. 공급되는
것은 무엇인가 하면 「입력」이다. 즉 「~로 공급되다」는 「입력」을 수식하
고 있는 것이다. 관계대명사를 이용해도 좋지만, 역시 분사의 형용사적 용법
을 사용하고 싶다. 간결하게 요약하고 싶기 때문이다. 「~되다」라는 수신의
의미를 갖고 있으므로 과거분사가 아니면 안 된다. feed의 과거분사형은 fed
인 것에 주의하여 번역하면,

　　(inputs) fed to the neural network

로 된다. fed 뒤의 to는 into라도 좋다. 표에 실려 있는 "feed~into(to)… (~
을…에 공급하다"라는 표현으로부터 이 전치사를 사용하면 좋은 것을 알 수
있을 것이다.

【번역】　In this experiment, the number of inputs fed to the neural network was
　　　　determined by trial and error.

CHECK TEST 27

Fill in the blanks with the correct word.

(1) In order to _____ completely automated measurements, this amplifier is _____ with an autoranging capability. (측정을 완전 자동화하기 위하여 이 증폭기는 자동범위 조절능력을 갖추고 있다)

(2) Operating power is _____ to the center of the _____ electrode via this power circuit. (동작전력은 이 전원회로에 의해 상부전극의 중심에 공급된다)

(3) This high-pH test _____ a corrosive environment __ the protective coating of the heater. (이 높은 pH 시험에 의해 히터의 보호피막은 부식환경에 노출되게 된다)

(4) In this experiment, the number of inputs ___ _ the neural network was determined by trial and error. (이 실험에서는 신경망으로 공급되는 입력의 수는 시행착오에 의해 결정되었다)

⟨해답⟩ (1) allow, provided   (2) supplied, upper   (3) furnishes, to
(4) fed, to

Expression

「**조절 · 수정**」의 표현

adjust　(~을 조절하다)

regulate　(~을 조절하다)

modulate　(~을 조절하다)

control　(~을 조절하다, 제어하다)

modify　(~을 수정하다)

correct　(~을 수정하다, 보정하다)

amend　(~을 수정하다)

calibrate　(~을 교정하다)

〈예제 1〉　필터뱅크 법의 가장 중요한 이점은 표본화 주파수를 조절하는 것만으로 여러 가지 입력주파수를 통과시키는데 같은 필터 계수를 사용할 수 있는 것이다.

〈단어〉　필터뱅크 → filterbank

표본화 주파수 → sampling rate(= sampling frequency)

〈포인트〉

· 「~을 조절하다」에는 adjust를 사용할 것.

· 「~이라는 것이다」는 접속사 that을 사용하면 표현할 수 있다.

〈착안점〉

「필터뱅크 법의 <u>가장 중요한</u> 이점은 ~이라는 것이다」에 대하여 생각해 보고 싶다. 밑줄 친 부분은 보통은 the most important로 할 것이다. 그러나 primary라는 형용사도 같은 의미로 사용될 수 있는 것을 기억 했으면 한다. 따라서 「필터뱅크 법의 가장 중요한 이점은」은 다음과 같이 번역할 수가 있다.

　The primary advantage of the filterbank approach

또 「~이라는 것이다」는 포인트에서 설명한 바와 같이 접속사 that으로 표현하는 것으로 한다. 이 that은 명사절을 유도하고, 주어나 be동사의 보어, 동사의 목적어로 되기도 한다. 여기서는 be 동사의 보어의 역할을 하게 된다. 즉, is that~이라는 것이 된다. 요약하면

　The primary advantage of the filterbank approach is that~

이 된다.

다음에 「표본화 주파수를 조절하는 것만으로 여러 가지 입력주파수를 통과 시키는데 같은 필터 계수를 사용할 수 있다」에 달라붙자. 「같은 필터 계수」를 주어로 하면 이 문장은 수동태로 번역하게 되므로, ~can be used to… 라는 모양이 보여 온다. 「같은」은 the same으로 the를 붙이자. 따라서 주어는 the same filter coefficients이다. 「통과시키다」는 타동사로서의 pass가 사용된다. 「여러 가지 입력 주파수」는 different input frequencies이다. 이것들을 요약하면,

　the same filter coefficients can be used to pass different input
　frequencies

로 된다.

남은 것은 「표본화 주파수를 조절하는 <u>것만으로</u>」인데, 밑줄 친 부분에 simply를 사용하면 by simply adjusting the sampling rate로 번역할 수가 있다. 「~을 조절 하다」에는 adjust를 이용했지만, 전치사의 목적어로 되므로 동명사로 할 필요가 있다.

【번역】 The primary advantage of the filterbank approach is that the same filter
coefficients can be used to pass different input frequencies by simply
adjusting the sampling rate.

〈예제 2〉   이 AC-AC 직렬 공진변환기는 입력전류뿐만 아니라 출력전압
도 제어한다.

〈단어〉   직렬 공진변환기 → series-resonant converter

〈포인트〉

· 「제어하다」 는 동사 control을 사용한다.
· 「~뿐만 아니라 …도」 를 as well as로 표현했으면 한다.

〈착안점〉

본 예제는「~뿐만 아니라 …도」마저 처리할 수 있다면 간단하게 영역할
수 있다. 「이 AC-AC 직렬 공진변환기」가 어떤 것을「제어하다」는 것이므
로

This AC-AC series-resonant converter controls~

라는 능동태가 된다.

그런데 제어하는 목적이 되는 것은「입력전류」와「출력전압」이다. 각각
을 input currents, output voltages로 복수형으로 하자. 이와 같이 제어하는
것이 두 가지 있는 것이므로 이것을 단순하게 and로 묶으면 원문의 뉘앙스가
생기지 않게 된다. 이것은 원문에서는「출력전압」쪽에 의미상 중점이 놓여
져 있다고 생각되기 때문이다. 여기서는 포인트에서 설명한 바와 같이 as
well as라는 상관어구를 이용하여「~뿐만 아니라 …도」를 표현 하도록 한
다.

"…as well as~"로「~뿐만 아니라 …도」를 의미하지만, 보아서 아는 바
와 같이「~」와「…」의 순서가 반대이다. 그 때문에「입력전류뿐만 아니라
출력전압」은

the output voltages as well as the input currents

로 번역하게 된다.

이어서 "not only~but also…"도 같은 의미를 나타내는 상관어구이다. "…as well as~" 와는「~」와「…」의 순서가 반대인 것에 주의 했으면 한다. 이 "not only~but also…"를 사용하면,

    not only the input currents but also the output voltages

로 되는 것을 이해할 수 있을 것이다.

【번역】   This AC-AC series-resonant converter controls the output voltages as well as the input currents.

〈예제 3〉   다변수 제어 시스템의 동적응답은 적당한 고유구조 배치에 의해 수정할 수가 있다.

〈단어〉   동적응답 → dynamic response
               다변수 제어 → multivariable control
               고유구조 배치 → eigenstructure assignment

〈포인트〉

· 「수정하다」에는 modify를 사용할 것.

〈착안점〉

이 예제의 영역에는 곤란은 없을 것이다. 아래를 읽기 전에 단어를 참고로 하여 자신이 영역을 시도했으면 한다.

「다변수 제어 시스템의 동적 응답」은 the dynamic response of a multivariable control system으로 좋다. 이것을 주어부로 하자. 그렇게 하면 수동태로 쓰게 된다. 기술영어에서는 객관성을 중요시하기 때문에 수동태가 많이 이용되는 것이다. 「수정하다」에는 modify를 이용하면「다변수 제어 시스템의 동적 응답은 수정할 수가 있다」는

    The dynamic response of a multivariable control system can be modified.

로 번역 할 수가 있다.

다음에「적당한 고유구조 배치<u>에 의해</u>」를 덧붙이자. 밑줄 친 부분은 "「수단·방법」의 표현"으로 여기서는 be means of를 이용하는 것으로 한다.「적당한」은 proper라는 형용사를 사용하자. 아래에 번역을 보인다.

by means of proper eigenstructure assignment

한편, 밑줄 친 부분을「을 이용하는 것으로」로 바꾸어 써도 의미는 바뀌지 않는 것을 알 수 있다. 이것을 영역하면,

by using of proper eigenstructure assignment

로 된다. 이처럼 여러 가지 번역하는 방법을 생각하는 것은 영역의 힘을 향상 시키는 좋은 방법이다.

【번역】　The dynamic response of a multivariable control system can be modified by means of proper eigenstructure assignment.

〈예제 4〉　이 기술이 제안 된 것은 하드웨어 고장에 기인하는 잘못을 검출하고 정정하기 위함뿐만 아니라 프로그램의 결함을 찾아내어 제거하기 위함이기도 하다.

〈단어〉　하드웨어 고장 → hardware failure
　　　　결함을 찾아내어 제거하다 → debug

〈포인트〉

· 「정정하다」에는 correct를 사용할 것.
· "not only~but also"의 상관어구를 이용하여 영역해 보자.

〈착안점〉

「이 기술이 제안된 것은」어떻게 번역하면 좋을까? 원문을「이 기술은 ~ 을 위해 제안되었다」로 해석하면 영문의 구조가 머릿속에 떠오를 것이다.

처음에 다음의 두 가지 문장으로 나누어 생각해 보고 싶다.

① 이 기술은 하드웨어 고장에 기인하는 잘못을 검출하고 정정하기 위하여 제안 되었다.

② 이 기술은 프로그램의 결함을 찾아내어 제거하기 위하여 제안 되었다.

①의「정정하다」에는 correct를 이용하자. 또,「~하기 위하여」는 부정사의 목적을 나타내는 부사적 용법이 사용된다.「~에 기인하는 잘못」의 밑줄친 부분은 be caused by로 표현할 수 있는데「잘못」을 수식하는 과거분사의 형용사적 용법으로 처리하자. 이상을 요약하면,

① This technique was proposed to detect and correct errors cased by hardware failure.

로 된다.

②의「결함을 찾아내어 제거하다」라는 동사는 debug이다. 이 단어는 컴퓨터에서 자주 나오므로 알고 있을 것이다. 이 문장은

② The technique was proposed to debug programs.

로 영역할 수 있다.

그러면, 이상의 것을 발판으로 본 예제의 영역을 완성시키기로 하자.

포인트에서 설명한 바와 같이 "not only~but also"의 상관어구를 이용하는 것으로 하고 싶다. 이 상관어구는「~뿐만 아니라…도」라는 의미를 갖고 있는 것은 예제2에서 언급하고 있다.「~」「…」의 부분에는 명사만이 아니라 다른 품사의 단어나 구의 경우도 있다. 여기서는 부사의 작용을 하는 to부정사가 오게된다. 이 상관어구를 이용하여 ①과 ②를 하나로 요약하면,

This technique was proposed not only to detect and correct errors cased by hardware failure but <u>also</u> to debug programs.

로 되는 것을 이해할 수 있을 것이다. 또 밑줄 친 부분의 also는 생략되는 일도 있다.

또 여기서 주의했으면 하는 것은 also 다음에 to를 붙이는 것을 잊어서는 안 된다는 것이다. not only와 but also 뒤에는 원칙으로 같은 종류의 어구가 오지 않으면 안 되기 때문이다.

【번역】   This technique was proposed not only to detect and correct errors
cased by hardware failure but also to debug programs.

〈예제 5〉   데이터 수집 시스템은 신호발생기를 표준원으로서 사용하는
것에 의해 교정되었다.

〈단어〉   데이터 수집 시스템 → data acquisition system
신호발생기 → signal generator
표준원 → standard source

〈포인트〉

· 「교정되었다」에는 물론 calibrate를 사용한다.
· 「~을…로서 사용하다」를 표현하는 데는 as가 사용된다.

〈착안점〉

"골격"은 「데이터 수집 시스템은 교정되었다」이다. 이 영역은 쉽다. 그대
로 수동태로 번역하면 좋다.
The data acquisition system was calibrated.
이 "골격"에 "살"을 붙이자. 즉 「신호발생기를 표준원으로서 사용하는 것에
의해」를 덧붙이는 것이다. 밑줄 친 부분은 전치사 as로 나타낼 수 있다는 것
은 알고 있을 것이다. 예를 들면 「나는 신호발생기를 표준원으로서 이용하
다」는 I use a signal generator as a standard source.로 번역할 수가 있다.
이 영문은 「주어 + 동사 + 목적어 + as + 보어」의 구문으로 되고 있다.
그런데 여기서는 부대상황을 나타내는 분사구문을 이용해 보자. 그렇게 하
면 using a signal generator as a standard source로 되는 것을 알 수 있을
것이다. 이것을 calibrated의 뒤에 놓으면 전체 번역이 완성된다.

【번역】   The data acquisition system was calibrated using a signal generator as
a standard source.

CHECK TEST 28

Fill in the blanks with the correct word.

(1) The primary advantage of the filterbank approach is ____ the same filter coefficients can be used to pass different input frequencies by simply _____ the sampling rate. (필터뱅크 법의 가장 중요한 이점은 표본화 주파수를 조절하는 것만으로 여러 가지 입력주파수를 통과시키는 데 같은 필터 계수를 이용할 수 있는 것이다)

(2) This AC-AC series-resonant converter _____ the output voltages as ____ as the input currents. (이 AC-AC 직렬 공진변환기는 입력전류뿐만 아니라 출력전압도 제어한다)

(3) The dynamic response of a multivariable control system can be _____ by _____ of proper eigenstructure assignment. (다 변수제어 시스템의 동적 응답은 적당한 고유구조 배치에 의해 수정할 수가 있다)

(4) This technique was proposed not ____ to detect and _____ errors cased by hardware failure ____ also to debug programs. (이 기술이 제 안 된 것은 하드웨어 고장에 기인하는 잘못을 검출하고 정정하기 위함뿐 만 아니라 프로그램의 결함을 찾아내어 제거하기 위함이기도 하다)

(5) The data acquisition system was _____ using a signal generator __ a standard source. (데이터 수집 시스템은 신호발생기를 표준원으로서 사 용하는 것에 의해 교정되었다)

〈해답〉 (1) that, adjusting　(2) controls, well　(3) modified, means
(4) only, correct, but　(5) calibrated, as

「방 지」의 표현

```
protect    (~을 보호하다)
protect~from (against) …    (~을…로부터 보호하다)
avoid    (~을 피하다)
avoid …ing    (…하는 것을 피하다)
prevent    (~을 예방하다)
prevent~from …ing    (~가 …하는 것을 예방하다)
remove    (~을 제거하다)
remove~from …    (~을…로부터 제거하다)
keep~from…    (~에…을 시키지 않다)
```

☞ protect ~from (against)…에서는 against 보다도 from 쪽이 일반적이다.

〈예제 1〉   전자 차폐는 전자장치나 시스템을 전자 방해로부터 보호하는
          데 이용된다.

〈단어〉   전자 차폐 → electromagnetic shielding
          전자 방해 → electromagnetic interference

〈포인트〉

· 「~을…로부터 보호하다」이므로 protect~from…을 이용하여 표현한다.

〈착안점〉

이 예문은 protect~from…의 표현만 파악하면 쉽게 영역할 수 있다. 우선, 「전자 차폐는~을…로부터 보호하는데 이용되다」를 번역하면

Electromagnetic shielding is used to protect~from….

으로 된다. 「~」에는 「전자 장치나 시스템」이 그리고 「…」에는 「전자 방해」가 들어가는 것이다. 각각 영어로 하면 Electronic equipment and systems, electromagnetic interference로 된다.

여기서 하나 주의했으면 하는 것은 equipment는 불가산 명사이므로 복수형은 취하지 않는 점이다. 그러면 영문에 적용시켜 보자.

Electromagnetic shielding is used to protect (electronic equipment and systems) from (electromagnetic interference).

이것으로 전체 번역이 완성된 것이다.

너무나 싱거우므로 아직 부족하다고 말하는 사람은 「~을 전자 방해로부터 보호하다」를 「~을 전자 방해의 영향으로부터 보호하다」로 바꾸어 영역을 시도 했으면 한다. from 이하는 다음과 같이 될 것이다.

from the effects of electromagnetic interference

【번역】 Electromagnetic shielding is used to protect electronic equipment and systems from electromagnetic interference.

〈예제 2〉 이 문제는 전류 수송 장치에 기초를 둔 방법을 채용하는 것으로 완전히 피할 수가 있다.

〈단어〉 전류 수송 장치 → current conveyor(s)

〈포인트〉

· 「피하다」에는 물론 avoid를 이용한다.
· 「~하는 것으로」는 수단을 나타내는 by를 사용하는데 그 뒤에는 동명사
  가 이어지는 것에 주의할 것.

〈착안점〉

"골격"은 「이 문제는 피할 수가 있다」이다. 「이 문제」를 주어로 하면 수
동태의 문장으로 되는 것은 쉽게 이해할 수 있을 것이다.

This problem can be avoided.

다음은 "살"을 붙일 순서이다. 「완전히」라는 부사는 completely이지만, 여
기서는 동사를 수식하므로 avoided의 직후에 놓자.

마지막은 「전류 수송 장치에 기초를 둔 방법을 채용하는 것으로」에 달라
붙자. 이 예제에서는 포인트에서 설명한 바와 같이 수단을 나타내는 접속사
by를 사용하는 것으로 한다.

전치사 뒤에는 명사, 대명사, 동명사가 오지만 이것들을 "전치사의 목적어"
라는 것을 알 수 있을 것이다. 「~을 채용하는 것」은 「~을 채용하는 +
것」으로 분해할 수 있다. 즉 동사가 명사로 변화 한 것으로 생각될 수 있을
것이다. 따라서 여기서는 동명사가 전치사의 목적어로 되어 by ~ing 라는
모양이 된다. 「~을 채용하다」라는 동사는 adopt이다. 그리고 이것의 목적
어는 「방법」(approach)이다. 이 「방법」은 「전류 수송 장치에 기초를 둔」으
로 수식되고 있다. 「~에 기초를 둔」은 기술영어에 자주 등장하지만, 이것은
based on ~이라는 수식 어구를 동반한 과거분사를 사용하면 좋다. 그러면
by 이하를 정리해 보자.

by adopting an approach based on current conveyors

이것을 completely의 뒤에 놓으면 전체 번역이 완성되게 된다.

【번역】   This problem can be avoided completely by adopting an approach
based on current conveyors.

〈예제 3〉 이 계획의 주된 목적은 침입자가 자원에 불법으로 접근하는
          것을 막는 일이다.

〈단어〉   자원 → resource

〈포인트〉
· 「~가…하는 것을 막다」는 prevent~from…ing 이다.
· 「~의 목적은…하는 일이다」는 「목적」의 표현으로 받아 들였다.

〈착안점〉
「이 계획의 주된 목적은~하는 일이다」는 " 「목적」의 표현"으로 받아들이
인 The aim of~is to…를 이용하면 좋다. 이것에 「주된」 main이 붙는 것이
므로 The main aim of~is to…이다. 또 「계획」이 오면 plan이나 project가
곧 떠오르겠지만 여기서는 scheme를 사용해 보고 싶다. 이 단어는 plan등 보
다 딱딱한 말로 기술영어에서 제법 보이는 단어이다. 지금까지의 부분을 정
리 해보자.
      The main aim of the scheme is to…
  다음 단계로 옮기는데 「침입자가 자원에 불법으로 접근하는 것을 막다」는
prevent~from…ing를 사용하여 표현하고 싶다. 「침입자」는 intruder이고,
「자원」은 resource이다. 또 「접근은」 access라는 동사이고, 「불법으로」는
부사 illegally를 사용한다. 이것들을 여기서 이용하는 「방지」의 표현,
prevent~from …ing에 적용시켜 보자. 그렇게 하면 아래와 같이 될 것이다.
      prevent intruders from accessing resources illegally
여기서 배운 prevent~from …ing는 동명사를 포함한 관용표현으로서 기억했
으면 한다. 개중에는 prevent~to 부정사로 하는 사람도 없다고는 할 수 없
다. 이것은 틀리므로 주의하자.

【번역】   The main aim of the scheme is to prevent intruders from accessing
         resources illegally.

〈예제 4〉　이 잡음은 고속 푸리에 변환(FFT) 필터에 의해 데이터를 처리
　　　　　하는 것으로 시스템으로부터 제거할 수가 있다.

〈단어〉　고속 푸리에 변환 → fast Fourier transform (tion)

〈포인트〉

· 「~은 (을)…로부터 제거하다」는 remove~from…을 사용한다.
· 「~에 의해」는 수단을 나타내는 전치사 through를 이용하자.

〈착안점〉

　"골격"은 「이 잡음은 시스템으로부터 제거될 수가 있다」이다. 이 문장의
영역으로부터 시작하자.

　「~은 (을)…로부터 제거할 수가 있다」는 remove~from…을 사용하는데
「잡음」으로 해서 보면 「제거 되어지다」이므로 수동태로 되는 것을 알 수
있다. can(~할 수 있다)도 사용하고 싶다. 그렇게 하면,

　　　The noise can be removed from the system.
으로 번역하게 된다.

　다음은 "살 붙이기"인데 「고속 푸리에 변환(FFT) 필터에 의해 데이터를 처
리 하는 것으로」의 밑줄 친 부분은 모두 "「수단·방법」의 표현" 이다. 같
은 단어를 사용하고 싶지 않으므로 각각 by나 through를 사용하는 것으로 한
다. 뒤의 through는 「(필터)를 통해」라는 이미지가 있으므로 형편이 좋을
것이다.

　「고속 푸리에 변환(FFT) 필터」는 fast Fourier transform (FFT) filter이다.
또 「~을 처리하다」라는 동사는 process이지만, 이것이 전치사 by의 뒤에
놓여지므로, 동명사 processing으로 할 필요가 있다. 「데이터」의 단수형은
datum이다. 그러나 보통은 복수형의 data가 사용되므로 여기서도 복수형으로
사용하자. 그러면 요약해 본다.

　　by processing the data through a fast Fourier transform (FFT) filter
　결코 어려운 예문은 아니지만, by~by…와, by를 두 개 사용해서는 보기

흉한 번역이 되어 버리므로 주의했으면 한다.

【번역】   The noise can be removed from the system by processing the data
through a fast Fourier transform (FFT) filter.

CHECK TEST 29

Fill in the blanks with the correct word.

(1) Electromagnetic shielding is used to _____ electronic equipment and systems ____ electromagnetic interference. (전자 차폐는 전자장치나 시스템을 전자 방해로부터 보호하는데 사용된다)

(2) This problem can be _____ completely by _____ an approach _____ on current conveyors. (이 문제는 전류 수송 장치에 기초를 둔 방법을 채용하는 것으로 완전히 피할 수가 있다)

(3) The main aim of the scheme is to _____ intruders ____ accessing resources illegally. (이 계획의 주된 목적은 침입자가 자원에 불법으로 접근하는 것을 막는 일이다)

(4) The noise can be _____ ____ the system by _____ the data through a fast Fourier transform (FFT) filter. (이 잡음은 고속 푸리에 변환(FFT) 필터에 의해 데이터를 처리하는 것으로 시스템으로부터 제거할 수가 있다)

〈해답〉 (1) protect, from (2) avoided, adopting, based (3) prevent, from (4) removed, from, processing

Expression

「문제의 발생 · 해결」
의 표현

arise　(~가 일어나다)

appear　(~가 나타나다)

encounter　(~을 우연히 만나다)

come across　(~을 우연히 만나다)

meet with　(~을 우연히 만나다)

solve　(~을 풀다)

resolve　(~을 해결하다)

settle　(~을 해결하다)

find out　(~을 풀다)

handle　(~을 다루다)

treat　(~을 다루다)

deal with　(~을 다루다)

tackle　(~에 달라붙다)

overcome　(~을 극복하다)

〈예제 1〉　제어 공학에서 생긴 문제의 다수는 고려중인 시스템이 적절한
모델로 기술되면 쉽게 풀 수가 있다.

〈단어〉　제어공학 → control engineering

〈포인트〉

· 「～로 생기다」에는 arise를「풀다」에는 solve를 사용할 것.
· 「고려중의」는 전치사 under를 사용하면 표현할 수 있다.
· 「～되면」은 if로 표현할 것.

〈착안점〉

　처음에「제어 공학에서 생긴 문제의 다수는 쉽게 풀 수가 있다」의 영역부터 달라붙는데 밑줄 친 부분이 주어부분으로 되므로 영역은 수동태로 되는 것을 이해할 수 있을 것이다.

　「～로 생기다」에는 arise를 사용하는 것으로 하자. 「문제의 다수는」은 many problems로 좋다. 이것이「제어공학에서 생기는」으로 수식되고 있으므로 현재분사의 형용사적 용법을 이용하자. 그렇게 하면,

　　Many problems arising in control engineering

가 가능하다. 밑줄 친 부분이 현재분사인 것은 설명할 필요도 없을 것이다. 이 문제가「쉽게 풀 수가 있다」이므로「풀다」에 solve를 사용하자.

　　～can be easily solved.

　다음은「고려중인 시스템이 적절한 모델로 기술되면」으로 옮기자. 「～되면」은「만약～라면」이라는 것이다. 그렇게 하면 조건을 나타내는 부사절을 유도하는 if가 이용될 수 있는 것을 알아차릴 것이다.

　또「고려중의」에는 under consideration 이라는 정해진 말투가 있으므로「고려중인 시스템」은 the system under consideration이 된다. 이 under는「～중의(에)」라는 의미를 갖는다. 예를 들면 under discussion은「토론 중에」, under repair는「수리 중에」라는 의미이다.

　「기술되다」에는 describe라는 동사를 이용하여, is described로 수동태로 한다. 「적절한 모델」은 proper model로 하자.

　　if the system under consideration is described by a proper model.

【번역】   Many problems arising in control engineering can be easily solved if the system under consideration is described by a proper model.

〈예제 2〉   광섬유·디지털 통신에서 직면하는 중요한 문제의 하나는 전 송코드의 설계이다.

〈단어〉   전송코드 → transmission code

〈포인트〉

· 「~에 직면하다」에는 encounter가 사용된다.

〈착안점〉

처음에 「중요한 문제의 하나는 전송 코드의 설계이다」를 해결해 둔다. 우 선 「중요한 문제의 하나는」인데 이것은 one of the important problems로 좋다. 여기서 problems로 복수형으로 하지 않으면 안 되는 것에 주의하자. 문 장의 뜻으로부터 「중요한 문제」는 몇 개인지 없지 않으면 안 된다. 즉 단수 형으로는 논리적으로 이상하게 되는 것이다. 「전송 코드」의 설계는 the design of transmission codes이다. 이 양자는 be 동사로 연결되면 좋다.

One of the important problems is the design of transmission codes.

개중에는 problems에 눈이 어두워져 is를 are로 해버리는 사람도 없다고는 할 수 없다. 기껏해야 be 동사 아닌가? 로 바보로 해서는 안 되는 것이다.

앞으로 진행하자. 다음은 「광섬유·디지털 통신에서 직면하는」이다. 포인 트에서 설명한 바와 같이 「~에 직면하다」에 encounter를 사용하기로 한다. 직면하는 것이 무엇인가 하면 「문제」인 것은 문장의 뜻으로부터 알 것. 그 러면 관계대명사를 이용하여 영어로 번역하면 아래와 같이 될 것이다.

problems <u>that are</u> encountered~

그러나 이 밑줄 친 부분을 생략하면 과거분사의 형용사적 용법이 된다. 과거 분사 encountered가 명사 problems를 뒤로부터 수식하는 경우이다. 생략하는 편이 문장이 간결하게 되기 때문에 밑줄 친 부분을 제거해 버리자. 과거분사의 뒤에는 「광섬유·디지털 통신에서」가 온다. 이것은 in optical fiber digital communications로 하면 좋다. 정리하면 아래와 같이 된다.

problems encountered in optical fiber digital communications

【번역】 One of the important problems encountered in optical fiber digital communications is the design of transmission codes.

〈예제 3〉 수치 해법을 적용하는 것이 이 비주기성 문제를 해결하는 유일한 방법이다.

〈단어〉 수치해법 → numerical solution
비주기성 → aperiodicity

〈포인트〉

· 「~을 해결하다」에는 resolve를 사용할 것.

〈착안점〉

「수치 해법을 적용하는 것이」를 주어부로 하고 싶다. 그를 위해서는 원문을 「수치 해법의 적용이」로 명사적 표현으로 바꾸어 써서 생각하면 영역이 하기 쉽게 된다.

The application of numerical solutions

이것 이퀄 「유일한 방법」이다. 이퀄에 상당하는 것이 be 동사로 여기서는 application은 단수이므로 is를 사용하게 된다. 직전의 solutions에 끌리어 are로 하지 않도록 주의 할 것. 「유일한 방법」은 the only way이다. 한정의 의미가 있기 때문에 정관사 the가 필요하다. 지금까지를 정리하면,

The application of numerical solutions is the only way

로 된다.

이 문장에 「이 비주기성 문제를 해결하다」를 덧붙이는 것인데, 부정사의 형용사적 용법을 이용하면 좋다. 즉 「유일한 방법」을 수식하는 것이다. 「~

을 해결하다」에 resolve를 사용하면

   to resolve this aperiodicity problem

으로 번역할 수가 있다. 수식되는 the only way가 부정사의 의미상의 주어라는 관계, 즉 the only way (S) + resolve (V)가 성립되고 있는 것을 알 수 있을 것이다.

【번역】   The application of numerical solutions is the only way to resolve this aperiodicity problem.

〈예제 4〉   이 타입의 문제는 LS 추정량의 사영 특성을 이용하는 기하적 접근을 이용할지 혹은 슈르형 행렬의 계산에 의존하는 대수적 접근을 이용할지의 어느 것에 의해 다룰 수가 있다.

〈단어〉   추정량 → estimator, 사영 → projection
           기하적 접근 → geometric approach
           슈르형 행렬 → Schur-type matrix
           대수적 접근 → algebraic approach

〈포인트〉

· 「다루다」에는 treat를 사용할 것.
· 「~이나, 혹은 …인가의, 어느 쪽 인지」는 물론 either ~or…를 사용하자.

〈착안점〉

「이 타입의 문제」가 주어부이다. 이것은 this type of problem으로 한다. type of에 계속되는 명사는 무관사의 단수로 하는 것에 주의했으면 한다. 이 문제를 「다룰 수 있다」이지만, 문제를 주어로 하면 수동태로 되는 것은 이해할 수 있을 것이다. 「다루다」에 treat를 사용하면 can be treated로 된다.

   그런데 지금부터가 문제가 된다. 「LS 추정량의 사영 특성을 이용하는 기

하적 접근을 이용할지 혹은 슈르형 행렬의 계산에 의존하는 대수적 접근을
이용할지의 어느 것에 의해」에 달라붙자. 혼란스러우면 나가지 못하므로 우
선 아래의 2개의 부분을 번역해 둔다.

① 「LS 추정량의 사영 특성을 이용하는 기하적 접근」
② 「슈르형 행렬의 계산에 의존하는 대수적 접근」

①의 "부품"은 「추정량」 estimator, 「사영특성」 projection property, 「기하적
접근」 geometric approach, 「~을 이용하다」 exploit이다. 이것들을 관계대명
사를 이용하여 조립하면,

① a geometric approach which exploits the projection properties of the
LS estimator

로 된다. 의문은 없을 것이다.

②의 "부품"은 「슈르형 행렬」 Schur-type matrix, 「계산」 computation, 「대
수적 접근」 algebraic approach, 「~에 의존하다」 rely on 이다. 이것도 또한
관계대명사를 이용하여 조립하면,

② an algebraic approach which relies on Schur-type matrix computations

으로 된다. algebraic 앞의 부정관사를 an으로 하는 것에 주의 할 것.

또한 이 두개에 「~을 사용하다」를 붙이지만 이것을 「~을 사용하는 것에
의해」 라는 것이므로 use를 동명사로 하여 by using으로 하자. 즉 ①과 ②의
앞부분에 by using을 붙이는 것이 된다.

이 ①과 ②를 either~or… (~나, 혹은…인가의, 어느 쪽인가)에 달라붙는
것이지만, either와 or는 by의 직전에 놓자. treated 아래를 요약하면,

(treated) either by using a geometric approach which exploits the
projection properties of the LS estimator or by using an algebraic
approach which relies on Schur-type matrix computations

로 된다. 이것은 이대로 좋지만, 밑줄 친 부분이 앞에 나온 geometric
approach의 approach와 겹쳐있는 것을 알아차렸을 것이다.

이와 같이 "a (an) + 단수명사" 대신에 one을 이용할 수 있으므로 여기서
도 one을 사용해도 좋다. 이 예제와 같이 one의 앞에 형용사가 붙는 경우에
는 형용사 앞에 부정관사가 붙는다. 이 one은 특정의 명사, 즉 "the + 명사"
대신으로는 사용할 수가 없다. 또 one은 불가산명사를 받는 것은 불가능하므

로 주의하기 바란다.

【번역】　This type of problem can be treated either by using a geometric approach which exploits the projection properties of the LS estimator or by using an algebraic one which relies on Schur-type matrix computations.

〈예제 5〉　본 논문에서는 B-ISDN에 있어서 CL 서비스의 정의에 관계한 문제를 다룬다.

〈단어〉　정의 → definition,　CL = Connection less

〈포인트〉

· 「~를 다루다」에는 deal with를 사용했으면 한다.
· 「~에 있어서」는 in이라도 혹은 within이라도 좋다.

〈착안점〉

원문을 「본 논문은 ~를 다루다」로 해석하면 좋다. 즉 「본 논문」을 주어로 하는 것이다. 그렇게 하면

① This paper deals with~

라는 첫머리로 할 수가 있다. 이 with의 뒤에는 「문제」가 오지만 이 「문제」에는 수식 어구가 동반되어 있다. 즉 「B-ISDN에 있어서 CL 서비스의 정의에 관계한」이 「문제」를 수식하고 있는 것이다.

하여간 「문제」가 오면 problem을 떠오르지만 항상 이 말로는 재미있지 않다. 여기서는 issue를 사용해 보자. 또, 「~관계했다」는 relevant라는 형용사를 이용한다. 이 형용사에 동반되는 형용사는 to이다. 따라서 「~의 정의에 관련한 문제」는 다음의 영문이 된다.

② the issues relevant　to the definition of~

남은 것은 「B-ISDN에 있어서 CL 서비스」이지만, 밑줄친 부분은 전치사인 in 또는 좀더 경계를 한정하여 within을 이용해도 좋다. 그렇게 하면,

③ the CL service within B-ISDN

이 가능하다. ①+②+③이 전체의 번역이다.

【번역】 This paper deals with the issues relevant to the definition of the CL service within B-ISDN.

〈예제 6〉 이들 문제는 용량측정 원리를 적용하는 것으로 극복할 수가 있다. 이렇다고 하는 것은 이력현상이나 크리프가 생기지 않기 때문이다.

〈단어〉 용량측정 원리 → capacitive measurement principle
이력현상 → hysteresis, 크리프 → creep

〈포인트〉

· 「극복하다」는 overcome을 사용한다.

〈착안점〉

본 예제의 영역에는 아무런 어려운 곳은 없다. 「이들 문제는 용량측정 원리를 적용하는 것으로 극복할 수가 있다」로부터 시작하자.

「이들 문제」를 주어로 하면 물론 수동태로 된다. 「극복하다」에는 overcome을 사용하지만, 여기서 한 가지 주의가 필요하다. 수동태는 "be+과거분사"인 것은 상식이지만, 주의가 필요한 것은 overcome은 불규칙 동사로 이 과거분사는 같은 모양의 overcome이라는 것이다(과거형은 overcame). 동사의 활용에 불안감을 느낀다면 주저하지 말고 사전 활용표를 보지 않으면 안 된다.

「용량측정 원리를 적용하는 것으로」는 "「수단·방법」의 표현"이다. 여기서는 by (~ing)를 빌려 쓰자. 이상을 요약하였으면 아래와 같이 영역을 할 수 있을 것이다.

These problems can be overcome by applying the capacitive

measurement principle.

남은「<u>라고 하는 것은</u> 이력현상이나 크리프가 생기지 않기 때문이다.」를
해결한다. 밑줄 친 부분은 because로 나타내는 것으로 한다. 그렇게 하면

because hysteresis and creep <u>do not</u> occur.

로 번역할 수 있다. 영어가 가능한 사람이라면 밑줄 친 부분을 will not으로
할지로 모른다. 즉 가능성을 의미하는 will의 부정으로 능숙한 번역이다.

【번역】　These problems can be overcome by applying the capacitive
measurement principle, because hysteresis and creep will not occur.

CHECK TEST 30

Fill in the blanks with the correct word.

(1) Many problems _____ in control engineering can be easily _____ if the system _____ consideration is described by a proper model. (제어 공학에서 생긴 문제의 다수는 고려중인 시스템이 적절한 모델로 기술되면 쉽게 풀 수가 있다.)

(2) One of the important _____ _____ in optical fiber digital communications is the design of transmission codes. (광섬유 · 디지털 통신에서 직면하는 중요한 문제의 하나는 전송코드의 설계이다)

(3) The application of numerical solutions is ___ only way to _____ this aperiodicity problem. (수치 해법을 적용하는 것이 이 비주기성 문제를 해결하는 유일한 방법이다)

(4) This type of problem can be _____ either by using a geometric approach which exploits the projection properties of the LS estimator or _____ using an algebraic ___ which relies on Schur-type matrix computations. (이 타입의 문제는 LS 추정량의 사영 특성을 이용하는 기하적 접근을 이용할지 혹은 슈르형 행렬의 계산에 의존하는 대수적 접근을 이용할지의 어느 것에 의해 다룰 수가 있다)

(5) This paper _____ with the issues _____ to the definition of the CL service within B-ISDN. (본 논문에서는 B-ISDN에 있어서 CL 서비스의 정의에 관계한 문제를 다룬다)

(6) These problems can be _____ by _____ the capacitive measurement principle, because hysteresis and creep will not occur. (이들 문제는 용량측정 원리를 적용하는 것으로 극복할 수가 있다. 이렇다고 하는 것은 이력현상이나 크리프가 생기지 않기 때문이다)

〈해답〉 (1) arising, solved, under (2) problems, encountered (3) the, resolve (4) treated, by, one (5) deals, relevant (6) overcome, applying

Expression

「운 동」의 표현

---

move　(~가 움직이다)

run　(~가 움직이다)

travel　(~가 움직이다)

in motion　(움직이게 하다, 운전 중)

turn　(회전하다)

rotate　(회전하다)

resolve　(회전하다)

orbit　(~의 주의를 돌다)

circulate through (in, around)　(~을 순환하다)

oscillate　(~가 진동하다)

vibrate　(~가 진동하다)

swing　(~가 흔들리다)

slide　(미끄러지다)

〈예제 1〉　이 로봇 팔이 환경과 상호작용 하는 일 없이 자유공간 속을 움직일 때에 운동제어는 사용된다.

〈단어〉　자유공간 → free space

운동제어 → motion control

〈포인트〉

· 「움직이다」는 move를 사용할 것.
· 「상호작용 하는 일 없이」는 어떻게 처리하면 좋을까?

〈착안점〉

이 예제에서는 한국어와는 반대로 「운동제어는 사용되다」가 처음에 오고 그 뒤에 「~을 움직일 때에」가 계속되도록 영역하게 된다. 반드시 한국어의 원문 어순대로 영역할 필요는 없다는 것을 이해했으면 한다. 「운동제어는 사용되다」라는 결론을 우선 처음에 설명해 놓고, 그러면 어떨 때 사용되는가? 하는 것을 보충적으로 부가하는 모양을 취하자.

처음에 「운동제어는 사용되다」를 번역해 보자.

Motion control is used.

control은 불가산 명사로 게다가 특정되고 있지 않으므로 관사는 필요하지 않다.

「이 로봇 팔이 환경과 상호작용 하는 일 없이 자유공간 속을 움직일 때」로 옮긴다. 여기서 「때에」는 간단히 when으로 하자.

다음에 「상호작용 하는 일 없이」의 「~와 상호작용을 하다」라는 의미를 interact with~로 나타낼 수가 있지만, 여기서는 「~하는 일 없이」이므로 부정의 의미를 갖는 것이 된다. 그러면 이것을 어떻게 하여 처리하면 좋을까? 「~없이」의 without을 사용하면 표현할 수 있지 않을까? 하고 생각하는 사람도 있을 것이다. 그러나 그것만으로는 나타내지 않고 「~하는 일 없이」, 「~하지 않고」의 의미로는 without 뒤에 동명사가 동반되는 것이다. 즉 without interacting with~로 된다. 아래에 나타내므로 확인 했으면 한다.

when the robot arm moves in a free space without interacting with the environment

이것을 used 이하에 놓으면 전체 번역을 완성하게 된다.

【번역】 Motion control is used when the robot arm moves in a free space without interacting with the environment.

〈예제 2〉 이 투자도는 회전자의 운동 중에 연속해서 변화한다.

〈단어〉 투자도 → permeance, 회전자 → rotor

〈포인트〉

· 이 예제에서는 in motion을 사용했으면 한다. 원문을 어떻게 풀어 읽는 가가 열쇠가 된다.
· 복문으로 번역할 것.

〈착안점〉

포인트에서 설명한 바와 같이 이 예제를 복문으로 번역 했으면 한다.

> ### *One Point Advice*
>
> ● 복문 · 중문 · 단문
>
> 복문이란 주절에 종속절이 연결된 문장을 말한다. 종속절은 종속접속사로 유도된다. 좀 더 간단히 말하면, "2 조 이상의 「S+V」가 종속접속사(when, since, because, if, that 등)로 연결된 문장" 이다. 이어서 단문과 중문도 복습해 두자.
>
> 단문… 「S+V」가 1조 만의 문장.
>
> 중문… 2 조 이상의 「S+V」가 접속사(and, but, or등)로 연결된 문장

우선 처음에 아래와 같은 원문을 바꾸어 써보는 것으로 한다.
「이 투자도는 회전자가 진동하고 있을 때 연속해서 변화하다」
또한 이것을 바꾸어 나열하면,

「이 투자도는 연속해서 변화하다, 회전자가 운동 하고 있을 때에」
로 된다. 이것으로 주절과 종속절이 확실히 되었을 것이다. 그리고 번역이 훨
씬 쉽게 되었을 것이다. 「이 투자도는 연속해서 변화하다」가 주절로, 「회전
자가 운동 하고 있을 때에」가 종속절에 상당하게 된다. 여기서는 「~하고
있을 때에」즉 when이 종속접속사 이다.

그러면 「이 투자도는 연속해서 변화하다」로부터 번역해 보자.

The permeance varies continuously.

반복하지만 이것이 주절이다. 다음은 「회전자가 운동 하고 있을 때에」이지
만, 여기서는 in motion을 사용하는 것으로 한다. 번역은 이하와 같다.

when the rotor is in motion

이것이 종속절로 되는 것이지만, 종속절은 주절과의 관계에 의해 명사절,
형용사절, 부사절의 3개로 나누어진다. 이 예제에서는 「때」를 나타내는 부사
절이다. 이 주절과 종속절을 연결한 것이 다음의 전체 번역이다.

【번역】　The permeance varies continuously when the rotor is in motion.

〈예제 3〉　이 디스크를 회전시키는 모터는 열을 발생하므로 디스크의 밑
　　　　　에 있는 기반이 따뜻해지는 원인이 된다.

〈단어〉　디스크 → disk,　기반 → base

〈포인트〉

· 디스크 등을 「회전시키다」에는 rotate를 이용한다.
· 「~가…하는 원인이 되다」는 어떻게 표현하면 좋을까?

〈착안점〉

처음에 「이 디스크를 회전시키는 모터는 열을 발생하므로」에 달라붙자.
「이 디스크를 회전시키다」도 「열을 발생하다」도 모터이다. 각각 모터를
주어로 하여 번역하면,

The motor rotates the disk.

The motor generates heat.

이 된다. 이 두개의 문장을 하나로 하고 싶은데, 그것에는 관계대명사를 이용하는 것이 좋다. 원문을「모터 -그것은 이 디스크를 회전시키는- 은 열을 발생하는」으로 생각하면, 영문의 구조가 보여 올 것이다. 다음과 같이 된다.

The motor which rotates the disk generates heat.

「~하는데」는 and로 좋을 것이다. and에는 광범위한 용법이 있기 때문이다.

다음은「디스크의 밑에 있는 기반이 따뜻해지는 원인이 되다」인데, 이 문장은「~가 …하는 원인이 되다」라는 구조를 하고 있는 것에 착목 하자. 이것은 무릇 "S+V+O+C"의 문형으로 여기서는 "cause ~to…"가 그것에 해당한다. C(목적격 보어)가 to부정사로 되고 있는 것이다. "O+C (= to부정사)"가 "주어+술어동사"의 관계사 되는 것에 주의 하는 것이 중요하다.

그러면 영역을 시도해 보자. 이 문장에는 주어가 숨겨져 있는데 문장의 뜻으로부터「모터」가 주어라고 알 수 있을 것이다.「디스크 밑에 있는 기반」은 the base under the disk,「따뜻해지다」는 warm up으로 번역되므로

motor (S) + causes (V) + the base under the disk (O) + to warm up (C).

이라는 구문이 만들어지게 된다. "O+C (= to 부정사)"가 "주어+서술동사"의 관계에 있는 것을 알 수 있을 것이다.

【번역】 The motor which rotates the disk generates heat and causes the base under the disk to warm up.

〈예제 4〉 영구 초전도 전류는 2본의 나선 코일로 형성된 폐쇄 루프 속을 순환한다.

〈단어〉 영구 초전도 전류 → persistent supercurrent
나선 코일 → spiral coil

〈포인트〉

· 「~을 순환하다」에는 circulate를 사용하지만, 전치사는 무엇으로 하면 좋을까?

〈착안점〉

"골격"을 「영구 초전도 전류는 폐쇄 루프 속을 순환하다」로 하여 우선은 이것으로부터 달라붙자.

「~을 순환하다」는 circulate 이라는 자동사를 사용한다. 이것에 이어지는 전치사는 「폐쇄 루프 속」으로부터 곧 알 수 있을 것이다. 「~의 속에」의 in 을 선택하면 좋다.

A persistent supercurrent circulates in the closed loop.

다음은 "살"을 붙이는 순서이다. 이 「폐쇄 루프」는 「2본의 나선 코일로 형성」 되고 있다. 형용사적인 작용을 하는 과거분사를 이용하여 간결하게 표현할 수 있지 않을까? 과거분사를 사용하는 것은 물론 「~되다」라는 수신의 의미를 갖기 때문이지만, 이 과거분사는 어구를 동반하므로 명사 (즉, closed loop)의 뒤에 놓지 않으면 안 된다.

「형성되다」는 form 이라는 동사를 사용하는데 이것의 과거분사형은 formed이다. 「2본의 나선 코일로」는 즉 「2본의 나선 코일에 의해」라는 것이므로 전치사 by가 필요하다. 따라서 formed에 수반하는 어구는 by the two spiral coils 이다.

이상을 요약해 보면 closed loop는 formed by the two spiral coils로 수식되게 된다. 이것으로 영역은 완성이다.

【번역】 A persistent supercurrent circulates in the closed loop formed by the two spiral coils.

〈예제 5〉 빔의 위상변조를 실현하기 위하여 주사 거울에 장치된 압전 변환기를 주기 진동시켰다.

〈단어〉 주사 거울 → scanning mirror

압전 변환기 → piezoelectric transducer

위상변조 → phase modulation

〈포인트〉

· 「주기진동 시키다」에는 vibrate를 사용하는 것이 적당하다.
· 「~을 실현하다」는 보통 realize을 사용하는데 여기서는 「~을 달성하다」로 생각하여 achieve를 사용하고 싶다.

〈착안점〉

처음에 「압전 변환기를 주기진동 시켰다」라는 문장을 번역해 보지만, 이 한국어 문장에는 주어가 없으므로 보충할 필요가 있다. 그렇다고 해도 아무것이나 we를 가지고 갈 것까지 없고 「압전 변환기」를 주어로 하면 좋다. 그 경우는 물론 수동태가 된다. 즉 「압전 변환기는 주기진동 되어지다」로 생각되어지는 것이다.

「주기」는 「진동하다」(여기서는 vibrate)라는 동사를 수식하므로 부사가 아니면 안 된다. 「주기적으로」 periodically라는 부사를 사용하자.

The piezoelectric transducer was periodically vibrated.

「주사 거울에 장치되었다」에서는 장치되어진 것은 압전 변환기 이다. 그러므로 관계대명사 which를 이용하여 The piezoelectric transducer <u>which was</u> attached~로 될 것이다. 밑줄 친 부분을 생략할 수 있으므로 생략하자. 말 할 필요도 없이 과거분사의 형용사적 용법이다.

또 「~을 …에 장치하다」는 "attach~to…" 라는 모양으로 사용된다. 여기서는 수동태로 되므로 「~」의 부분이 문장 앞에 나오게 된 것이다. 이것에 의해 attached의 뒤에 붙는 전치사는 to인 것을 알 수 있다.

The piezoelectric transducer attached to the scanning mirror
이것은 주어 부분이다.

마지막은 「빔의 위상변조를 실현하기 위하여」인데, 밑줄 친 부분은 "「목적」의 표현"인 in order to를 이용해 본다. 「~을 실현하다」는 포인트에서 설명한 바와 같이 보통은 realize를 이용한다. 그러나 「위상변조를 달성하다」
로 해석하는 편이 적당하다고 생각한다. 그러므로 achieve를 사용하는 것으로
한다.

in order to achieve phase modulation of the beam

【번역】   The piezoelectric transducer attached to the scanning mirror was
periodically vibrated in order to achieve phase modulation of the
beam.

〈예제 6〉   이 집전 시스템은 구리의 집 전환 위를 미끄러지는 흑연 브러
시로 이루어져 있다.

〈단어〉   집전 시스템 → current collection system
집 전환 → slip ring,   흑연 → graphite

〈포인트〉

· 「~을 미끄러지다」는 slide를 이용한다.
· 「~로 이루어져 있다」는 be made up of를 사용했으면 한다. of 뒤의
명사는 복수형으로 할 것.

〈착안점〉

원문을
① 이 집전 시스템은 흑연 브러시로 이루어져 있다.
② 흑연 브러시는 구리의 집 전환 위를 미끄러진다.
의 두 가지 문장으로 나누어 번역해 본다.
①에서 「~로 이루어져 있다」에는 be made up of를 이용하는 것으로 하
지만, of 뒤에 오는 명사는 복수형으로 하는 것에 주의했으면 한다.
① The current collection system is made up of graphite brushes.
brush의 복수형은 brushes 이다.
②의 영역도 어렵지는 않을 것이다. 「~위를 미끄러지다」는 slide라는 자

동사를 사용하지만, 이 뒤에는 전치사 on을 놓는다.「위」로부터 on이 떠오를 것이다.

② Graphite brushes slide on a steel slip ring.

그러면 이 두개의 문장을 하나로 하는 것을 시도해 보자. graphite brushes를 선행사로 하여 관계대명사를 사용해 보면 아래와 같이 된다.

> The current collection system is made up of graphite brushes <u>which slide</u> on a steel slip ring.

이것으로 전체 번역이 완성된 것이 되지만, 이번에는 형용사적 용법의 분사를 이용하여 번역해 본다. 밑줄 친 부분을 slide의 현재 분사 sliding으로 바꾸어 놓으면 좋다.

여기서 브러시는 무엇인가에 의해「미끄러지다」이므로 과거분사로 하는 것은 아닐까? 의문을 갖는 사람도 있을 것으로 생각하지만, 이것은 틀리다. 여기서 이용한 slide는 자동사인 것을 생각했으면 한다. 자동사는 과거분사로 사용되는 경우도 있지만, 이 경우는 완료 (~해 버렸다)의 의미가 된다. 그러므로 단지「~하고 있다」로 상태를 의미할 때는 현재분사로 좋다.

【번역】 The current collection system is made up of graphite brushes sliding (which slide) on a steel slip ring.

CHECK TEST 31

Fill in the blanks with the correct word.

(1) Motion control is used when the robot arm _____ in a free space _____ interacting with the environment. (이 로봇 팔이 환경과 상호작용하는 일 없이 자유공간 속을 움직일 때에 운동제어는 사용된다)

(2) The permeance varies continuously _____ the rotor is _ motion. (이 투자도는 회전자의 운동 중에 연속해서 변화한다)

(3) The motor which _____ the disk generates heat and _____ the base under the disk _ warm up. (이 디스크를 회전시키는 모터는 열을 발생하므로 디스크의 밑에 있는 기반이 따뜻해지는 원인이 된다)

(4) A persistent supercurrent _____ in the closed loop _____ by the two spiral coils. (영구 초전도 전류는 2본의 나선 코일로 형성된 폐쇄 루프 속을 순환한다)

(5) The piezoelectric transducer _____ to the scanning mirror was periodically _____ in order to achieve phase modulation of the beam. (빔의 위상변조를 실현하기 위하여 주사 거울에 장치된 압전 변환기를 주기 진동 시켰다)

(6) The current collection system is _____ up of graphite brushes _____ on a steel slip ring. (이 집전 시스템은 구리의 집 전환 위를 미끄러지는 흑연 브러시로 이루어져 있다)

〈해답〉 (1) moves, without (2) when, in (3) rotates, causes, to (4) circulates, formed, (5) attached, vibrated (6) made, sliding

Expression

「~등」의 표현

> etc.   (~등)
> et al.   (및 그 외의 사람)
> and so on = and so forth   (~등)
> and the like   (및 같은 종류의 것, 등)

☞ etc.는 인간에게는 사용하지 않는다. 사람에게는 et al.을 사용한다.

〈예제 1〉   이 폐쇄 루프 시스템의 거동(안정성, 성능 등)은 이들 고유 값
으로 결정된다.

〈단어〉   폐쇄 루프 → closed-loop, 고유 값 → eigenvalue

〈포인트〉

· 「등」은 인간은 아니다. etc.를 사용하자.

〈착안점〉

처음에 괄호 이외의 「이 폐쇄 루프 시스템의 ~로 결정되다」를 번역해 보
자.

여기서 주의해 주었으면 하는 것은 「결정하다」라는 자동사가 영어에는 없

다는 점이다. 그 때문에 be determined라는 모양을 취하지 않을 수 없다.

The behavior of the closed-loop system is determined by these eigenvalues.

다음에 괄호, 즉「(안정성, 성능 등)」에 대해서 인데 이 예제의 과제는 「등」이다. 인간은 아니므로 et al.은 사용하지 않고, etc.을 사용한다(더욱이 etc.나 et al.의 마침표를 빠뜨리지 않도록 주의하지 않으면 안 된다).

(stability, performance, etc.)

【번역】 The behavior(stability, performance, etc.) of the closed-loop system is determined by these eigenvalues.

〈예제 2〉 천공 관통 전압의 해석 모델은 Merckel외 [3]에 의해 보여 졌다.

〈단어〉 천공 관통 → punch-through

〈포인트〉
· 「외」는 물론 인간이다. 그러므로 et al.을 사용한다.

〈착안점〉

우선「천공 관통 전압의 해석 모델은 보여 졌다」를 해석해 보자.「보여 졌다」는 was (or were) presented로 곧 알 수 있을 것이다.「해석 모델」은 analytical model(s)로 한다. 해석 모델이 하나나 그 이상인가에 의해 s가 붙기도 하고 붙지 않기도 하는 것은 당연한 일이다. 이것은 원문의 [3]을 읽지 않으면 안 된다. 여기서는 일단 복수로 하자.

Analytical models of punch-through voltage were presented.
were로 한 것은 물론 주어가 복수형이기 때문이다.

다음은「Merckel외 [3] 의해」인데 본 예제의 목표는 밑줄 친 부분의 「외」이다. 여기서 etc.을 사용하면 원 저자를 물건으로 취급하고 있는 것으

로 실례가 된다. 인간에게 이용하는 「외」인 것이므로 확실히 et al.을 사용하
자. 그렇게 하면 by Merckel et al. [3]으로 번역할 수가 있다.

【번역】 Analytical models of punch-through voltage were presented by Merckel et al. [3].

〈예제 3〉 화질은 대기 중의 현탁 입자, 불충분한 조도 등에 의해 열화
한다.

〈단어〉 화질 → image quality, 현탁 입자 → suspended particles
조도 → illumination

〈포인트〉

· 「등」은 and so on을 사용해 보자.
· by의 부족에 주의

〈착안점〉

"골격"은 「화질은 열화하다」이다. 번역해 본다.
　Image quality is degraded.
이것에 by~를 붙여 "살"을 만든다.
우선 처음에 「대기 중의 현탁 입자」를 영역한다.
　① suspended particles in the air
다음은 「불충분한 조도」인데 「불충분한」은 어떤 단어로 나타낼까? 영한사
전을 찾으면 insufficienct나 imperfect 등이 기재되고 있다. 양쪽 단어 모두
「불」을 의미하는 in-(im-)이라는 접두사가 붙어있다. 왠지 무거운 느낌을 받
지 않을까? 사실은 좀더 간단한 단어로 표현할 수가 있다. "poor"를 사용하면
좋다. 즉 「불충분한 조도」는
　② poor illumination
으로 충분하다. 오히려 이것이 적당한 번역으로 생각된다. 마지막은 「등」인

데, 포인트에서 지적한 바와 같이 여기서는 and so on을 이용하자.

③ and so on

①②③을 by 아래에 가져오자.

　by suspended particles in the air, poor illumination, and so on.

이 완성된다. 그러나 이것이라면 air와 poor illumination이 나열해 버린다. 「대기 중이나 불충분한 조도 속의 현탁 입자」로 되어 버린다. 그것을 피하기 위하여 poor illumination의 앞에도 by를 붙일 필요가 있다. 충분히 주의하지 않으면 안 된다.

【번역】　Image quality is degraded by suspended particles in the air, by poor illumination, and so on.

310

CHECK TEST 32

Fill in the blanks with the correct word.

(1) The behavior(stability, performance, ___) of the closed-loop system is _____ by these eigenvalues. (이 폐쇄 루프 시스템의 거동(안정성, 성능 등)은 이들 고유 값으로 결정된다)

(2) Analytical models of punch-through voltage were _____ by Merckel ____ [3]. (천공 관통 전압의 해석 모델은 Merckel외 [3]에 의해 보여 졌다)

(3) Image quality is degraded by suspended particles in the air, __ poor illumination, and __ on. (화질은 대기 중의 현탁 입자, 불충분한 조도 등에 의해 열화 한다)

⟨해답⟩ (1) etc., determined   (2) presented, et al.   (3) by, so

Expression

「달성하다 · 도달하다」
의 표현

---

accomplish (~을 완수하다)

achieve (~을 달성하다)

attain (~을 달성하다, 도달하다)

realize (~을 달성하다, 실현하다)

effect (~을 달성하다)

carry out (~을 달성하다)

reach (~에 도달하다)

amount to (~에 도달하다)

arrive at (~에 도달하다)

☞ accomplish는 노력과 인내를 갖고 계획이나 목적을 잘 해 내는 것. achieve는 곤란이나 장해를 뛰어 넘어 목적을 완수 한다는 것. attain에는 달성하는 데에는 곤란한 목적을 노력하여 완수 한다는 뉘앙스가 있다. realize는 희망이나 목적을 실현한다는 것. 「~을 실현하다」 라는 의미로 사용되는 일이 많다. effect는 명사에서는 「결과, 영향」 이라는 의미를 갖지만, 「~을 달성하다」 라는 타동사로도 사용된다. carry out은 계획 등을 실행에 옮겨 달성하는 것. 「~을 실행하다」 하는 의미로 사용되는 일이 많다. reach는 어떤 목표점에 도달하다는 뉘앙스를 갖는다. amount to는

총계하여 어떤 수·양에 이른다는 의미로 사용된다. arrive at은 결론이나 가격에 도달한다는 것.

〈예제 1〉 이 목적은 이들 서브시스템의 주파수 특성을 모의시험 하는 것으로 달성될 수 있다.

〈단어〉 서브시스템 → subsystem
　　　　 주파수 특성 → frequency characteristic

〈포인트〉

· 「달성되다」에는 accomplish를 사용할 것.
· 「목표」에는 aim, purpose, objective, object, goal 이라는 명사가 있다. 각각의 뉘앙스의 차이는 "「목적」의 표현"을 참고 했으면 한다.

〈착안점〉

이 예제는 쉬울 것이다. 간단히 해결하여 탄력을 붙이자.

「목적」이라는 명사는 포인트에서 설명한바와 같이 몇 개가 있지만 각각 뉘앙스에 차이가 있다. 자세하게는 "「목적」의 표현"을 참고했으면 하지만, 여기서는 우선 goal을 받아들여 보자.

「이 목적은, ~로(에 의해) 달성되다」는 수동태로 번역하면 좋다는 것은 이해할 수 있을 것이다. 그렇게 하면

　　This goal can be accomplished by~
가 가능하다.

다음은「이들 서브시스템의 주파수 특성을 모의시험 <u>하는 것</u>」인데, 밑줄 친 부분으로부터 by 다음에는 동명사가 온다는 것을 알 수 있다. 즉「모의 시험하다」simulate라는 동사를 동명사로 하면 좋다. 이것은 simulating이다. 동명사는 동사적인 성질을 갖고 있으므로 물론 목적어를 취할 수가 있다.

무엇을「모의 시험하다」는 것인가 하면「이들 서브시스템의 주파수 특성」이다. 이것을 아무런 문제없이 번역될 것이다. the frequency charac-

313

teristics of these subsystems이다.

【번역】 This goal can be accomplished by simulating the frequency characteristics of these subsystems.

〈예제 2〉 최근의 쌍 극성 기술은 이미 100ps/게이트 이하의 개폐시간을 달성하고 있다.

〈단어〉 쌍 극성 → bipolar, 개폐시간 → switching time

〈포인트〉

· 「~을 달성하고 있다」에는 achieve를 사용할 것. 또 현재 완료로 번역할 것.
· 「~ 이하의」는 엄밀하게 ~or (and) under로 표현할 필요는 없을 것이다. under 한 단어로 좋다고 하자.

〈착안점〉

「최근의 쌍 극성 기술은」이 주어 부분이다. 이것은 Recent bipolar technology로 될 수 있다. 단 이 technology라는 명사는 가산명사로서도 이용되고 있으므로 A recent bipolar technology로 하는 것도 가능하다.

「~는 이미 100ps/게이트 이하의 개폐 시간을 달성하고 있다」의 밑줄 친 부분은 achieve를 사용하고 또 현재 완료로 표현하고 싶다.

현재 완료의 용법에는 완료·결과·경험·계속의 4가지가 있다는 사실은 지금 다시 말할 필요도 없다. 여기서는 "완료(~해 버리고 있다)"를 표현하는 용법이다. 이것은 already(이미)라고 하는 부사로 알 것이다. 이 부사는 자주 완료 시제에 이용되는 것도 알고 있을 것이다.

그것에 대하여 현재완료는 yesterday나 in 1993이라는 명백한 과거를 나타내는 부사(구)와 함께는 이용되지 않는 것도 확인해 두자. 현재완료는 과거와 현재가 무엇인가의 의미로 연결되고 있는 것을 나타내므로 과거의 어떤 시점에 한정해 버리는 어구와 함께는 사용되지 않는 것이다.

　그러면 요약해 보자.

　　~has already achieved…

　마지막으로「100ps/게이트 이하의 개폐시간」을 해결하자. 여기서 문제로 하고 싶은 것은 밑줄 친 부분인「이하의」이다. 이것을 엄밀하게 번역하면 ~or (and) under 로 되지만, 여기서는 군이 under~(~미만의) 한 단어로 끝내고 싶다.

　「100ps/게이트 이하의」는「100ps/게이트」를 포함하고,「미만의」는 포함하지 않는다. 그러므로「이하의」에 under를 이용하는 것은 틀리다는 의견도 있을 것이다. 그러나 원문을 쓴 사람은「100ps/게이트」라고 한계가 좋은 수자를 가져오고 있다. 이「100」이 포함될지 어떨지는 문제로 하고 있지 않다고 생각된다. 오히려 엄밀하게「이하의」를 번역하는 편이 부자연스럽게 느껴진다.

　그런 이유로 under를 사용하고 싶은 것이다. 그러면 번역해 보자.

　　switching time under 100ps/gate

【번역】　Recent bipolar technology has already achieved switching time under 100ps/gate.

〈예제 3〉　이 일그러짐의 측정은 일그러짐을 일정하게 유지한 채로 투자율을 측정하는 것에 의해 이루어진다.

〈단어〉　일그러짐 → strain

　　　　투자율 → permeability

〈포인트〉

・「이루어지다」는 effect를 사용하여 번역했으면 한다. 즉「이루어지다」를「달성시키다」로 해석하는 것이다.

・「일그러짐을 일정하게 유지한 채로」를 간단히 표현할 수 있을까?

〈착안점〉

「이 일그러짐의 측정은」이 주어 부분이다. 이 측정이「이루어지다」는 것이므로 수동태로 하여 영역하지 않으면 안 된다. 여기서 포인트에서 설명한 바와 같이「이루어지다」를「달성시키다」로 해석하여 effect를 사용해 보자. 그렇게 하면,

The measurement of the strain is effected by~

라는 첫머리가 된다. 이 effect는 타동사로 자동사의 용법은 아니므로 기억해 두자.

「투자율을 측정하는 <u>것에 의해</u>」의 밑줄 친 부분에는 위에서 보인 영역의 by에 상당하는 것은 말할 필요도 없다. 「측정하다」는 measure라는 동사를 사용하지만, 이 동사를 by의 직후에 놓는 것이므로 measuring이라는 동명사로 한다. 「투자율」은 permeability이다. by 이하는

by measuring the permeability

로 된다.

마지막으로「일그러짐을 일정하게 유지한 채로」를 처리하자. 이 영역은 대단한 것 같지만 원문을 바꾸어 쓰는 것으로 사실 간단히 번역할 수가 있다. 즉,「일정한 일그러짐으로」로 바꾸어 쓰는 것이다. 그렇게 하면,

at constant strain

으로 표현 할 수 있게 된다. 맥 빠질 정도로 간단히 정리해 버렸다. 이 예와 같이 원문을 바꾸어 쓰는 것에 의해 쉽게 영역할 수 있는 경우도 있다고 하는 것을 명심했으면 한다.

【번역】 The measurement of the strain is effected by measuring the permeability at constant strain.

〈예제 4〉 이 계수기는 16인 값에 이를 때까지 하나하나 이어진다.

〈단어〉 계수기 → counter

〈포인트〉

· 「~에 이르다」에는 reach를 이용할 것.

〈착안점〉

이 예제는 쉬울 것이다. 「이 계수기는 하나하나 이어지다」 + 「16인 값에 도달 할 때 까지」로 두 개로 나누어 생각하는 것으로 한다.

「이 계수기는 하나하나 <u>이어지다</u>」의 밑줄 친 부분의 continue를 사용하면 좋다. 이 동사는 타동사 용법에서는 목적어로서 (대)명사 · 부정사 · 동명사를 동반하지만, 여기서는 부정사로 처리하자. 「(~까지)세다」는 동사 count 이다. 그렇게 하면

① This counter continues to count.

라는 영역이 된다.

「16인 값<u>에 이를 때 까지</u>」에서는 포인트에서 설명한 바와 같이 reach를 사용하자. 「16인 값」은 a value of 16으로 하면 좋다. 또, 「~까지」는 접속사 until의 작용으로 계속하여 이루어지는 동작의 종료를 나타낼 때에 이용된다.

이 문장에는 주어가 나타나 있지 않지만, 물론 「계수기」가 주어이다. 그렇다고 해도 counter를 겹쳐서 이용하는 일 없이 it로 대용하자. 요약하면

② until it reaches a value of 16.

으로 된다.

①+②가 전체 번역이다.

【번역】   This counter continues to count until it reaches a value of 16.

〈예제 5〉   지연 T가 심박 간격 L 보다도 조금 크다면 심박 A는 심박 B 보다도 먼저 반도체 레이저 증폭기에 도달한다.

〈단어〉   지연 → delay, 심박 간격 → pulse separation
반도체 레이저 증폭기 → semiconductor laser amplifier

〈포인트〉

· 「~에 도달하다」에는 arrive at을 이용할 것.
· 「~보다 먼저」는 전치사 한 단어로 끝난다.

〈착안점〉

「지연 T가 심박 간격 L 보다도 조금 크다면」을 영역하는 데는 "「조건·가정」의 표현"과 "「비교」의 표현"을 섞으면 좋다. 각각으로부터 "if"와 "비교급＋than"을 가져오자.「크다」great의 비교급은 greater 이다.「조금」은 slightly,「심박 간격」은 pulse separation이므로,

　　If the delay T is slightly greater than the pulse separation L,
이라는 번역이 된다.

다음은「심박 A는 심박 B 보다도 먼저 반도체 레이저 증폭기에 도달 한다」로 옮긴다. 여기서 밑줄 친 부분은 비교 표현을 이용하면 좋을 것 같이 생각될지 모르지만, 이것은 전치사 before를 사용하면 간단히 처리할 수 있다. 즉 before pulse B로 충분한 까닭이다.

「~에 도달하다」에는 arrive at을 사용하자. 주어는 pulse A이다. 따라서

　　pulse A arrives at~
이라는 모양이 된다. at의 뒤에는「반도체 레이저 증폭기」semiconductor laser amplifier를 놓으면 좋다. 정리하자.

　　pulse A arrives at the semiconductor laser amplifier before pulse B.

이렇게 하여 영역을 만드는 과정을 보아 가면 본 예제는 겉보기 보다 쉽게 생각되어 온다. 기본적인 문법과 전문용어만 바르게 사용하면 이 예제 정도는 쉽게 영역될 수 있을 것이다. 결국

　　기술영어의 힘 = (기술 지식) × (영어 능력)
이라는 관계식이 성립되는 세계가 기술영어인 것이다.

【번역】　If the delay T is slightly greater than the pulse separation L, pulse A arrives at the semiconductor laser amplifier before pulse B.

CHECK TEST 33

Fill in the blanks with the correct word.

(1) This goal can be _____ by _____ the frequency characteristics of these subsystems. (이 목적은 이들 서브시스템의 주파수 특성을 모의 시험하는 것으로 달성될 수 있다)

(2) Recent bipolar technology has already _____ switching time _____ 100ps/gate. (최근의 쌍 극성 기술은 이미 100ps/게이트 이하의 개폐 시간을 달성하고 있다)

(3) The measurement of the strain is _____ by measuring the permeability at _____ strain. (이 일그러짐의 측정은 찌그러짐을 일정하게 유지한 채로 투자율을 측정하는 것에 의해 이루어진다)

(4) This counter continues _ count until it _____ a value of 16. (이 계수기는 16인 값에 이를 때 까지 하나하나 이어진다)

(5) If the delay T is slightly greater than the pulse separation L, pulse A _____ at the semiconductor laser amplifier _____ pulse B. (지연 T가 심박 간격 L 보다도 조금 크다면 심박 A는 심박 B 보다도 먼저 반도체 레이저 증폭기에 도달한다)

〈해답〉 (1) accomplished, simulating (2) achieved, under (3) effected, constant (4) to, reaches (5) arrives, before

저자소개

미야노 아키라(宮野晃)

　1959년 北海道 출생. 神奈川대학에서 전기 공학을 전공. 국외의 과학기술 논문을 읽을 필요성으로부터 기술영어에 흥미를 가짐. 재학 중부터 기술 논문 번역을 직접 함.

　졸업 후 상사를 거쳐 현재는 과학 기술 관계의 데이터 베스 작성에 종사. 기술 영어의 교육에도 관심을 가져 월간지「전자재료」(공업조사회)에 1992년 1월호부터 1993년 8월호까지 기술 영어 강좌를 연재.

　이과, 문과의 양 분야에 걸쳐 일생을 건 연구를 하고 있다.

역자소개

윤 병성

일본 동경대학 농학생명과학연구과 농학 박사
동경대학 특정 연구원, 작물 과학원 포닥, 강원대학 등 출강
농학생명과학 분야 전문 번역가
저서 : 식물 생산학, 유전자변형작물, 실용농업일본어 I, II, 쉽게 배
　　　우는 농업일본어, Dr. Green 원예 SOS
역서 : 이과계를 위한 입문 영어 프레젠테이션, 이과계를 위한 실전
　　　영어 프레젠테이션, 이과계를 위한 상황·수준별 영어 커뮤
　　　니케이션, 식물분자생리학 입문, 뿌리의 발육학, 채소정원,
　　　건강별미 메밀 이야기, 처음 시작하는 키친가든 등